아는 만큼 사랑을 이루어갈 수 있고, 사랑에 대해 배운 만큼 그 사랑을 열매 맺게 할 수 있다.

감춰진 여자의 마음을 간파하라

여성심리연구원 편

사랑을 하는 사람은 악을 생각할 수 없다.
사랑에 열중한 사람은 우울해질 수 없다.
사랑을 위해 노력하는 사람은 미래를 포기하지 않는다.

서림문화사

감춰진 여자의 마음을 간파하라

인 쇄 일	2017년 8월 10일 초판인쇄
발 행 일	2017년 8월 20일 초판발행
지 은 이	여성심리연구원
발 행 인	신종호
주 소	경기도 파주시 광탄면 장지산로 278번길 68
신 고	1975년 12월 1일
전 화	02-763-1445 / 02-742-7070
팩 스	02-745-4802 / 031-395-4802
I S B N	978-89-7186-337-4-13100

값 17,000원

본서의 무단 복제, 복사, 전제 행위는 저작권법에 저촉됩니다.
잘못된 책은 구입처에서 교환하실 수 있습니다.

아는 만큼 사랑을 이루어갈 수 있고, 사랑에 대해 배운 만큼 그 사랑을 열매 맺게 할 수 있다.

감춰진 여자의 마음을 간파하라

여성심리연구원 편

사랑을 하는 사람은 악을 생각할 수 없다.
사랑에 열중한 사람은 우울해질 수 없다.
사랑을 위해 노력하는 사람은 미래를 포기하지 않는다.

서림문화사

사랑도 공부해야 한다

인간은 전쟁터 한가운데에서도 사랑을 하는 존재이다.
또한 온갖 수치스런 상황 속에서도 누군가 단 한 사람이라도 자신을 사랑해준다면 그는 여왕처럼, 황제처럼 당당해지는 참으로 아이러니한 존재이다. 이 말은 뒤집어서 이런 이야기도 된다.
이 세상에서 그 어느 것 하나 부러울 것이 없다. 완벽히 갖춘 존재라도 진실하게 사랑을 주고받는 대상이 없다면 그는(그녀는) 아무 것도 없는 허망한 사람에 불과하다는 것이다. 그래서 이 책은 사랑, 그 사랑을 얻기 위한 이야기를 담았다.

정확히 말하자면 이 책은 남자를 위한 행복 안내서이다.
아무리 권력과 물질이 많은 남자라도 그 옆에 사랑하는 여자가 없다면, 행복한 가정을 이루지 못했다면, 그 남성은 불완전한 존재가 될 수밖에 없다.
그래서일까? 누구나 읽는 유아 시절의 그림책 속 왕자님들은 공주를 찾기 위해 늘 바쁘다. 입에서 불을 뿜는 용들과 싸워야 한다. 왕궁을 온통 둘러싼 가시덤불을 칼로 잘라가며 진입해야 한다. 심지어 신데렐라 이야기에 나오는 왕자는 발 냄새나는 구두 한 짝을 들고 단 한번 만난 여자를 찾으러 다닌다.
그리고 이 모든 왕자와 공주 이야기의 결론은 '결혼해서 아이들을 낳고 행복하게 살았습니다.'로 막을 내린다.
즉, 왕자(남자)가 온갖 위험을 무릅쓰고 공주(여자)를 만나는 것은 행복과 자식들이 뛰어 노는 즐거운 가정, 그리고 한 여성에게 귀속된 안정된 삶이다.

그렇다면 현대의 남자들, 더구나 왕자도, 귀족도 아닌 보통 남자들은 어떻게 한 여자를 나의 연인으로 삼고, 마침내 아름다운 가정까지 이루어나갈 수 있단 말인가?

이 책을 읽다보면 마치 선배나 경험 많은 친구가 이야기해주듯이 아주 사소한 것까지 일러준다. 고리타분하고 논리만 가득한 심리학 책이나 인문학적 접근은 오히려 배제하고 있다. 너무 솔직하고 자상하며, 너무도 보통 사람들의 연애법에 대해 차근차근 알려주어서 친구들과 이야기를 나누는 것 같다.

경쟁사회에서 지친 남성들, 또는 경쟁하느라 가슴이 딱딱해진 남자들의 사랑을 위해 진정한 사랑을 얻기 위한 코칭을 해준다. 또는 연애에 대한 두려움, 미숙함, 부정적인 경험들로 상처입고 다시 한 번 용기를 내지 못하는 남성들을 위해 아낌없이 조언을 해준다.

그러나 결론은 하나다.
아는 만큼 사랑을 이루어갈 수 있고,
사랑에 대해 배운 만큼 그 사랑을 열매 맺게 할 수 있다는 것이다.
사랑을 하는 사람은 악을 생각할 수 없다.
사랑에 열중한 사람은 우울해질 수 없다.
사랑을 위해 노력하는 사람은 미래를 포기하지 않는다.
그러므로 나 자신을 위해서라도 사랑하고, 사랑을 잘 가꾸어야 한다.

남자는 늘 큰 소리치고 어깨 으쓱거리지만 그만큼 고민이 크고 어깨의 짐이 많은 존재들이다. 그러나 진정으로 다정하고 아름다운 사랑을 하게 된다면 그 나약한 존재는 분명 어떤 권력을 가진 자보다 멋진 남자가 될 것이다.

차 례

제1편 여자의 내면심리

제1장 여자의 숨겨진 마음을 읽어낸다
01 속기 쉬운 여자의 첫인상 … 12
02 여자의 거절은 진심의 거절인가? … 23

제2장 말 속에 숨겨진 여자의 본심
01 무의식적인 말버릇에 나타나는 여자의 본심 … 32
02 대화 중 나타나는 여자의 감정 … 38
03 남 이야기에 관심 많은 그녀는? … 43
04 여자의 불평 속에 숨겨진 의미 … 50
05 남자에 대한 태클은 또 다른 애정의 표현 … 57

제3장 상대방을 통해 그녀의 욕망 정도를 측정한다
01 동경하는 것으로 상징되는 여자의 욕망은? … 64
02 다른 사람을 대할 때 드러나는 여자의 본 모습 … 70
03 여자들의 경제관념으로 볼 수 있는 남자에 대한 애정도 … 76
04 옷차림과 액세서리를 통해 알 수 있는 여자의 욕구 … 85
05 여자의 메이크업은 마음을 비추는 거울이다 … 92
06 먹고 마시는 행위에 숨어 있는 여자의 욕구와 본능 … 99

제4장 여자가 무의식중에 보내는 메시지
01 여자의 시선에 나타나는 메시지 … 109
02 행동이나 습관에 주시하여 보자 … 114

제2편 내 여자로 만드는 남자의 룰

제1장　데이트의 룰
01 전화 … 124
02 데이트 신청의 노하우 … 127
03 기다림의 노하우 … 130
04 대화의 노하우 … 135
05 데이트 코스 … 141
06 걷는다 … 144
07 에스컬레이터에서 … 148
08 헤어질 때 … 153
09 편지 … 154
10 선물 … 156

제2장 식사 및 술좌석에서의 룰
01 레스토랑에서 … 159
02 냅킨 … 163
03 와인 … 165
04 테이블 매너 … 166
05 대중 음식점에서 … 169
07 술은 이렇게 … 171
08 비용 지불 … 175

제3장 함께 다닐 때의 룰

01 드라이브 … 178
02 오토바이를 탈 때 … 185
03 호텔에서 … 188
04 여행 … 191
05 스포츠 관람 … 193
06 스키를 탈 때 … 195
07 바닷가에서 … 197
08 수영장의 묘미 … 200
09 놀이동산의 이용 … 202
10 영화관에서 … 204

제4장 패션의 룰

01 패션 … 207
02 넥타이 … 214
03 속옷 … 215
04 소품 … 217
05 머리 … 219
06 면도 … 221
07 치아 … 222
08 보디 체크 … 223
09 남성용 화장품 … 224
10 코와 귀 … 226

제5장　사랑의 룰(키스에서 피임까지)

　　　01 준비 … 229
　　　02 가벼운 터치 … 232
　　　03 키스의 기술 … 234
　　　04 첫 섹스 … 237
　　　05 방에서 … 239
　　　06 침대에서 … 241
　　　07 그녀의 옷은 … 243
　　　08 그녀를 기쁘게 … 244

제3편 여자의 위크 포인트

제1장　여자의 마음을 흔든다 … 249

제2장　생리학적 법칙을 이용한 설득의 묘수 … 280

제3장　여자의 경계심을 푼다 … 309

제4장　여자의 욕망을 드러나게 한다 … 338

제5장　여자를 포로로 만든다 … 367

제 1 편
여자의 내면심리

여자의 숨겨진 마음을 읽어낸다

01
속기 쉬운 여자의 첫인상

화려한 겉모습 속에 가려진 여자의 본성

　사람의 성격을 평가할 때 "마음이 고운사람, 밝은 사람" 또는 "어두운 사람"이라는 표현을 하곤 한다. 하지만 단순히 외형으로 보기에 밝아 보이는 사람이나 혹은 우울하고 어두운 사람을 그렇게 평하는 것인데 이는 표면적인 관찰에 지나지 않는다. 그런데도 마치 그 사람의 마음속을 들여다 본 듯이 표현을 한다는 것은 단순한 평가로 상대방을 함부로 생각하면 안 된다.

　여자를 관찰함에 있어서도 마찬가지다. 그녀는 "잘 웃고 밝으며 구김살이 없다."혹은 "얌전하고 겸손하며 신중한 사람"이라며 남자들은 제법 여자의 성격을 다 안다는 듯이 흔히 말한다. 그리고는 그 평가를 기준으로 하여 그녀에 대한 행동을 취하려 한다. 그러나 그 판단이 그녀의 겉으로만 보이는 인상 또는 평소에 사람들이 늘 대하는 그녀의 말과 행동을 통해 내려진 것이라면 얼마나 섣부른 판단인가. 결코 그녀의 실체에 대한 것이 아니다. 대개 이러한 표면적인 인상에는 절대로 본래의 모습이 직접 나타나지 않는다.

퍼스낼리티(인격·성격)의 어원이 페르서나(가면)라는 사실로도 알 수 있듯이 일상생활에 나타나는 사람의 성격은 남의 눈을 의식하여 겉치레로 형성되는 경우가 많다. 물론 그러한 양면성은 남녀 구별 없이 모든 사람이 지니고 있다. 다만 인간의 본성을 덮어 버리는 그 가면의 두께가 다를 뿐이다. 일반적으로 여자 쪽이 남자보다 훨씬 두껍다고 볼 수 있다.

대학시절 동아리 남자선배와 동거 중인 한 젊은 여자가 그 남자를 살해한 뒤 여러 달 동안 아파트 창고 안에 숨겨 두었던 사건이 있었다. 동기는 남자의 일방적인 이별통보로 인해 큰 싸움으로 악화되었기 때문이라고 했다. 헤어지자는 이야기로 관계가 붉어지는 경우는 매우 흔하다. 그러나 그 사건을 통해 우리는 여자가 쓰고 있는 겉모습 속에 가려진 다른 이면과의 차이를 느끼지 않을 수 없다.

우선 주목할 점이 살인을 하고 난 뒤에도 그 여자는 직장상사나 동료들로부터 명랑하며 쾌활한 사람이라는 평가를 받고 있었다는 점이다. 그래서인지 그들 모두가 사건 보도를 들었을 때 한결 같이 도저히 믿을 수 없다고 놀라며 의아해했다. 그러나 그녀와 오래 사귄 친구의 말에 의하면 남들이 있을 때에는 몰라도 아주 가까운 사람들과 있을 때에는 어둡고 그늘진 일면을 보이기도 했다고 한다. 또 한가지 간과할 수 없는 점은 그 시체가 아파트 안에 있는 동안에도 그녀의 명랑한 성격과 쾌활한 행동에는 전혀 변화가 없었다는 사실이다.

지극히 개인적인 공간의 남모를 여자의 다른 면

사람이 표현하는 말과 행동의 배경에는 크게 표면과 내면의 2가지 심리가 작용한다. 좀 더 알기 쉽게 말하면 표면은 퍼블릭(공적인)한 원칙이며 겉모습이다. 반대로 내면은 프라이베이트(사적인)한 쉽게 드러나지 않는 본심이라 하겠다. 일반적으로 여성은 이 퍼블릭과 프라이베이트의 구분이 남자보다 크며 내면을 덮는 겉모습만 보고 판단하기가 어렵다.

그 사건의 주인공인 여자는 남자의 시체를 유기한 창고를 향해 매일처럼 "이제 곧 당신 곁으로 가겠다"고 말했다고 한다. 하지만 일단 출근을 하게 되면 그러한 잔인하고 어두운 부분은 털끝만큼도 찾아볼 수 없었으며 너무나 밝게 행동했다고 한다. 사람의 겉모습만 보고 그 사람을 판단하기가 얼마나 어려운 일인가를 잘 보여주는 예이다. 그러나 누구나 그녀와 같이 겉모습과 내면적인 부분을 극단적으로 구분하여 생활하는 것은 쉬운 일이 아니다. 아마도 자신의 우울하며 어두운 본성을 겉으로는 명랑하고 쾌활하게 표현하면서 위장된 자신을 본인조차 알지 못하고 아마 그 가리워진 겉모습이 본인의 진짜 모습이라고 생각하며 생활하였을 것이다. 또한 그러한 인식은 여자라서 가능하다고 한다.

남자는 사회생활에서 자신이 원하든 원하지 않던 거미줄처럼 얽힌 인간관계에 직면해 있다. 따라서 다른 표면적인 모습을 만들려 해도 외부 영향으로 유지할 수가 없다. 자연스럽게 이 겉치레가 소용없다는 걸 의식적으로 지니게 되는 것이다.

최근 여자들의 사회생활도 왕성하지만 그에 비해 여자는 그렇게까지 깊숙한 인간관계의 관여는 남자들보다는 가벼우므로 내면과 다르게 다른 모습으로도 생활을 할 수가 있는 것이다. 그래서 당당하게 프라이베이트(본심)와는 전혀 다른 퍼블릭(겉치레)한 행동이 가능하다고 할 수 있다. 또 그런 생활이 계속되다 보면 스스로 그 표면적인 겉모습이 자신의 모습이라 생각하게 된다. 위장하고 있다는 의식 그 자체가 없어지는 것이다.

남자가 보는 여자의 첫인상은 바로 그 표면적인 퍼블릭한 부분에 의해 만들어진다. 그 드러나기 힘든 겉모습만 보고 판단해 연인이 되었다면 그냥 그것이 그녀의 이미지로 고정되는 것이다. 물론 표면적인 겉모습과 내면의 차이가 적은 사람도 있다. 즉 이미지와 내면이 일치되는 사람이 없지는 않다는 뜻이다. 그러나 대부분은 마치 호텔 로비의 퍼블릭한 공간과 세탁실과 같은 프라이베이트한 공간처럼 그녀들의 외면과 내면에는 커다란 차이가 있다.

깨끗하고 아름다운 공간과 고상하고 값비싼 가구로 가득 채워진 호텔이지만 일단 세탁실의 문을 열어 보라. 아마 잡다한 공간에 청소 도구와 더러워진 시트 따위가 가득 쌓여 있을 것이다. 이렇듯 여성의 마음을 알기 위해서는 그 표면적인 겉모습 뒤 숨겨진 다른 이면을 보아야 그녀를 안다고 할 수 있다.

첫인상과는 상반되는 여자의 본심

그러나 이 개인적인 공간의 문을 직접 열고 속을 들여다보는 일이 쉽지 않다. 어설픈 시도는 오히려 그 문을 굳게 닫아 버리기 쉽다. 그러면 자신이 드러내고 있는 퍼블릭한 부분, 표면의 겉모습을 통해 내면을 알아낼 수는 없을까? 가능하다. 그 답도 표면에 나타나기 마련이다. 내면을 감추며 겉으로 다른 모습을 취하는 그 자체가 드러내고 싶지 않은 어떤 내면이 있다는 것이고 그 내면을 드러내지 않으려면 반대로 행하려는 경향이 있기 마련이다.

이는 또한 감추려는 내면에 대응하여 겉으로는 다른 표현이 생길 수 있는데 그렇다면 이 표면과 내면은 그 어떤 연결고리에 의해 이어지고 있다고 볼 수 있다. 그러므로 그 표면에서 더듬어 들어가면 마음속의 내면을 끌어낼 수가 있는 것이다. 그러한 각도에서 여자의 첫인상을 통해 심리를 헤아릴 수 있는 방법을 생각해 볼 때 가장 쉬운 방법으로 첫인상과는 백팔십도 반대인 면을 한 번 살펴보자.

우선 첫인상과는 백팔십도 반대의 본성이 있는 경우를 들어보자. 예컨대 그 여자의 첫인상이 명랑하다면 우울하고, 성격이 드세다면 오히려 약할 것이고, 진보적이라면 오히려 보수적이라 볼 수 있다. 즉 그녀의 겉모습에 보이는 퍼블릭한 성격이 전자이며 내면속에 숨겨 있는 프라이베이트한 성격이 후자인 것이다. 예를 들어 직업상 사회생활에 상관없이 남성적인 옷이나 행동을 즐겨 하는 여자가 있다. 항상 편안하고 큰 옷차림에 운동화를 신는가 하며 전혀 손질이 필요 없는 헤어스타일을 고수하며 심지어 뒤에서 보면 남자인지 여자인지조차 구별할 수 없는 여자. 당연히 말투나 행동 또한 남성적 성향이 물씬 풍긴다. 이 여자를 그 겉모습대로 "남자 같은 성격을 지녔고 마음 속 깊이 남성적인 성향으로 가득 차있는 여자"라고 생각한다면 너무 쉽게 겉모습으로 사람을 판단하는 것이 아닌가 싶다. 그녀의 이런 퍼블릭한 행동이 남성적이면 남성적일수록 그 내면에는 여성스러운 본성이 숨겨져 있다. 오히려 그녀는 그 여성스러움을 남들이 인정해 주기를 간절히 바라고 있을지도 모른다. 그러나 그 여성스러운 행동은 자신이 없으므로 승부수를 남성적인 언행이나 행동을 취하는 것이다.

"나는 여성스러운 매력은 없어"하는 자신감이 없는 마음이 내면에 깔려 여성스러운 스타일링이나 행동을 하지 못하는 것이다.

여자를 유혹하는데 타고난 능력을 지닌 어느 한 남자에 따르면 일부러 자유분방한 척하는 여자일수록 성경험이 없고, 그저 많은 척을 할 뿐이라고 한다. 성경험에 대한 미숙함을 드러내 보이지 않기 위한 과장된 행동을 하는 것이며 쑥맥같은 자신을 남 앞에 드러내는데 자신이 없다는 뜻이기도 하다. 그런 상반된 행동으로 본인을 숨기려는 내면심리는 여성특유의 전형적인 표현이라 하겠다.

지적인 여자일수록 첫인상과 완전 다른 이면

이번에는 여자의 첫인상 뒤에 숨겨진 다른 욕망을 한번 생각해 보자. 그것은 앞으로 그렇게 되고 싶다는 욕망이 있는 경우다. 겉으로 드러나는 태도는 가끔은 그 모습에서 벗어나기를 원하는 경우가 생긴다.

오래 전 이야기지만 쟌느 모로가 주연한 《마드모아젤》이라는 영화를 보면 그런 여자의 심리가 섬세하게 묘사되어 있다. 쟌느 모로의 역할은 프랑스의 한 시골에 있는 교사이다. 그녀는 대단한 인재로 대학을 나온 사람은 구경조차 해본 적이 없는 마을 사람들로부터 마드모아젤이라 불리운다. 당연히 온 마을 사람들의 관심대상 이었다.

그런데 이 여선생이 어느 제자의 부친을 보는 순간 첫눈에 반해 버렸다. 그 부친의 직업은 나무꾼이었다. 직업상 신체적으로 튼튼하며 건강했다. 그러나 마을 사람들과는 거의 접촉을 하지 않았기 때문에 그에 대한 존재감 또한 깊지 않았으며 완전히 고립되어 있었다. 여선생은 어떻게 해서든 그를 유혹하려 하지만 처음에는 완전히 무시당한다. 결국 상당히 노골적이고 섹시한 유혹으로 마침내 하룻밤을 보내는데 성공하면서 그녀는 낮에는 마드모아젤이라는 가면을 쓰고 밤이면 건장한 사내와 뜨거운 욕정의 시간으로 하루하루를 보낸다. 물론 이 스토리는 매우 극단적인 경우이긴 하지만 이른바 인텔리라는 평을 듣는 여성들 중에는 쟌느 모로와 같은 양면성을 지닌 여자가 전혀 없다고는 할 수 없다.

대부분의 남성이 그리는 지적인 여성상은 교양이 넘치며 대화수준도 높고 저속한 행동이 없는 여자일 것이다. 당연히 이러한 여자와 함께하는 남자 또한 예의가 바르다.

물론 그녀들도 남자들이 자신에 대해 어떠한 느낌을 가지고 있는가를 충분히 알고 있다. 그리고 그것을 자랑스럽게 생각하기도 한다. 그러나 자신에게 접근하는 남자들의 친절에 대해 다른 방향으로 대하는 다른 일면이 있다. 따라서 그녀들은 지적인 여성이란 퍼블릭한 가면 뒤에 내재되어 있는 여자의 욕망이라는 프라이베이트한 내면으로까지 대담하게 파고드는 저돌적이고 거친 남자가 나타나 주기를 은근히 기대해 보기도 하는 것이다.

집안 좋은 여자, 순진한 여자의 속마음은

많은 남자들은 그런 여자의 속마음은 꿰뚫어 보지 못하고 엉뚱한 어프로치를 시도한다. 하지만 그 중에는 능숙하게 여자들을 잘 다루는 남자들도 많다. 그래서 거기에 속아 사기 결혼을 당하는 경우도 늘어나고 있다.

자기는 미 공군의 조종사이며 동시에 CIA의 첩보 활동에도 관여하고 비밀 임무를 수행한다고 거짓말을 하여 많은 여자들로부터 큰 돈을 갈취했던 남자가 체포되는 사건이 미국에서 있었다. 그런 엉뚱한 거짓말을 믿고 속는 사람이 정말 있을까 의심할 사람도 있겠지만 사실이다. 여자들은 남자의 꿈같은 얘기에 마음이 흔들리는 경우가 적지 않다.

더구나 그 남자의 거짓말에 멋지게 속은 여자들 대부분이 주위로부터 착실하고 얌전하다는 평을 받았다고 한다. 우리 주의에서 순진하다고 알려져 있는 여자들은 대부분 실리주의자들이다. 생활에서의 낭비를 비교적 싫어하기 때문에 매우 검소하다. 실제 생활에 거품이 없는 것이다.

이런 여자 앞에 사회적으로나 경제적으로 성공한 남성이 나타났다고 하자. 그녀들은 그 남자에게 홀딱 빠질 가능성이 결코 적지 않다. 그래서 여자는 남자의 거짓된 모습인지 진실한 모습인지 판단하는 능력은 상실되고 남자에게 완전 매료되고 만다. 일단 둘 사이가 발전하면서 그 거짓으로 부풀린 관계에 결코 의심하지 않는다. 이 순진한 여자와 비슷한 케이스가 집안 좋은 여자의 예를 들 수 있다. 대체적으로 좋은 집안에서 자란 여자는 자신의 테두리에서 벗어나보고 싶어 하는 욕구를 지니고 있다. 따라서 그런 심리를 부추기면 고상해 보이는 인상과는 달리 쉽게 공략될 수 있다.

섹시해 보이는 여자일수록 남성의 엉터리 없는 낭만에 깊이 빠지기 쉽다

또 한편 모범적으로 얌전한 여자들은 내면적으로는 나쁜 여자가 되고 싶은 욕구가 있다. 외모상 일반적으로 남자로부터 자신의 섹시한 면을 인정받는 경우가 드물다. 따라서 반대로 남자에게 섹시한 매력을 어필하고 싶어 하며 섹시함을 인정받고 싶어 하는 욕구가 항상 내심 작용하고 있다.

첫인상으로부터 본심을 끌어낸다

지금까지 첫인상과는 백팔십도 반대인 상반된 여자의 본성과 그 욕구를 어떻게 간파하는가에 대해 알아보았다. 이번에는 겉모습과 백팔십도 상반되는 것은 아니지만 전혀 다른 의미가 숨겨져 있는 경우를 살펴보자.

어떤 여자가 유행에 대해 전혀 관심이 없다고 하자. 비록 유행에 뒤떨어졌다 하더라도 본인 스타일을 고수한다면 이는 개성적이라 할 수 있다. 그러나 단지 유행에 뒤떨어진 옷을 아무렇지도 않게 입고 다닌다면 그녀의 내면은 다소 복잡하다고 볼 수 있다. 이런 타입은 십중팔구 다른 여성들에게 콤플렉스를 갖고 있는 것이 틀림없다. 유행에 맞추어 가다보면 다른 여자와 같은 선상에서 비교당하는 사태를 사전에 방지하려는 것이다.

이런 비교를 피하려는 심리는 다변해 가는 현대사회에서 자기 자신을 지키려는 겉치레라고 볼 수 있다. 이 겉치레의 가면이 남자보다 여자가 훨씬 더 두껍다는 점은 이미 언급했다. 즉 유행에 무관심한 여자들은 다른 사람과의 비교에 예민하여 고집스럽게 표면의 껍데기 안에 숨어 있는 것이다. 이 내면심리를 잘 파악하지 못하면 단순히 보수적인 여자라고만 생각하게 된다. 또 그렇게 되면 그녀의 마음속에 당신이 차지할 자리는 없다.

또한 남자 앞에서 일부러 착하게 보이고자 하는 여자들이 있다. 이 내면심리도 앞에서와 같은 범주에 속한다. 예컨대 자신이 호감을 품고 있는 남자와의 거리를 의도적으로 피하려는 것이다. 결혼한 여자들 중에는 남편이 다른 애인이 생겼음에도 예전보다 더욱 잘하는 상황도 볼 수 있다. 분명 애정결핍으로 인한 욕구불만을 다른 형태로 표현하는 것이다. 다시 말해 남편의 애정을 되찾고는 싶으나 솔직한 마음을 말했다가 오히려 더욱 멀어지는 관계가 될까하는 불안감으로 그냥 말없이 남편에게 잘 하는 것이다. 이런 심리는 굳이 부부관계가 아니라도 모든 남녀사이에 생길 수 있다.

프랑스의 한 철학자는 "결혼을 하기 전에는 두 눈을 뜨고 여자를 보고 결혼을 하고 나면 한 눈을 감고 보라"고 했다. 두 눈을 뜬다는 것은 여성의 외형적인 부분과 내형적인 양면을 분명히 보라는 말이며 한 눈을 감는다는 것은 내면적인 것만을 지나치게 보지 말라는 것이다.

섹스 기사로부터 눈길을 돌리는 여성은 성적으로 압박되어 있다는 증거이다

02
여자의 거절은 진심의 거절인가?

사람을 초조하게 만드는 여자의 거절

　싫다는 것은 즉 좋아한다는 의사표현일 수도 있다. 여자가 취하는 부정의 사나 거절의 행동이 반드시 진심이 아님은 한두 번의 연애 경험이 있는 남성이라면 누구나 알고 있을 것이다. 사실 남자에게 이러한 부정표현만큼 애매모호한 것도 없다.
　다소 뭐하지만 남자에게 처음 함께 밤을 보내자는 요구를 받았을 때 대부분 여자는 거절한다. 설사 그 남자에게 깊은 감정을 갖고 있다하더라도 처음에는 싫다고 계속 거절하며 피하는 것이 일반적이다. 이때 취하는 여자의 거절행동은 남자를 초조하게 만들고 상대방으로 하여금 욕망의 강도를 높게 만든다. 남자의 유혹에 대해 완곡한 승낙이라고도 말할 수 있겠다. 모든 인간의 행위는 심리와 표리일체가 되기 마련이다. 당연히 거기에는 여러가지 왜곡된 여성의 내면심리가 암암리에 스며들었다고 보아야 한다. 그런 의미에서 볼 때 여자들이 취하는 이 거절행동은 그들 여자 내면의 심리를 파악하는데 좋은 자료가 된다.

연애 소설의 대가인 K씨에 의하면 여자는 미묘한 뉘앙스 차이라든가 억양의 작은 변화만으로도 여러 종류의 거절을 구별하여 사용할 수 있다고 한다. 이와 같이 대부분의 거절은 획일적인 부정표현이 아니라 상황에 따라 여러가지로 해석할 수 있다. 그런 의미에서 볼 때 K씨의 말에도 일리는 있다. 이러한 여자들의 내면에 내재되어 있는 거절심리는 다음 3가지 패턴으로 크게 나눌 수 있다.

첫째, 남자의 생각이나 성의를 확인하려는 거절

"남자의 성의를 시험해 보고자 무리한 요구를 한다"
여기에는 남자를 간절히 원하면서도 불안하게 흔들리는 여자의 복잡한 심리가 작용한다. 한편으로는 남자에게 의존하면서 또 다른 한편으로는 완전히 믿지 못하고 고민하는 상태이다. 그러면서 남자의 성의를 시험해 보고 그것을 확인함으로써 안정을 얻으려는 것이다.

여자는 가끔 자신의 남편이나 애인에게 도저히 실현이 불가능한 무리한 요구를 한다. 엄두도 낼 수 없는 비싼 보석을 요구하는가 하면 때로는 날마다 장문의 편지를 쓰라고 강요하기도 한다. 그것이 무리라는 것쯤은 그녀도 익히 안다. 따라서 그 요구는 정말 원해서 하는 것이 아니다. 남성의 성의가 어느 정도인가를 추측하려는 테스트일 뿐이다. 바로 그 점이 그녀가 바라는 바이다.

이러한 여성 심리의 예는 우리 주위에서 자주 볼 수 있다. 하지만, 또 다른 한편으로는 그런 요구는 남자의 구애를 물리치기 위한 수단이 되기도 한다. 이 억지 요구로 남자의 성의를 확인하려는 것에 더 보태면 그것은 조르는 동작으로 변한다. 즉 자신의 요구가 통하지 않고 또한 논리적으로 설명할 수 없을 때, 그 대결을 포기하고 감정이라는 또 다른 무기를 채택한다. "나는 기분이 나쁘다", "나는 뜻대로 되지 않아 불만스럽다"고 하며 자신의 주장을 설득시키기 위해 온갖 방법을 동원시킨다. 외면하고 말을 하지 않는가 하면 울고 보챈다. 때문에 이때 여성이 토라지는 것은 그 이유를 설명하기 위해서가 아니라 그 결과를 남자에게 전하기 위해서인 것이다. 그리고 그 심리적 배경에는 "여기서 토라진다 해도 결정적인 사태로까지 일이 악화되지는 않을 것이다"라는 정확한 계산이 자리한다. 즉 이는 분명히 응석에 지나지 않는다. 다시 말해 토라짐은 형태를 바꾼 응석에 불과하며 약한 자가 강한 자에게 발동하는 유력한 정서적 무기라 할 수 있다.

앞에서 말했듯이 이 "확인의 거절"에는 남자에게 성의를 요구함으로써 자신을 안정시키려는 생각이 항상 바닥에 깔려있다. 이기적인 심리가 매우 뚜렷하게 나타나는 것이 "~이니까 싫다"는 식으로 거절하는 경우이다. 예를 들어 데이트 신청을 했을 때 "우리 집은 귀가 시간이 빠르기 때문에 곤란하다", "나는 이미 남자가 있기 때문에 안 된다"식의 윤리적, 도덕적 이유를 내세워 거절하는 여자들이 많이 있다. 듣기에는 당연하고 착실한 여자처럼 보이지만 그 심리에는 그렇게 한마디로 표현할 수 없는 요소들이 자리하고 있다.

　그녀들이 남자에게 취하는 이러한 거절이란 결코 마음의 소리가 아니고 단지 도덕률이나 윤리관에 대한 겉치레에 불과할 때가 많다. 만약 그렇다면 "~이니까 싫다"의 ~부분에 그녀 스스로도 납득할 만한 어떤 이유만 있으면 "~이니까 싫다"는 표현은 즉시 "~이니까 괜찮다"로 바뀔 것이다. 즉 "밤10시 까지라면 무방하다", "약혼자에게 들키지만 않는다면 교제해도 좋다"는 식으로 될 가능성이 많다는 얘기다.

　따라서 본심은 "~라면 무방하다"는 ~를 찾고 있는 것이다. 그래서 겉으로 자신을 납득시킬 만한 타당한 이유가 형성되고, 자신의 안정화가 합리화가 되면 의외로 쉽게 나의 타이밍도 노릴 수 있다.

둘째, 속내를 숨기는 반어적 거절

"침묵이나 강한 의사표시는 반어적 심리 표현"

거절은 억지라든가 단호한 표현으로 나타나다. 이른바 커리어우먼이 자주 입에 올리는 "결혼 같은 것은 하고 싶지 않다", "연인이 없어도 난 외롭지 않다"는 표현이 이에 해당될 것이다.

말할 나위도 없이 그런 여자일수록 속으로는 결혼의 로망을 그려보기도 하고 옆구리의 허전함을 느낀다. 겉으로 표현한 이런 반어적 욕망은 내면에 자리하고 있는 그 크기를 나타내며 앞에서 말한 바와 같다.

주위 사람들에게는 독신을 강력하게 어필하면서 실제는 결혼정보업체에 등록하며 결혼을 꿈꾸는 여인을 주인공으로 하는 작품이 있었다. 이 작품은 격렬하게 흔들리는 여성 심리를 참으로 잘 표현하였다.

퇴근 후 포장마차에서 직장 동료들과 한 잔 하면서 "남자가 별거냐"하고 큰 소리를 치는 어느 날은 소개팅 제의를 받으면 바로 사진부터 보여 달라는 등 적극적인 자세를 취한다. 이와 같이 겉으로 남자를 무시하는 행동을 보이면 보일수록 마음 한편에는 뜨거운 연애나 행복한 결혼의 로망을 꿈꾸는 케이스가 빈번하다. 또한 남자가 대답하기 힘든 질문에 여성들은 흔히 침묵을 일삼는다. 이 역시 긍정의 표현을 감추려는 하나의 표시라 할 수 있다. 겉으로는 무언의 알 수 없는 거절을 하면서 속으로는 승낙의 표현을 하고 있는 것이다.

어느 한 디자이너는 여자에게 긴 시간을 투자하지 않고 자연스럽게 하룻밤을 보낼 수 있는 노하우를 이렇게 말한다. 늦은 시간 호텔 바에서 "돌아갈 거야 자고 갈 거야"하고 묻는다고 한다. 자 생각해보자. 이 말에는 순서가 포인트이다. 여자가 남자와 밤늦게까지 남아 있다는 것은 어느 정도는 가능성이 있다는 뜻이 되기도 하다. 그 때 "자고 갈래?"라고 한다면 어찌 하겠는가. 당연히 여자 쪽에서는 노골적인 질문에 당혹감을 느낀다. 무엇이라 딱히 할 말도 없다. 때문에 우선 "돌아갈 거야?"라고 여자와 더 시간을 보내고 싶다는 의사를 살짝 비춘 후 다시 "자고 갈래?"라고 넌지시 말하면 상대방도 자존심이 유지되면서 말없이 있다는 것만으로도 이미 승낙을 대신한다.

예컨대 여자의 무언, 침묵은 긍정의 표시로 반어적 심리를 얌전하게 표출하는 것이라 하겠다.

셋째, 자신을 합리화하여 이유를 만드는 거절

"여자의 불평과 내재되어 있는 속마음에는 상당한 갭이 있다"

지금까지 200쌍 이상의 남녀커플을 맺어 주었고 중매를 해주며 중간다리 역할에 대해 큰 보람을 느낀다는 한 회사의 대표가 성공비결에 대해 이렇게 말했다. 사진이나 프로필만으로 상대에게 큰 호감을 느끼지 못하고 주저하는 여성에게 "원하는 이상형이 더 높으시겠지만 그래도 가벼운 마음으로 한 번 만나 보시는 게 어떻겠습니까?"라고 설득을 한다. 그러면 "그냥 차 한 잔 하는 정도라면"이라고 자연스러운 대답을 받는다.

즉 그녀가 내심 선뜻 내키지 않는다는 것을 인정했기 때문에 그 설득을 받아들일 생각이 든 것이다. 이러한 여자의 심리를 분석해 보면 그녀들이 가지는 불만이나 불만족이란 그것이 채워지기를 바라기보다 불만이나 불만족을 가지는 것에 대한 가치를 인정받고 싶어 함을 알 수 있다. 즉 그녀들의 불평, 불만족은 자신을 합리화하여 그에 대한 이유를 만들려는 거절에 해당된다 하겠다. 그녀들의 불평과 불만을 표현하고 당분간은 마음의 의식이 작용한다. 그러나 "불만을 가지는 것이 당연하다"혹은 "어쩔 수 없다"고 자신을 합리화 하는 순간 그 부담스러움의 가책을 떨쳐버리는 동시에 자신의 가치를 인정받음으로써 만족감도 느끼게 된다. 따라서 순순히 그 설득에 응할 생각이 드는 것이다. 결국 그녀들에게 있어서 중요한 것은 불평, 불만 그 자체라기보다 그것을 얘기하고 있는 자기 자신을 이해해주고 그 체면 유지에 더욱 신경 써 주는 것이 효과적이다.

이와 비슷한 예로 성격차이, 취미생활의 비공유 등 여러 가지 이유로 남자를 밀어내는 성향이 있다. 이 역시 표면에 나타나는 불평과 내면에 있는 의식이 서로 엇갈리는 케이스라 하겠다. 이런 경우 표면상의 불만과는 전혀 다른 욕구불만, 예컨대 성(性)이라든가 외모에 대한 콤플렉스가 있기 마련이다. 나름 그것을 해소시키기 위해 남자에 대한 많은 이야기를 쏟아내는 것이다. 즉 불평을 늘어놓음으로써 스스로를 납득시키고 있는 것이다.

여자의 반론은 빠져나가기 위한 수단

본래 여자의 반론은 본심이 아닐 때가 많다. 특히 "이것도 No, 저것도 No"하고 자주 거론하기 시작하면 그것은 자기 자신에 대해 스스로의 행동을 정당화시키는 변명이라 생각하면 틀림없다.

어느 한 주부는 몇 해 전 새 아파트로 이사를 하면서 그 곳에 대해 "베란다가 좁다", "옆집 피아노 소리가 시끄럽다", 심지어는 "3층 이상이면 아이가 떨어질 염려가 있다"는 등 거의 50항목에 이르는 불만을 늘어놓았다고 한다. 그렇다고 이사를 중단했는가 하면 그렇지도 않다. 별 큰일 없이 지금까지 잘 살고 있다. 이 역시 자기 정당화 구실로서의 반론이다. 이와 같이 여자는 주체적으로 결정한다는 것이 쉽지 않으므로 상대방에게 그 이유를 찾고 거기에 따라 안심하고 의견을 같이한다. 무언가를 결정하기 전에는 그것에 대한 반론을 생각해 둠으로써 빠져나갈 길을 준비하는 것이다.

제 2 장

말 속에 숨겨진 여자의 본심

01
무의식적인 말버릇에 나타나는 여자의 본심

여자의 말은 속내를 들키기 싫은 포장일 때가 많다

말은 자기를 표현하는 도구이다. 그러나 특히 여자의 경우 이 말에 의해 그녀의 표현을 전부 했다고 받아들인다는 것은 현명하지 못하다. 왜냐하면 일반적으로 여성은 직접적인 표현을 모두 하지 않기 때문이다.

여학교 교사들이 남학교보다 평소 많은 질문을 받는다고 한다. 그러나 어떠한 질문이든 여자교사는 대답을 일단 보류한다. 그녀들이 대답해 줄 것에 대해 고민을 해야 하기 때문이다.

그녀들은 "한 가지 물어 보겠다"는 말을 흔히 하는데 이 말은 나의 이야기를 제대로 들어 줄지의 탐색전이다. 동시에 그것을 알 수 있을 때까지 속내를 들키지 않게 하려는 의도도 있다. 이러한 말버릇은 얼핏 무의식적으로 나오는 것 같지만 사실은 그렇지 않다. 본래 말에는 논리적 기능이 있다. 때문에 사고력이 멈추지 않는 한 물론 강도의 차이는 있지만 나름대로 의식하기 마련이다. 따라서 반대로 생각하면 여성의 말버릇을 통해 그녀가 무엇을 알아보려는지, 또한 속에 있는 무엇을 감추려고 하는지를 정확하게 파악할 수 있다. 다만 겉으로만 드러나는 말버릇은 하나로 묶을 수가 없다. 그 점에는 유의해야 한다. 이런 여자의 말버릇 중 속마음을 알아볼 수 있는 쉬운 순서로 나타내면 직접적 표현·탐색 표현·무 표현·슬라이드 표현·반대 표현의 5단계로 나눌 수가 있다. 이 중 직접적 표현은 말 그대로 겉과 속이 일치된다. 또한 무 표현은 바로 침묵의 상태를 말하는데 정보량이 제로인 상태이다. 그러므로 여기에서 속내를 알아내기란 여간 쉽지 않다. 따라서 이중 탐색 표현·슬라이드 표현·반대 표현의 3가지 표현을 통해 그 심리를 파악하는 노하우에 대해 알아보기로 하자.

여자의 노골적인 말 뒤에는 의외의 보수성이 감추어져 있다

앞에서의 3가지 표현법 중 가장 여자의 심층을 파악하기 쉬운 것이 반대 표현이다. 그녀가 알아내려 하고 감추려 하는 것이 무엇인지 그 말버릇과 반대로 살펴보면 알 수 있기 때문이다. 다음과 같은 여자들이 여기에 해당된다. 요즘 젊은 여자들의 직접적이고 노골적인 표현에 어른들은 깜짝 놀라지 않을 수가 없다. 이는 젊은 남자들도 마찬가지이다. 시대의 흐름이라고 생각하다가도 걱정 아닌 걱정으로 받아들인다. 그러나 사실 알고 보면 그다지 걱정할 필요도 없다. 말은 그렇게 해도 그녀들의 속마음은 완전한 개방은 아니기 때문이다. 남자 앞에서 노골적인 말을 사용하는 여자들 대개가 그야말로 자신의 보수성을 감추고 새로운 세련된 방식으로 어필하려는 것임을 알아야 한다. 즉 실제로는 그녀들 역시 직접적이고 노골적인 표현에 주저하면서도 그냥 시도해 보는 것이다.

이와 같이 그녀들의 직접적이고 노골적인 표현은 어디까지나 그냥 밖으로 표현하는 껍데기에 불과하다. 속에 있는 다른 성향은 숨기고 있는 것이다. 나아가서는 그 내면에 포장되어 있는 것이 "내가 부끄러움을 아는 귀여운 여자임을 알아 달라"는 것일 수도 있다.

미국 대통령을 비롯해 다른 여러 나라의 국가 원수조차 무능하다고 외치는 마가렛 데처 영국 수상이 가정에서는 그 철의 갑옷을 벗어 던지고 정숙한 아내로, 인자한 어머니로 변신하는 점을 생각해 보라. 그 정도의 갭은 여자에게 있어서 아무것도 아님을 알 수 있을 것이다.

"재미있는 사람"이라는 한 마디는 "좋아할 수 있습니다"

여자의 말버릇 중 그 심리를 헤아리기 가장 힘든 것이 바로 슬라이드 표현이다. 말하는 것만으로 그 심리 어디서에서부터 오는 것인지 그 원인을 조심스럽게 더듬어 가야 하기 때문이다.

예를 들어 한 여자가 당신에게 "참 재미있는 분이네요"하고 말했다고 하자. 도대체 그 말은 그녀의 어떤 마음에 근거한 것일까.

배우 N씨와 시나리오 작가인 M씨는 연예계에서 손꼽히는 잉꼬부부로 알려져 있다. 어느 인터뷰에서 그들은 이런 얘기를 했다. 연애 전 무명 배우였던 N씨가 잘 알려진 시나리오 작가인 M씨의 매력에 끌려 시작되었다고 한다. 물론 처음에는 M씨가 N씨에게는 관심의 대상도 아니였다.

말없고 무뚝뚝하지만 조금은 유머러스한 면이 있는 재미있는 사람이라는 정도의 인상을 가졌을 뿐이었다. 두 사람은 집으로 가는 방향이 같아 늘 같은 차를 탔으며 따라서 많은 대화를 나누게 되었다. 그러면서 그녀는 N씨가 배우로서 매력과 능력이 있다는 것을 느끼면서 그 감정은 이야기를 하면 할수록 깊어졌다고 한다. 결국 그녀 부모님의 반대를 무릅쓰고 결혼에 골인하였다.

물론 함께 귀가하며 차츰 알아가게 되는 그의 매력과 재능을 발견한 것도 큰 역할을 했지만 그 전에 N씨에 대한 그녀의 "재미있는 사람"이라는 인상이 크게 영향을 미치지 않았나 생각된다. 그러한 인상은 어느덧 N씨에 대한 호기심으로 바뀌어 갔고 감추어진 재능을 알아보는 좋은 시간이 되었으리라. 여자의 "재미있는 사람"이라는 표현에는 상대방에 대한 호기심이 작용하고 있다는 것이 내재되어 있다. 따라서 일단 그런 말이 나오면 상대방으로부터 그 계기가 되는 어떤 의외성을 발견하는 순간 급속하게 끌리는 경우가 많다. 결국 "재미있는 사람"이라는 말은 "좋아할 수 있습니다"는 심리에서 나오는 것이다.

여자의 말투에 포함된 강렬한 가시

"재미있는 사람"이란 표현은 그래도 무심히 넘길 수 있는 말이다. 그러나 이와 마찬가지로 무심코 하는 말 가운데 "멋있으세요!"식의 스타일을 칭찬하는 말이 있다. 여자가 남자의 옷차림에 민감한 반응을 보인다는 것은 그다지 이상한 일도 아니다. 하지만 그것을 굳이 본인에게 더욱이 칭찬의 말로서 전한다는 것은 절대 쉽게 간과할 수 없다. 그녀의 마음속 깊이 파고들어 반드시 그 본심을 확인해 볼 필요가 있다.

이 표현에는 정도의 차이는 있겠지만 상대방 남자에 대한 호감이 슬라이드 되는 것이 일반적인 현상이다. 왜냐하면 여자는 대개 남자의 옷차림이나 액세서리 등 스타일링이 그 사람을 보여준다고 믿는다. 따라서 센스가 뛰어나며 여자들이 좋아하는 옷차림이나 스타일링을 하는 남자에게 끌리게 되어 있다. 따라서 자연스럽게 그런 말로 그 관심을 표현하게 된다.

그런데 다음과 같은 케이스는 상당한 가시가 있는 말이므로 주의해야 한다. 연인이나 아내로부터 "들키지만 않으면 바람을 피워도 나는 상관없어"라는 말을 듣고 긍정으로 받아들이는 어리석은 남자도 있다. 어쨌든 그런 여자일수록 남편이나 연인에게는 상냥하고 착하며 부지런한 여자라는 것은 부인할 수 없다. 그러나 그녀들은 남자 앞에서도 좀처럼 본성을 드러내지 않는다. 속마음을 교묘하게 은폐하는 방법을 너무나 잘 알고 있는 것이다.

따라서 그녀들의 "바람을 피워도 좋다"는 말을 액면 그대로 받아들여서는 안 된다. 오히려 "당신이 바람을 피운다면 나도 당신 몰래 바람을 피울 수도 있어"라는 압박임을 알고 있어야 한다. 이러한 여성의 슬라이드 표현에 속는 일이 없도록 유의해야 하며 이해심이 많다고 좋아하다가는 역으로 여자가 바람을 피우고 있어도 전혀 알아차리지 못하는 상황에 부딪힐 수도 있다.

02
대화 중 나타나는 여자의 감정

여자는 불안할 때 허세를 부린다

여자들에게만 나오는 억양 중 무언가 부탁할 때 높아지는 말투가 있다. 사무실에 들어서자마자 여직원으로부터 "넥타이 아주 멋져요"라는 기분 좋은 칭찬을 한 번쯤 들어봤을 것이다. 이때 그녀의 외모 또한 자세히 보자. 액세서리나 혹은 헤어 스타일이 다소 바뀌었다면 기분 좋은 인사를 내 쪽에서도 건네자. 무언가 보낸 인사에 답을 받고 싶어 하는 심리가 내재되어 있다고 판단해도 된다.

또한 남자 앞에서 어떤 허세를 부리거나 연막작전을 펼칠 때에도 여성의 말투는 부자연스러워진다. 최근에는 '섹스'라는 단어에 대한 거부감이 많이 완화되었다. 그래서인지 남녀 사이에 섹스를 화제 삼아 야한 농담을 섞으며 흥미 있는 대화를 이어나간다. 심지어 자신의 성경험을 거리낌 없이 말하는 여자들도 있다.

그러나 그러한 성경험을 주저 없이 말하는 뒷면에는 오히려 남성과의 접촉을 피하려는 이면이 숨어 있을 수 있다. 성이 아무리 개방되었다 해도 아직 순결에 대한 숭배감이 우리 사회에 보이지 않게 존재한다. 따라서 이들 여자는 남자에게 큰 호감을 얻지 못한다. 물론 그런 남자들의 사고를 모를 리 없다. 그렇다면 그 여자의 수다는 반대로 남자에 대한 경계를 의미하는 것이라 생각해도 무관하다.

사실 그런 말을 서슴없이 하는 여성일수록 의외로 진국인 경우가 많다. 오히려 남성과 성적으로 대등하게 상대할 자신이 없어 반대적인 표현을 하며 심리적으로 남자보다 우위에 서려는 것이다.

따라서 만일 여자들이 정신적으로 기댈 수 있는 남자가 나타난다면 쉽게 그 허세를 버리고 솔직한 여성이 될 수도 있다. 사실 남자같은 여자일수록 그 속마음이 순진하며 솔직하다.

여자는 남자의 반응을 애정의 잣대로 삼는다

대학원 시절 캠퍼스 부부가 있었다. 그 당시 남자는 그녀의 애교 많고 귀여운 거짓말에 견딜 수 없는 매력을 느껴 결혼을 했다는 말을 했다. 그녀는 지방의 상당한 부유층 출신으로 사범 대학에 다녔는데, 그와 만날 당시 집이 어려워져 직장에 다닌다는 말을 했다는 것이다. 그리고 교제가 진척되어 그가 사랑을 고백하자, 고향에 약혼자가 있으며 1년 후 에는 돌아가야 한다.

또는 첫사랑을 잊지 못하겠다는 등 거부했다고 한다. 그러나 그런 거짓말이 평소와는 다르게 목소리가 높아지고 앞뒤가 맞지 않는 등 누가 봐도 알 수 있는 거짓말을 한 것이다. 그럼에도 남자는 오히려 그녀가 자신을 사랑한다는 깊은 애정을 느꼈다는 것이다.

심리학적으로 볼 때 그녀가 이렇게 뻔한 거짓말을 하는 것은 남자에게 성적인 충동과 사랑을 느끼기 시작했기 때문이라고 해석할 수 있다. 여자들은 일반적으로 직설적으로 애정을 전달하지 못하는 경향이 있다. 때문에 분명히 드러나는 거짓말을 함으로써 상대방에게 완곡한 애정 표현을 시도한 것이다. 결국 응석 부리듯이 고집을 부리는 것이다. 그 남성에 대한 호의로 결국 내 사랑을 받아들이라는 의미라 하겠다.

그런 거짓말을 할 때는 목소리가 들뜨고 이야기 도중에 잠자코 침묵에 잠기기도 한다. 그런가 하면 시선이 일정치 않고 방황을 하는 등 갖가지 형태로 언어 아닌 언어의 표현이 수반되기 마련이다. 결국 여자에게 있어서 무엇보다 중요한 점은 그런 뻔한 거짓말에 대한 남자의 반응이다. 그 반응이 사랑의 척도라고 여자는 생각한다. 따라서 그 거짓말에 대해 반응이 없으면 더 강한 질투심을 유발시키기 위해 어쩌면 실제 행동으로 옮길 가능성도 없지 않다. 여자의 마음이란 그런 법이다.

연인에게 미래에 대한 약속을 할 때도 이런 형태의 제스처적인 언어가 크게 위력을 발휘한다. 마음이 간 남성에게 무엇인가를 원할 때는 오그라질 만큼 응석을 부린다. 그야말로 자신이 가지고 있는 모든 무기를 활용하여 상대방으로부터 OK를 받아 내려는 것이다. 토라지기도 하고 떼쓰다가 그래도 안 되면 울기도 한다. 하지만, 여자가 힘들게 노력을 기울이며 진심으로 원하는 것은 약속의 실행보다는 약속을 했다는 사실의 확인이다. 즉 여자에게 있어서는 상대방이 계약서에 서명을 했다는 사실이 무엇보다 중요한 것이다. 그 약속의 이행 여부는 다음 문제다. 증서만 있으면 언제든지 그 권리를 행사하고 약속 실행을 요구할 수 있는 것이다. 약혼을 할 때에도 여자는 약혼이라는 형태로 남성 속에 자신의 권리를 확립하는 것이 첫째 목적이다. 반드시 성급하게 아내가 되고 싶어서만은 아니다. 권리를 가짐으로써 심리적인 안정과 만족감이 드는 것이다.

결혼이란 권리는 반으로 줄고 의무는 2배로 늘어남을 뜻한다

이것은 독일 철학자 쇼펜하워의 말이다. 그는 어느 파티에서 여자와 남자 중 누가 더 현명한가 하는 질문을 받고는 바로 "뻔하지 않은가, 여자이다. 왜

냐 하면 여자는 남자와 결혼하지만 남자는 여자와 결혼하기 때문이다. 그런 불리한 결정을 하는 사나이가 바보라 할 수 밖에 없다."라고 말했다. 그의 말은 어떤 의미에서는 남자로 하여금 계약서를 쓰게 함으로써 그의 권리를 빼앗고 구속하려는 여자의 심리, 즉 여자의 본성에 대한 야유라 할 수 있다. 하지만, 요즘의 결혼은 사회생활도 가사생활도 동등하게 하며 어느 한쪽의 권리가 빼앗겼다고 쉽게 말 할 수는 없다.

여자는 우선 외모, 목소리의 겉모습에서 매력을 느낀다

마지막으로 여자의 대화 중에 상대방에게 관심이 있을 때 나타나는 적극적인 제스처적인 언어를 소개한다. 여자들은 정치나 업무 등 별로 흥미가 없는 이야기를 남성이 지루하게 늘어놓는 데도 열심히 귀 기울이며 들을 때가 있다. 틀림없이 상대방에게 관심과 호의를 갖고 있다는 증거다.

방송국을 그만둔 한 아나운서는 여성들에게 매우 인기가 높았다. 그는 다소 무거운 주제를 다루는 프로에 자주 나오지만, 많은 여자들은 환호한다. 우선은 호감이 있는 그의 외모, 스타일링, 멋진 목소리 듣고자 하는 내용과 상관없이 채널은 고정이다.

여자들은 기본적으로 좋아하는 감정이 생기면 그가 다소 재미없고 군대 이야기, 지난 유머를 하더라도 즐겁게 웃어주고, 귀 기울여 관심있는 리엑션을 표한다. 따라서 만약에 다소 난해한 전문적인 이야기를 그녀가 열심히 듣는다면 그녀의 마음이 당신에게 많이 기울어져 있다고 생각해도 된다.

03
남 이야기에 관심 많은 그녀는?

남 이야기 즐기는 여자의 속마음을 알아본다

가십은 여성의 전매특허다. 타인 스캔들에 얽힌 얘기들을 알고 싶고 그런 이야기를 즐기는 것이 여자의 특성이라 할 수 있다. 헤어숍이나 사우나, 회사 공간, 여학교 화장실 등 여자들이 모여 수다를 하기에 딱 좋은 장소라 하겠다. "여자 셋만 모이면 접시가 남아나지 않는다"는 말과 같이 그녀들은 거의 예외없이 얼굴만 맞대면 남의 이야기에 흥미있어 한다. 더구나 싫증을 낼 줄도 모른다.

이와 같이 남의 소문, 가십에 열성인 이유는 그 화제들이 어디까지나 남의 이야기이며 자신과 전혀 관계가 없기 때문이다. 즉 아무리 화제를 들추어 낸들 자신은 전혀 상처를 입지 않는다는 것 때문이다.

이렇게 열성적으로 즐겁게 이야기를 즐기지만, 다르게 생각해보면 그만큼 그녀의 마음 한구석에는 빈틈이 보인다. 즉 정신적 무방비 상태인 여자의 내면심리를 읽을 수 있는 절호의 기회인 것이다.

여자는 남의 이야기처럼 말하면서도 자신도 모르는 사이에 스스로를 표현한다. 옆집 남편의 외도가 사실은 자기 남편의 외도에 대한 불만일 수도 있다. 따라서 그러한 내용에 주의를 기울여 보면 여자의 내면을 헤아리기도 그다지 힘들지 않다. 여자들이 주로 하는 남의 이야기는 심리적으로 3가지로 나누어 볼 수 있다.

- 욕구 대상형 : 남을 헐뜯음으로서 자신의 욕구 불만을 채우고 우월감을 얻으려 한다.
- 욕구 대변형 : 자신의 욕구를 남의 말로서 전하려 한다.
- 욕구 대리형 : 말로 표현하고 싶은 욕구가 다른 모습으로 나타난다.

마음속의 꺼리낌이 여성으로 하여금 남의 이야기를 하게 한다

여자라면 누구나 남의 이야기를 좋아한다. 특히 그 중에서도 타인의 가십에 강한 집착을 나타낸다. 남의 화제를 들추어서는 헐뜯고 평가하며 모든 일상을 파헤친다. 일반적으로 그런 여자들에게 공통된 심리적 특징은 현실에 대한 욕구 불만이다. 즉 그녀들은 남을 헐뜯음으로써 마음속 욕구 불만을 발산하고 자신이 남보다 낫다는 자부심을 갖고자 한다.

그런 여자들은 대체로 진정한 친구보다는 그런 가벼운 친구들이 대부분이다. 진심으로 이야기할 대상이 많지 않다보니 외로움과 고독을 잘 느낀다.

그래서 그녀들은 필사적으로 남의 가십, 일상을 비평함으로써 자신의 고독감을 메운다. 일종의 대상행위인 것이다. 그럼으로써 평소의 욕구 불만을 해소시키는데 이는 욕구 대상형이라 하겠다. 여자들 중에는 소설, 영화 혹은 TV드라마 등 그 소재가 흔히 말하는 막장드라마에 흥분해 하면서도 즐겨보는 사람이 많다. 이러한 현상 역시도 저 사람보다는 행복하다고, 자신이 처해 있는 환경을 플러스 평가하기 위해서라 할 수 있다. 즉 그러한 남의 불행을 즐기는 여자의 내면 심리에는 대상과 자신을 대비시켜 자신의 우월성을 확인하려는 의식이 항상 작용하고 있는 것이다.

누가 그러더라 하는 것은 나의 생각이다

 욕구 대변형은 남의 말을 인용하여 자신의 요구를 전하는 경우다. 이때 여자들이 가장 빈번하게 인용하는 것이 어머니이다. "어머니가 당신이 아주 멋진 사람이라고 하시던데" 등 모친의 의견을 핑게삼아 상대방을 넌지시 칭찬하는 것이다. 여기에는 어머니 말을 인용하여 그녀 자신의 감정을 상대방에게 전하려는 것이 내재되어 있다.

 젊은 여성이 어떤 호의있는 남성에게 먼저 고백한다는 것은 쉽지 않다. 여자가 사랑고백 하기에는 수동적이다. 스스로 먼저 고백한다는 것을 자존심에 결부시키며 섣부른 행동으로 자신이 가벼워 보이지는 않을까 걱정도 생긴다. 따라서 그녀들은 의식적이든 무의식적이든 가장 가까운 존재인 부모님의 말을 빌어 자신의 본심을 드러내는 것이다.

톱스타 T씨는 화술이 뛰어나기로 평판이 자자하다. 그는 게스트의 마음에서 드러내기 힘든 과거사나 헤어진 연애사를 자연스럽게 끌어내는 능력이 있다. 그래서 그의 프로그램에 출연하는 게스트들은 가끔 자신의 실패담이나 사랑 이야기를 마치 남의 이야기인 양 말하곤 한다. 그러나 T씨는 그 점에 대해서는 전혀 언급하지 않는다. 그리고는 "그래서 그 뒤 친구는...?" 하면서 정말로 남의 이야기라 믿고 있는 듯한 말투로 재빨리 질문을 던진다. 그들은 남의 이야기라는 원칙이 지켜지기 때문에 말하기 힘든 내용까지 어렵지 않게 술술 나오고 만다. 나중에 "아차"하기는 한다지만 늦었다.

이와 같이 모든 사람은 자기자신의 일이라고 솔직하게 말하기는 힘들어도 자기 주변의 일로서나 또는 집단의 의견으로는 쉽게 얘기를 할 수 있는 법이다. 특히 여자의 경우 그런 성향이 훨씬 강하다. 자신의 가족이나 친구들 말을 빌어서가 아니면 좀처럼 본심을 말하지 않는다.

따라서 여자가 부모의 말 또는 친한 친구의 말처럼 이야기를 하는 경우에는 대부분 그녀 자신의 생각이라 해석해도 무리가 없다. 심리학에서는 이렇게 피아의 심리적 경계가 분명하지 않고 상대방과 자신이 일치화되는 심리적 메카니즘을 "동일시"라 한다. 부모와의 동일시가 지나치게 강하면 자칫 남자에게 부담이 되기 쉽다. 한 사람의 독립된 어른으로서 자립심이 강한 여성을 원하는 남자라면 이런 여성은 고려해보는 것이 좋다.

남자에 대한 나쁜 평에 숨겨진 복잡한 심리

　　TV나 영화에 흔히 나오는 연애 패턴으로 싸움 친구 형의 사랑이 있다. 겉으로는 사이가 나쁘고 늘 싸움을 하지만 속마음은 서로 강하게 끌리고 있는 것이다. 이 경우 여자는 주위 사람에게 공연히 "저런 사람을 누가 좋아하겠어", 아니면 "그는 아직 어려, 좀 더 중후해져야해" 식으로 좋은 평을 하지 않는다. 하지만 어느 순간 그 사람과 연애가 시작되어 남부러운 데이트를 즐긴다. 이 여자가 결국은 그렇게 비난했던 사람과 좋은 결실이 있는 것은 본인의 속내를 드러내고 싶지 않은 마음에 남자에 대해 좋지 않은 평을 했던 것이다. 그런 의미에서 여자가 남자에 대해 하는 나쁜 평은 마음에서 원하는 것이 다른 모습으로 나타나는 욕구 대변형이라 하겠다.

　　이와 같이 가끔 여자들은 남자에게 특별한 감정이 생기면 무의식 중에 그 감정을 감추려는 방어적인 의식이 있다. 그래서 마음과는 다른 행동을 취한다.

여자가 어떤 특정 남자에 대해 비방적이면 그에게 다른 무언가의 감정을 느끼고 있다고 생각하라. 이런 여자의 상반된 욕구 대리 표현은 일상생활 속에서도 여러 가지 형태로 나타난다. 예를들어 남편이나 연인과 함께 TV를 보다가 "저 배우 멋지다", "저 배우는 역시 남자다워"하는 말을 아무렇지도 않게 입에 담는다. 겉으로 보기에는 단순히 어떤 비현실적인 동경을 표현했다고 생각할 수도 있다. 그러나 이러한 말 속에는 의외로 복잡 미묘한 여자의 심리가 숨겨져 있다.

상대방 남자 앞에서 다른 남자를 칭찬할 때는 막연한 불만이 쌓여 있는 것이다. 그 불만이 다른 남자에 대한 찬사라는 형태로 바뀌어 표현되고 있을 뿐이다. 그러한 무의식적인 대비가 그녀로 하여금 평소에 느끼던 어떤 불만을 재확인시키고 있는 것이다. 그러나 그녀 자신 그 욕구 불만의 존재를 분명하게 파악할 수 없다. 그러므로 그녀는 상대에게 자신의 불만을 토로하는 것이다. 또한 남자 앞에서 지난 과거의 연인을 입에 올리는 여자도 흔하다. 이 역시 욕구 대리형의 하나로 여자의 미묘한 내면 심리를 읽을 수 있다. 이때 남자는 그녀가 자기로부터 멀어지는 듯하여 마음이 불안해진다. 그러나 이것은 오히려 남자에게 깊은 관심이 있을 때 나타나는 현상이다.

현재가 불안하다면 과거의 아픈 상처나 지난 추억을 회고 할 정도의 여유는 없다. 여자가 과거를 입에 올리는 것은 현재 이상없고 안정되어 행복에 넘치는 현재의 상황이 있는 것이다. 따라서 여자가 남자 앞에서 과거를 떠올리는 것은 지금의 상대로부터 마음이 떠나서가 아니고, 오히려 그에게 절대적인 신뢰를 갖고 있는 것이다.

여자의 조크는 남성을 견제하는 가시

　소개팅 자리의 남녀가 하는 말은 그 의미하는 바가 상대에 대한 감정의 방향이 전혀 다르다. 예를 들어 남자가 여자에게 자주 조크를 던지는 것은 상대방에게 어떤 호의가 있다는 뜻이다. 그러나 반대로 여자가 남자에게 자주 조크를 하는 경우는 오히려 상대방에 대한 감정이 얕을 수 있다.
　여성 심리 매카니즘으로 볼 때 이러한 현상은 당연하다. 지금까지 말한바와 같이 여자는 자신의 속을 남에게 알리지 않으려는 의식이 매우 강하며 항상 숨기려는 습성이 있다. 하물며 소개팅 자리에서 상대방 남자에게 감정이 없거나 적의를 느끼고 있다 한들 어찌 직접 표현할 수가 있겠는가. 그 감정을 포장하려 농담 등 자기 감정을 누르려는 표현이 나오기 쉽다. 즉 여자가 이성에 대한 농담은 상대방에게의 무감정이다.
　이러한 심리적 메카니즘은 남자에게도 물론 있을 수 있다. 그래서 종종 남자들도 이런 풍자 비슷한 욕구 대리 표현을 사용한다.

04
여자의 불평 속에 숨겨진 의미

여자는 세밀한 계산 아래 불평을 한다

남자들이 볼 때 이런 여자의 행동 중에는 도저히 이해하기 힘든 면이 적지 않다. 남자라면 그렇게 하지 않을 것이라는 종류의 행위가 여자에게는 너무나 많은 것이다. 예를 들면 불평이나 하소연이 그것이다. 남성도 때로는 불평을 한다. 그러나 도저히 여성에 비할 바가 못 된다.

여자들 중에는 초면에게도 불필요한 불평을 늘어놓을 때가 있다. 또한 이 불평의 양도 늘어나기 마련이다.

여자는 어린 아이와 매우 유사하다. 대체로 어린이들은 자기 뜻대로 되지 않으면 갑자기 울거나 토라지는 등 자기의사를 표현한다. 여자의 불평도 이와 같다. 또한 어린이들은 울거나 토라지는 그 행위를 단지 그때그때의 감정에 따라 하는 것만은 아니고 치밀한 계산 아래 행한다.

그리하여 그들은 자신이 저지른 실수를 용서받는다든가 자신의 요구가 받아들여짐을 얼마간 경험적, 본능적으로 알고 있는 것이다. 그 점에서도 여자와 아이는 같다는 것이다.

물을 건너면 산이다. 여자의 불평 뒤에 있는 이러한 계산을 충분히 고려하지 않고, 그저 귀찮다는 이유만으로 그들의 주장을 모두 받아들인다면 그 뒤의 일은 충분히 상상이 가고도 남으리라. 산을 넘으면 물이요, 물을 건너면 산이다. 그녀를 리드하고자 한다면 여자의 불평을 통해 그 내면에 있는 속내를 간파하는 지혜를 익혀 둘 필요가 있다.

여자의 눈물을 진지하게 상대하면 손해를 본다

여자는 "눈물샘을 자유롭게 컨트롤 한다"는 말이 있다. 이와 같이 그녀들은 언제든 울려고만 하면 눈물을 흘릴 수 있다. 그런 줄을 뻔히 알면서도 남자는 여자의 눈물에 약하다. 조심 하다가도 한번 걸리면 하고 싶은 말 한 마디 제대로 못하고 쩔쩔맨다. "여자의 눈물은 강력한 무기"라고 말들을 한다. 아니, 이는 어쩌면 어떤 현대적인 무기보다 더 강할 수도 있다.

얼마 전 한 TV드라마에 이런 장면이 있었다. 남자 친구의 생일날 저녁을 해주기 위해 여자 친구가 집에 왔다. 할 수 있는 음식 솜씨를 뽐내고 앉은 식탁에서 남자는 그녀에게 간장을 요구했다. 의아해 하는 그녀에게 그는 "우리 집에서는 더 짜게 먹으니까"하는 것이 아닌가.

그녀의 얼굴은 싸늘히 식으며 눈가에 눈물이 그렁인다. 이를 본 남자는 미안하다며 달래지만 이미 때는 늦었다. 그녀는 "내가 한 요리가 어머니 음식과 비교는 안되겠지만, 성의표시를 하고 싶었어요. 기쁜 마음으로 축하도 해주고 싶고.."하며 울기만 했다. 그의 거듭되는 사과에도 불구하고 그녀의 서운함을 풀기는 힘들었고 어색한 분위기만 남았다.

위와 비슷한 이야기는 현실적으로 너무나 많다. 남자의 실수라면 실수다. 그러나 일단 여자가 눈물을 흘리기 시작하면 극단적인 경우 그 원인을 따지는 일은 거의 의미가 없다. 대부분 여자의 눈물은 일종의 자가 진정제이기 때문이다. 흥분된 감정을 가라앉기까지 겁을 주어도 달래도 그치지 않는다. 이럴 때는 그녀 스스로 마음이 풀리기까지 울게 내버려 두어야 한다. 실컷 눈물을 흘림으로서 정신적 카타르시스를 얻게 되면 이쪽 걱정 따위는 아랑곳하지 않고 의외로 아무 일도 없었던 듯 되돌아간다. 앞의 드라마에서도 그런 여자의 미묘한 부분을 몰랐던 남자가 무조건 사과, 설득을 하려 했기 때문에 오히려 부채질을 한 격이 된 것이다.

어쨌든 여자란 이렇게 힘들다. 우는 자신만이 제일 괴롭다. 그것을 바라보아야 하는 남자의 마음이 얼마나 아픈가 따위는 안중에도 없다. 그러나 한편 울기만 하면 남성이 반드시 굽히게 된다는 점도 이미 계산하고 있는 것이다. 이러한 여자의 눈물에 진지하게 상대하는 남자야말로 어리석다고 할 수 있다.

여자의 불평을 듣고 설득하려 하지 말라

여자의 불평에 눈물이 수반되지 않는 경우도 있다. 그렇다고 그 조정이 쉬운 것은 결코 아니다. 오히려 반대로 그 속을 알아내기가 더욱 어려울 수도 있다. 여자의 "토라짐"에 대해 생각해 보자.

데이트 도중 즐거워 보이던 그녀의 표정이 갑자기 어두워졌다. 아무리 생각해도 감이 잡히지 않아 "도대체 왜 그러느냐"고 물어 보지만 얼굴을 돌린 채 대답조차 하지 않는다. 남자는 도무지 알 수가 없어 불안해진다. 그때 그녀는 기다렸다는 듯 "아까 그 카페 안에서 지나가는 길에 대놓고 다른 여자를 훔쳐보지 않았나요? 불쾌해요"라고 말하는 것이 아닌가. 아닌 밤중에 홍두깨이기는 하지만 그런 일이 있었던 것 같기도 하여 어떻게든 그녀의 화를 가라 앉히려고 구구절절 변명만 늘어놓는다.

그러나 그녀는 전혀 귀를 기울이려 하지 않는다. 남자는 도대체 어떻게 해야 될지 그저 어리둥절할 뿐이다.

이 경우 그녀의 오해를 풀려는 설득 행위는 소용이 없다. 왜냐하면 그녀가 요구하고 있는 것은 그가 다른 여자에게 관심을 가졌는가에 대한 사실 여부가 아니다. 즉 자신이 그렇게 믿음으로써 흐트러진 감정을 본래의 상태로 만들어주기를 바라는, 그러기 위한 노력을 하라는 의미이기 때문이다. 그 심리를 간파하지 못하면 그녀의 화는 계속된다. 그녀가 요구하는 것은 오직 한 가지 "당신이 그 여자보다 몇 배는 더 예쁘고 멋져!"라는 자신의 존재를 강력하게 인정해 주는 한 마디인 것이다.

이러한 토라짐이 한 층 더 복잡화되면 이번에는 자신을 비하하는 형태로 나타난다. 여자들은 "나는 예쁘지 않아"라는 말을 가끔 한다. 그러나 이는 여자의 특징이다. 이럴 때는 "절대로 그렇지 않다"고 자신의 말을 부정해 주기를 바라는 것이다.

또한 단지 부정에 그칠 것이 아니라 업무상이라면 그 역량을, 연인이나 남편이라면 자신의 여성으로서 매력을 인정해 주기를 바라는 마음이 그 내면에 깊이 자리하고 있는 것이다. 여자의 그러한 심리는 말하자면 "자기 비하에 의한 자기 과시"라는 역설적 포즈라 하겠다.

여자의 애정 고백은 고민의 형태로

여자 특유의 불평 중에 "그는 해외출장이 너무 많아. 영어를 이 사람만 하는 것도 아닌데"하는 고민 섞인 투덜거림을 한다. 얼핏 그녀는 남자 때문에 짜증과 불평이 가득하다 라는 말로 들린다. 하지만 사실은 전혀 반대이다. 말과는 달리 그녀의 마음속에는 "어때, 나는 이토록 능력있는 남자와 사귀고 있어"하는 자랑스러움이 숨겨져 있다고 보면 틀림없다. 역설적인 포즈는 연인에 대한 자부심이 나타나있다. 따라서 그런 이야기를 듣는 사람은 그저 시간 낭비를 하고 있는 것이다.

이와 같이 여자의 불평을 진지하게 상대할 경우 오히려 듣는 쪽이 허무할 때가 많다. 남자들이 생각할 때는 "그냥 시원하게 다이렉트로 표현하면 안

되나?"하고 답답해할 수도 있다. 그렇지만 이런 우회성이나 완고성이야말로 여성 특유의 성향이라 생각하고 마음을 비워야 한다. 그리고 그 점을 분명히 이해한다면 그 어떤 불평이든 여자의 내면을 정확하게 알아낼 수가 있다.

여자들은 상담을 자주한다. 그리고 대답은 미리 준비되어 있다. 그녀가 원하는 것은 결코 어떤 해결책이 아니라 자신이 생각하고 있는 무엇인가를 긍정해 달라는 뜻이다. 따라서 이러한 여자들은 그것을 긍정해 주는 사람이 나타날 때 까지 만남을 되풀이하게 된다. 그러나 같은 상담이라도 그것이 개인적인 내용인 경우에는 그 양상이 달라진다.

여성 중에는 마치 취미라도 되는 것처럼 제 삼자에게 자신의 신상에 대해 이야기하는 것을 서슴치 않는 사람이 많다. 만일 이러한 타입이 상담을 해오면 가볍게 넘어가도 무방하다. 그러나 그와 반대로 평소 본인의 이야기를 잘 하지 않는 성향의 여성이 개인적인 상담을 요청해오면 우선 마음을 가다듬어야 한다.

그 이야기의 시작이 그녀 인생에 매우 중요하다면서 대화가 이루어지면 어쩌면 마음속에는 상대방 남자에 대한 관심이 분명 존재한다고 보아야 한다. 즉 여자는 사랑하는 남자에게 자신이 가장 꺼리는 점을 고백하고, 그럼으로써 함께 걱정해 주기를 바라기 때문이다.

05
남자에 대한 태클은 또 다른 애정의 표현

여자가 상대의 나쁜 점을 계속 꼬집는 것도 관심이다

 여자가 남자에 대해 이야기할 때 정말 그 남자에 대한 마음을 드러내기도 하지만, 반드시 그녀의 속마음을 모두 나타내고 있는 것은 아니다. 상대에게 좋든 나쁘든 깊은 감정을 가지고 있을 때에는 오히려 말과 반대의 본심이 내면에 숨겨져 있기도 한다.
 남자에게 자극적인 말과 태클을 걸면서 사실은 그 남자에게 호의나 애정을 역설적으로 표현하는 것이다. 일반적으로 여자쪽에서 먼저 사랑을 고백하는 일이 드문 이유도 단지 부끄러움이나 조심성 등 도덕적인 이유에서만은 아니다. 즉 그 고백이 받아들여지지 않았을 때 자신이 받을 상처를 우려하는 일종의 계산이 작용하고 있는 경우가 적지 않다. 따라서 남자가 자기에게 분명히 호의를 가지고 있다는 것을 느끼면서도 어떻게든 확인하지 않을 수 없다.

태클과 하나하나 꼬집는 역설적 표현으로서 남자의 반응을 엿보려 한다.

칠칠치 못하다고 말 하는 것은 모성본능을 발휘하는 것

내가 아는 한 여자는 동료 남자직원에게 "옷 입는 스타일이 촌스럽다", "칠칠치 못하다"혹은 "헤어스타일이 덥수룩하고, 답답하다", "결혼하면 게으르고 단정치 못한 남편이 될 것이다"라는 등 잡담할 기회가 있을 때마다 아주 관심없는 듯한 이야기로 면박을 주었다.

이 때문에 주위 사람들은 그녀가 틀림없이 그 남자를 싫어하는 것이라 생각했다. 그러나 생각치도 못하게 그 둘은 교제가 시작되었고 얼마 뒤 바로 약혼해서 이내 결혼으로 골인까지 하게 되었다. 사실 그녀는 이내 그에게 마음이 있었던 것이다. 이 경우 그녀는 자신의 속마음을 꽁꽁 숨기고, 그와 반대로 사사건건 꼬집으며 시비형식의 이야기로 표현했던 것이다. 회사 내에는 그 보다 더 촌스럽고, 칠칠치 못한 다른 남자들도 있었을 것이다. 그 남자에 대한 호의적인 관심이 있었다.

대체로 여성은 답답하고 칠칠치 못한 남성을 싫다고 말한다. 하지만 이 경우로 볼 때 반드시 그렇지만은 않다. 오히려 그의 그런 칠칠치 못함에 모성본능이 자극되어 옆에서 챙겨주고 싶다는 생각을 하게 된다. 그러나 그런 기분을 직접 표현하지 않는 것은, 그로 인해 야기될지도 모르는 갖가지 문제를 미리 경계하는 그 여성 특유의 심리가 작용하기 때문이다.

커플이 이루어지거나 부부들 중에는 남자는 그다지 능력도 없어 보이고, 별 장점도 없어 보이지만, 여자는 외모 뿐아니라 좋은 조건을 가진 여자를 볼 수 있다. 사람들은 고개를 갸우뚱 하며 의아해 할 수도 있지만, 그 뒤에는 미묘한 여심이 숨어 있다. 한심해 보이고, 능력이 없는 사람에게 무관심하게 대할 수도 있지만 오히려 옆에서 이것저것 챙겨주는 경우는 "당신에게는 내가 필요하다"라는 모성본능이 일고 있기 때문이다. 이런 여성심리란 마치 개구쟁이 아들을 꾸짖는 어머니가 한편으로는 미소를 짓는 그 심리와 같다.

단정하지 못한 남성, 불결한 남성은 여성의 모성 본능을 자극하기 쉽다.

여자는 관심있는 남자에게 직선적이다

사실 좋아하면서 사사건건 태클걸고 때로는 심한 악담까지 하는 여자의 태도는 남자의 입장에서 본다면 불가사의 하기까지 하다. 그러나 잘 생각해 보라. 이는 그 여자가 당신에 대해 관심이 얼마나 깊은가를 보여 주는 것이다. 그럼에도 불구하고 많은 남자들은 엉뚱한 대응으로 잘 될 수 있는 기회를 놓친다. 내가 아는 한 잡지사 기자로부터 들은 이야기다.

그가 학생 시절 같은 클라스의 여학생이 기회만 있으면 남학생에게 태클을 걸었다. 그 수위 정도가 심각해 주위에서는 상대에게 심한 감정이 않나 하는 생각들을 했다. 그러나 사실은 전혀 그렇지 않으며 그저 무턱대고 시비를 거는 그런 식이었다. 처음에는 그 남학생도 그냥 넘어갔지만 나중에는 참다못해 여학생을 불러내 따지고 들었다. 그런데 웬일인가. 평소와는 판판으로 얌전히 들으며 심지어 애교섞인 대응으로 오히려 남학생을 당황하게 했다. 여학생은 입학 당시부터 남몰래 좋아해 왔으며 사귀고 싶었지만, 그 기회가 없자 주의를 끌기 위해 인신공격으로 괴롭혔던 것이다. 그러한 여자 심리를 누가 알 수 있겠는가.

사실 다른 사람에게 나쁜 소리로 공격적인 말을 한다거나 태클을 거는 것은 칭찬이나 맞장구를 치는 행위에 비해 더욱 에너지 소모가 많다. 남자보다는 여자들 성향이 더욱 많으며 그래서 여자는 관심없는 상대에게는 에너지를 낭비할 필요없이 마치 돌멩이처럼 무시한다.

우리들 주위를 둘러보라. 쓸데없이 화내고 이미 말다툼이나 주먹질을 시작하는 것은 틀림없이 남자 쪽이다. 하지만 여자는 스스로 그렇게 무의미한 힘을 남용하는 일은 거의 없다. 그런데도 이유없이 남자에게 태클을 거는 경우에는 그에게 큰 관심을 지니고 있다는 뜻이다. 즉 그녀는 다른 많은 남자 중 일부러 그를 선택하여 거기에 에너지를 집중하고 있는 것이다. 물론 개중에는 진심이 담겨 있을 수도 있다. 그러나 그 직선적인 태클이 남자에게 진심의 언급이 아닌 여자의 관심, 즉 호의의 표시이기도 하다.

이런 표현과는 다르지만 여자가 "저 사람은 알다가도 모르겠어"라고 하는 경우도 "그 남자에게 관심이 있지 않을까?" 하고 의심해 보아야 한다. 예컨대 여자끼리의 모임에서 "나는 그가 어떤 사람인지 잘 알 수 없다", "어째서 그런 행동을 하는지 이해하기 힘들다"는 등의 대화에 자주 올리는 경우가 있다. 이는 얼핏 부정적으로 들릴 수도 있겠지만, 사실은 그녀가 관심있게 상대방을 보고 있다는 증거이다.

모른다고 표현하는 것은 오히려 알고 싶다는 마음의 표현인 것이다. 동시에 그녀가 상대방에게 적지 않은 매력을 느끼고 있다는 것이다.

"귀찮게 군다", "끈질기다"는 말은 남자가 한 걸음 더 밀고 나오기를 바라고 있다." 지금까지는 여자의 반어적 표현 중에서도 비교적 앞뒤가 분명한 예를 들었다. 말하자면 검은 것을 희다고 주장하는 것인데 그것을 알기만 하면 여자의 심리를 파악하기는 그다지 힘들지 않다.

그러나 여자가 흔히 남자에게 공격적이고 나쁜평을 하는 것 중에는 복잡하고 다르게 표현하는 심리를 감추고 있는 것들이 있다. 그 한 예가 남자에게 "당신은 귀찮은 사람이군요"라든가 "끈질긴 사람이군요"하는 경우이다.

이 말은 원래 긍정도 부정도 아닌 단순한 형용사에 불과하다. 그러나 대부분 남자는 이 말을 "싫다, 그만해라"라는 거부의 의미로 받아들인다. 그래서 둔한 남자들은 대부분 포기하고 만다. 그러나 입으로는 "귀찮게 군다", "끈질기다"고 하면서도 한 걸음 더 다가서 주기를 바라는 마음이 내면에 깔려 있는 경우가 많다. 여자의 거절이 곧이곧대로 거절을 의미하는 것은 아니다. 남자는 싫은 것에 대해 분명하게 "NO"라고 표현하지만 여자의 경우 정말 "NO"인지 "YES"인지 아리송한 경우가 부지기수다. 더욱 곤란한 것은 이 예에서처럼 "NO"가 사실은 "YES"인 경우이다. 따라서 복잡한 여심을 판단하는 방법은 어쨌든 밀고 나가는 수밖에 없다.

속을 알 수 없다는 의미에서는 여자의 불평도 여기에 속한다. 예컨대 "그는 아주 바람둥이야"라든가 "우리 남편은 돈 씀씀이가 헤퍼"라고 불평을 하는 여자가 있다. 이런 경우 두 여성 타입이 있다. 그 하나는 남자가 바람을 피우지 않는데 피해 망상으로 질투를 하고 있는 경우이다.

또 한 가지 타입은 말로는 투덜대면서 사실은 그것을 자랑하고 싶어하는 여자이다. 즉 "바람둥이다", "돈 씀씀이가 헤프다"고 불평하는 것은 그 남자가 밖에서 얼마나 인기가 있으며, 경제력이 있는가를 한편으로는 상대방에게 알리고 싶어하는 것이다. 그런 여자일수록 그 곤란하다는 말의 여운이 가시기도 전에 이내 남편이나 연인을 자랑하곤 한다.

이와 같이 여자의 말에는 반어적인 표현이 숨어 있을 때가 많다. 그리스의 철학자 에우리페데스는 "여자가 하는 말은 비록 진실이더라도 결코 믿지 말라"고 했다. 세상 남자 모두 한 번은 여자의 말을 뒤집어 생각해 볼 필요가 있겠다.

제3장

상대방을 통해 그녀의 욕망 정도를 측정한다

01
동경하는 것으로 상징되는 여자의 욕망은?

신데렐라 콤플렉스는 모든 여자에게 공통되는 심리

　일반적으로 남자는 자신의 속마음을 솔직하게 표현하는 편이지만, 여자는 그렇지 못하는 경우가 많다. 마음속 표현이나 요구를 남자들이 알아듣기 힘든, 변형된 표현으로 대신 한다.
　한 친구는 상대방 여자로부터 "당신 방 언제 한번 보고싶어!"라는 말을 듣고 그는 별 어려운 일도 아니다 싶어 안내한 것까지는 좋았는데, 방만 보여 주고 그대로 돌아가게 했다. 그러나 잘 생각해 보라. 여자가 그런 표현을 했을 때는 무장해제의 표현으로 "한 걸음 깊은 진도를 나가도 괜찮다"라는 의사 표시라고 할 수 있다. 그러나 그는 잘못 해석한 나머지 좋은 기회를 놓쳐 버린 것이다. 만일 남자라면 그런 우회적인 표현은 하지 않고 "오늘 저녁 당신과 함께 있고 싶다"는 표현을 사용했으리라.

욕구 표현 방법에서 찾아 볼 수 있는 남자와 여자의 이 차이는 사회적 환경의 차이 때문이기도 하다.

남자의 경우 "이렇게 하고 싶다" "저렇게 되고 싶다"는 바램은 자신의 노력이나 능력으로 얼마든지 실현할 수 있는 기회가 주어진다. 하지만 여자는 외적인 조건에 좌우되기 쉽다. 극단적으로 말하면 운명이 이끄는 방향으로 살아가는 것이다. 그 결과 여자는 어쩔 수 없이 자기 힘으로 꿈을 실현하는 것을 체념하고 그 어떤 다른 큰 힘에 의해 꿈이 실현되기를 바라게 된다. 이러한 타인 의존의 심리는 무의식중에 내면에 내재되어 겉으로 다른 언행으로 나타나는 것이다.

미국의 사회 심리학자 콜레트 다우린 여사는 그러한 여성 특유의 심리구조를 신데렐라 콤플렉스라 했다. 즉 스스로의 능력과 인격에 의해 자립할 자신이 없는 여성이 자신의 인생을 멋지게 바꿔 줄 남성의 출현을 열심히 기다리는 심리를 가리킨다. 동화속의 신데렐라는 우연히 왕자님의 출현으로 지독한 환경에서 비약, 빛나는 공주님이 된다. 현대의 많은 여성들은 이 왕자님 즉 멋진 남성의 비호를 받으며 살고 싶다는 꿈을 가지고 있다고 다우린 여사는 지적한다. 그렇다면 이런 왕자님도 호박 마차도 쉽사리 만날 수 없는 현대 여성들은 그 숨은 욕망들을 어떻게 표현하고 있는 것일까. 여자들이 표현하는 동경이나 여성스런 취미, 기호를 잘 관찰해 보라. 아마도 그녀들의 속내를 읽을 수 있고 그 꿈을 이루어 줄 수도 있을 것이다.

여자는 성적인 욕구를 아름다운 말로 포장한다

　인간의 말에는 항상 원칙과 진심이 함께 존재한다. 특히 여자가 성(性)에 대해 이야기할 때 속내가 그대로 표현되는 일은 거의 없다. 얼핏 성(性)과는 관계가 없어 보이는 아름다운 말 속에 성적인 욕구를 숨기는 것이다. 흔히 유치원에 갈 정도의 나이가 되면 여자 아이는 같은 또래 사내 아이의 성기에 대해 상당한 호기심을 가지게 된다. 그리고 그것을 솔직한 말로 표현한다. 그러나 점차 성장함에 따라 성적인 화제를 피한다. 이윽고 주위 남자들의 음담패설에 노골적인 혐오감을 보인다.
　그렇다고 하여 그녀들의 마음 속에 자리하고 있는 성에 대한 호기심이 모두 사라져 버린 것은 아니다. 오히려 그 호기심은 단단한 뚜껑에 닫혀 억압되어 다른 형태로 표출되고 있을 뿐이다. 그 한 가지 예로 연애소설을 정독하는가 하면 연애영화를 즐긴다. 얼핏 보기에 성적으로 결벽해 보이는 여성들이 공통적으로 가지는 심리 메카니즘이다.

　이러한 여자들은 모두 섹스라는 말을 극단적으로 싫어한다. 그렇지만 연애라는 표현에는 부담없이 즐겨 이야기한다.
　심리학적으로 볼 때 연애란 성적인 욕망을 나타내는데, 연인이 있어 성적인 만족을 얻고 있는 여자들은 이런 말을 그다지 하지 않는다. 실제로 여러 가지 심리 테스트에 의해 성적인 욕구 불만이 축적된 여성일수록 연애에 대한 동경이 강하다는 사실이 밝혀졌다. 다시 말해 연애 소설이나 영화를 좋아하는 여자는 그녀들의 의식과는 관계없이 오히려 마음 내면에서는 성을 갈

망하고 있다는 것이다. 이러한 심리는 젊은 여자들이 남자에게 흔히 말하는 "바다에 가고 싶다"는 표현에서 잘 나타난다. 어느 조사에 따르면 여자가 가장 좋아하는 데이트 장소가 바닷가 또는 바다가 보이는 공간이라 한다. 드넓은 바닷가는 최고의 장소임에 틀림없다. 그러나 바다가 지니는 그 낭만적인 이미지는 오히려 여자들의 마음에 숨어 있는 성적 충동을 포장하려는 하나이다. 여자가 "바다가 보고 싶다"고 할 때에는 단지 낭만적인 동경이 아니라 상대방의 유혹에 응하겠다는 신호하는 것이다.

이와 같이 여자들이 하는 말 속에는 무의식중에 상징화된, 겉과는 전혀 다른 표현이 많이 있다. 그녀들은 노골적으로 말할 수 없는 욕구를 동경이라는 상징적인 메시지에 담아 넌지시 던지는 것이다.

제 1 편 여자의 내면심리

여자는 자신의 욕구를 주변의 다른 일화로 나타낸다

한편 상대방에게 직접 전하는 메시지는 아니지만 무의식중에 동경의 형태가 되어 표출되는 심리도 있다. 이는 누구나 가지고 있는 손톱을 물어뜯거나 무릎을 흔드는 아무렇지도 않은 버릇과 마찬가지로 자기 자신도 미처 깨닫지 못하는 사이에 표출되는 욕구이다.

특히 젊은 여자들에게 흔히 볼 수 있는 것이 해외에 대한 동경이다. 최근에는 여자가 혼자 해외여행을 많이 떠나기도 한다. 이는 단지 외국의 풍경이나 문화만 알기 위해 가는 것은 아니다. 현재를 일탈해보고자 하는 욕구도 있다. 그래서 그러한 현실 도피의 심리가 해외여행의 형태로 많이 나타나기도 한다. 그리고 해외에서 우연한 인연이나 새로운 만남을 미리 그려보고 상상하는 여자들도 많다.

이것이 바로 신데렐라 콤플렉스의 전형적인 예라 할 수 있다. 무작정 낯선 어떤 나라에서의 편지 또는 해외여행에서의 동화 같은 만남, 인연을 기다리는 여자는 대부분 평범한 현실 세계로부터 자신을 데려가 줄 백마 탄 왕자님을 기다리고 있다 해도 과언이 아니다. 그래서 그녀에게 있어서 한 편의 영화같은 장면은 호박 마차이며 낯선 외국은 자신을 기다리고 있는 왕궁인 것이다.

이러한 여자의 잠재적 욕구를 이용하여 간단하게 유혹할 방법이 있다. 평소에는 전화 한 통 거는 것에도 인색하던 남자가 일부러 지방, 해외에 나가서는 그녀에게 그림 엽서를 보냄으로써 그녀의 감정을 녹이고 한 단계 진도를 나가는데 성공했다고 자랑을 하는 사람이 실제로 있었다. 즉 그는 한 장의 그림 엽서로 여자의 심리를 이용하여 그녀에게 많은 남자 중 하나에 불과했던 자신의 존재를 갑자기 크게 부각시켰던 것이다.

02
다른 사람을 대할 때 드러나는 여자의 본 모습

남자에게는 친절하지만 다른 사람을 대할 때 그녀를 알 수 있다

어느 지하철에서 본 광경이다. 차 안이 비교적 혼잡했고 많은 사람이 서 있었다. 내 옆에는 할머니 한 분이 계셨는데 몇 정거장이 지나자 그 할머니 앞자리가 생기게 되었다. 할머니의 앞자리이므로 당연히 그 할머니가 앉으리라 생각했지만, 그 순간 그 반대쪽에서 갑자기 한 여성의 목소리가 들렸다.

"저기 자리 있다, 어서 앉아!"

그 소리와 함께 조그만 사내아이가 그 좌석으로 뛰어왔다. 그 아이의 어머니는 아이를 위해 자리를 확보하려는 것이었다. 할머니는 엉거주춤 다소 황당한 모습으로 얼마간 그 어머니의 얼굴을 보다가 이내 시선을 돌려 버렸다. 더욱 놀라운 것은 그 아이 어머니의 전혀 아무렇지도 않다는 듯한 표정이었다. 전혀 미안해 하지도 않았다. 그 어머니에게 있어서 아이 이외의 다른 사람들은 아무래도 제삼자인 것이다. 어머니는 아마 틀림없이 가정에서는 자애로운 어머니이며 현명한 아내이리라. 어린이나 남편 시중을 잘 들며 가족들에 대한 애정도 넘칠 것이다. 그러나 그런 사람들도 상대가 제삼자가 되면 태도가 달라진다. 그냥 지나치는 타인들에게는 자신을 숨길 필요가 없으며 그래서 내면에 있는 본심이 나타나기 쉽다. 무의식중에 무방비 상태가 되는 것이다.

특히 여자의 경우 남자보다도 평소에 속내를 드러내기를 더욱 꺼린다. 예를들어 애인과 함께 있을 때 여자는 한껏 자신을 잘 보이려 하는 마음에 남자로서는 좀처럼 그 참 모습을 보기가 힘들다. 그러나 다른 사람을 대하는 태도를 보면 그런 여성의 내면심리를 알 수 있다.

아무리 착하다는 여자일지라도 액면 그대로 모두 착한 여자라 판단할 수는 없다. 또한 정숙해 보이는 여자가 모두 정숙한 여자라고는 할 수 없다. 여자들은 무의식중에 자기 자신을 포장하려 하기 때문이다.

여자가 동성을 칭찬할 때 남자로서는 알 수 없는 복잡한 심리

한 남자가 여자 친구와 데이트할 때의 일이다. 이 커플은 같은 회사에 근무를 했다. 대화가 사내 사람들의 평으로 흘렀고 여자 친구의 동료에게 까지 화제가 미쳤다. 그 둘 여자는 사이가 좋았으며 동료의 어린 시절부터 사생활까지 잘 알고 있었다. 여자 친구는 항상 동료를 크게 칭찬했다. 좋은 집안의 딸이며 가정이 좋은 만큼 어릴 때부터 피아노에서 플룻까지 많은 것을 배웠다는 것이었다. 피아노도 치지 못하는 나와는 크게 다르다. 그리고 중학교부터 대학교까지 좋은 학교만 다녔다. 물론 환경도 좋았지만 공부하는 틈틈이 스포츠도 열심히 하여 테니스와 골프 등 운동도 잘하면서 부지런하다. 또한 영어도 능숙할 뿐 아니라 미모까지 갖추었으니 도저히 나와는 상대가 안 된다. 더구나 옷 입는 센스도 좋다. 정말 완벽하다고 이야기했다.

남자는 그 말을 그대로 받아들였다. 또한 여자 친구와 동료사이가 좋음은 이미 알고 있었다. 따라서 그 말들을 인정하며 여자 친구 동료를 함께 칭찬했다. "나도 동감이야, 그렇게 완벽한 스타일도 보기 드물지" 그러자 놀랍게도 그 말을 듣는 순간 여자 친구는 냉소한 얼굴로 그 자리를 피하고 일어났다. 급히 따라가 이유를 물었지만 대답하려 하지 않는다. 자신의 실수를 눈치 챈 남자는 손이 발이 되도록 빌었고 그 연인의 마음을 돌리는데 상당히 힘이 들었다고 한다.

여자가 여자를 칭찬할 때의 심리는 그리 간단한 것이 아니다. 그것을 알지 못하고 그녀의 말을 액면 그대로 받아들이면 앞에서의 경우처럼 큰 댓가를 치루어야 한다. 여자가 동성을 칭찬할 때는 잠재적으로 상당한 자격지심과 질투가 있다고 생각해야 한다. 한껏 칭찬하는 이면에는 반드시 복잡한 심리가 숨겨져 있는 것이다. 게다가 이 질투란 레벨 차이가 엄청나게 큰 상대방에 대해서는 쉽게 일어나지 않는 법이다. 나와 비슷한 상대라고 느껴야 작은 일이든 큰 일이든 질투를 느끼게 된다. 따라서 최대의 찬사를 늘어놓음으로써 억지로 의식 속에서 상대방과의 차이를 벌리려 하는 것이다.

동성에 대한 칭찬은 그녀에 대한 질투심을 의미한다.

    차이가 크다고 생각하면 그만큼 질투도 억제할 수 있기 때문이다. 즉 상대방을 열심히 치켜세움으로 무의식중에 자신의 질투심을 달래고 있는 것이다. 이러한 심리적 메커니즘에 의해 여자친구는 동료를 칭찬하게 되었던 것이다. 아무리 사이가 좋아도 여성끼리는 강한 질투가 있기 마련이다.

    그것을 알지 못하고 덩달아 칭찬했으니 마치 여자친구 질투의 불길에 기름을 부은 격이 아니겠는가.

여자가 남자친구 앞에서 다른 남자와 친숙하게 행동 하는 이유는

브로드웨이에서 크게 히트했던 오드리 헵번 주연의 영화《마이 페어 레이디》를 보자. 꽃 파는 아가씨 이라이자가 하긴즈 교수의 훈련을 받아 귀부인으로 변신해 가는 러브 스토리이다. 그런데 그 이야기 후반에 귀부인이 된 이라이자가 마음을 주기 시작한 그 교수가 너무나 차가운 태도를 보이자 그녀는 젊은 귀공자에게로 돌아서는 듯한 장면이 나온다. 그러나 결국은 하긴즈 교수의 마음에도 이라이자를 향한 사랑이 있음을 알게 된다.

이때 이라이자가 보였던 행동에는 다른 사람 귀공자에 대한 태도를 통해 하긴즈 교수에게 "내가 떠나도 괜찮습니까" 하는 무의식의 메시지를 전하려는 의도가 들어 있다.

이라이자는 그녀를 사모하는 귀공자와 친숙하게 행동함으로써 하긴즈 교수의 질투심을 유발시켜 그 마음을 사로잡으려 했던 것이다.

여자들은 흔히 무의식 중에 그런 수법을 많이 이용한다. 그럼으로써 남자의 마음을 시험해 보려는 것이다. 일부러 호감 있는 남자 앞에서 다른 남자와 매우 친숙하게 행동한다. 즉 "당신이 아니어도 괜찮아"라는 식이다. 이때 여성심리를 제대로 알지 못하는 남자들은 "나에게는 관심이 없나보다"라고 지레 짐작한 나머지 물러서고 만다. 그로서는 그러한 여자의 행동을 도저히 이해할 수 없기 때문이다.

그러나 여자의 입장에서 볼 때 목표로 하는 남자의 본심을 파악하지 못하고 있는 만큼 어떤 확증이 필요하다. 말이나 행동으로 분명히 나타내 주기를 바라는 것이다. 그리하여 그 남자에게 질투하는 빛이 보이면 그녀는 비로소 안심한다. 얼마나 귀엽고 가련한 여심인가. 따라서 여자가 갑자기 다른 남자와 친숙한 모습을 보이기 시작한다고 하여 당황하거나 체념할 필요는 없다. 당신을 향해 보내는 숨겨진 메시지일 뿐이기 때문이다.

03
여자들의 경제관념으로 볼 수 있는 남자에 대한 애정도

경제관념에 나타나는 남녀의 차이

언젠가 한 잡지사의 부탁으로 남자와 여자의 경제관념이 어떻게 다른가를 조사하기 위해 아주 간단한 실험을 했다. 우선 20대 남녀 몇 사람에게 1인당 10만 원씩 주었다. 그리고 나서 일제히 어디서 무엇을 사든 정확하게 10만 원이 되도록 쇼핑을 하고 2시간 뒤에 만나기로 했다. 물론 그들에게 미리 실험 내용은 전달하지 않았으므로 쇼핑을 사전에 계획할 수는 없었다.

그런 조건아래 그들이 과연 무엇을 사올 것이며 쇼핑이나 행동에 있어서 그들 남녀 간에 어떠한 차이가 생길 것인가를 보는 것이 바로 그 실험의 목표였다. 어쨌든 10만 원으로 산 물건은 모두 그들에게 준다는 이유가 있어서인지 모두들 기뻐하며 밖으로 달려 나갔다. 실험 결과는 예상대로 커다란 차이가 있었다.

　남자들의 경우는 이렇다 하게 사고 싶은 것이 머리에 떠오르지 않아서인지 백화점으로 가기는 했지만 무엇을 살까 망설이며 공연히 엘리베이터를 타고 올라갔다 내려갔다 하며 시간 낭비만 했다. 그러다가 시간이 임박해지자 황급히 넥타이를 사는 사람도 있었고, 아무 매장에 들어가 그야말로 아무 것이나 산 사람도 있었다. 나중에는 후회를 했겠지만 갑자기 제한된 돈과 시간이 주어지자 남자들은 그저 10만 원을 소비하기 위해 행동했던 것 같았다.

　그 점에 있어서 여자들의 쇼핑은 단연 두드러졌다. 남자들처럼 무엇을 살까 망설이는 경우도 드물었다. 어느 여자는 미리부터 생각해 두었던 듯 귀여운 핸드백을 사는가 하면 또 다른 여자는 예쁜 액세서리를 서슴없이 샀다.

분명히 남자들보다는 합리적이며 예산에 알맞게 목적이 있는 쇼핑을 했던 것이다. 일반적으로 여자는 쇼핑에 상당한 열정을 쏟는다. 무작정 돈이 생기면 목적없이 단숨에 써버리는 남성들과는 다르다. 쇼핑에 대한 감각부터가 다르다고 할 수 있다.

여자는 아이 쇼핑을 즐겨 한다. 그러면서 다음에 돈이 생기면 "이걸 사고, 또 저걸 사자"고 계획한다. 그렇게 일상에서 미리 계획되어 있기에 그런 실험에서도 남자들처럼 마구잡이 쇼핑이 아닌 합리적인 쇼핑을 할 수 있었던 것이다.

돈을 사용하는 방법을 통해 엿볼 수 있는 내면 심리

합리적이라고 할 수 있지만 사실은 남자는 공격적인데 비해 여자의 소비 자세는 방어적인 색채가 짙다. 오늘날 여자의 사회적 진출은 눈부시게 향상되고 있다. 남자와 동등하게 또는 그 이상으로 일하여 재테크하며 흔히 말하는 화려한 싱글 라이프를 즐기는 여성들이 많이 있다. 그럼에도 불구하고 대부분의 여성들은 일단 돈을 쓰는 일에 방어적인 자세가 강하다.

비록 남자 못지않게 활동적이면서 금전소비에 대해서는 그다지 능동적이지 못하다. 즉 스스로 돈을 많이 버는 데에 역점을 두기보다 돈을 소비하는 데에 신경을 많이 쓰는 경향이 있다.

아무리 많은 월급을 받아도 10원 단위에조차 신경을 곤두세우고 지출을 세밀하게 체크하는 여자가 많다. 즉 여자는 일반적으로 돈에 대한 집착이 강하다고 할 수 있다.

 이 모두 심리적인 원인이 있다. 분명히 여성의 사회적 지위, 경제적 위치도 예전에 비해 훨씬 높아지긴 했다. 그러나 우리 사회적 현실상 여성은 아직 경제적으로 남자의 보호 아래에 있다. 물론 개중에는 한 가족의 경제적 기둥이 되어 일하는 여성도 적지 않다. 하지만 많은 여성들의 의식 속에는, 현재 돈을 버는 것은 아주 일시적인 현상일 뿐 결국 결혼하여 남편의 보호 아래 경제계획을 하면 된다는 생각이 있는 것이다. 따라서 지금 아무리 돈을 번들 소용이 없다. 결국 결혼하기 위한 준비에 불과하다. 즉 결혼을 하여 완전한 보호 생활에 들어가기까지의 예행연습인 것이다.

 여자는 버는 쪽이 아니라 쓰는 쪽이다. 이 무의식적 심리가 여자의 경제관념에 크게 좌우한다. 여자가 유별나게 작은 돈까지 구애를 받는 것은 이런 잠재적 주부의식에 기인한다.
 한정된 돈을 요령있게 써야 하는 주부의 입장에 보면 작은 돈에 집착하게 됨은 무리가 아니다. 그 강한 연결성은 여성심리와 돈의 사용법을 잘 나타내 준다. 따라서 돈을 사용하는 방법에 따라 내면에 있는 심리구조를 알 수 있다. 여자가 남자보다 쇼핑에 훨씬 많은 에너지를 소비하는 것도 그러한 이유 때문이다. 여자에게 있어서 쇼핑은 어떤 한 종류의 자기표현이다. 즉 돈을 쓴다는 자체가 곧 즐거움이기도 하며 또한 욕구 불만 해소제가 되기도 한다.
 여자는 쓰는 쪽이라는 심리적인 요소가 내재되어 여러 심리가 표출된다. 다만 거기에는 완전히 정반대의 두 가지 방법이 나타난다. 하나는 검소한 쇼핑이며 또 하나는 충동구매이다.

같은 사람이라도 그 양쪽의 행동을 모두 보이는 수가 있다. 그리고 어느 쪽이든 앞에서 말한 주부적인 심리가 그 바닥에 깔려 있다. 하지만 평소에 검소할수록 금전적으로는 아끼면서도 어느 때는 그 반동의 욕구 불만을 폭발시키기 위해 충동구매를 하게 된다.

남자로서는 불가사의한 여자의 이런 양면성도 사실은 동전의 앞뒤와 마찬가지로 그 근원은 하나인 것이다. 따라서 동전의 한쪽 면을 보면 뒷면은 뒤집어 볼 필요도 없이 여성의 내면 심리를 짐작할 수 있다.

쇼핑 중 망설이는 이유는

앞에서 여자들이 10만원에 상당하는 물건을 합리적으로 손에 넣은 예를 소개했다. 남자보다 합리적인 쇼핑을 하는 이러한 여자들이 언제나 그 성과에 만족해 하는가 하면 반드시 그렇지도 않다. 앞의 실험에서도 참가한 여성들이 그 뒤 "더 싼 점포가 있지 않았을까", "더 좋은 것을 살 수 있지 않았을까"하고 각기 고민의 표정을 짓는다. 사람의 욕심은 끝이 없다지만, 단지 욕심에서 뿐 아니라, 심리적인 용어로 말하면 "인지적 불협화(認知的不協和)"의 메카니즘이 작용한 것이라 생각할 수 있다.

"인지적 불협화"란 인간이 어떤 행동을 취한 얼마 뒤, 그 행동을 취했을 때의 심리와 화합이 되지 않을 경우 그 불협화를 감소시키려는 행동을 일으키는 상태를 말한다. 예컨대 좋은 물건을 싸게 샀다고 생각한 스커트가 다른 사람으로부터 비싸다는 말을 들었다고 하자. 그러면 왠지 화가 난다. 이것이 바로 인지적 불협화의 상태이다. 그렇게 되면 그 여자는 다시 한 번 아이 쇼핑을 하면서 그 스커트의 값을 확인하게 된다. 그 스커트를 산 점포에는 가지도 않는다. 남보다 비싸게 샀을지 모른다는 불쾌감을 없애기 위해, 비싸지 않다고 재인식하거나 비쌀 가능성이 있는 점포에는 가지 않겠다고 다짐함으로써 그 불만을 감소시키는 것이다.

남자라면 누구나 경험한 바가 있겠지만 여자의 쇼핑에 동행하는 것처럼 힘든 일은 없다. 하나의 물건을 사기 위해 쇼핑몰을 몇 차례 이리저리 돌아다닌다. 그리고 이것저것 비교도 해보고 살 것처럼 하다가도 선뜻 사려 하지 않는다. 동반한 그는 처음에는 함께 의논하지만 그 뒤 점차 지치고 짜증스러워진다. 그 시간과 노력을 생각할 때 다소 비싸더라도 빨리 사버리는 편이 합리적이라고 남자들은 생각한다. 하지만 여자들은 그렇지 않다. 역시 그런 여성은 인지적 불협화가 작용하는 것이라 할 수 있다.

즉 일단 물건을 산 뒤에 더 싸게 파는 점포가 있거나 더 품질이 좋은 것이 나오는 불쾌한 사태를 미연에 방지하려는 것이다. 시간대비 전체적으로 보면 결코 싼 것도 아니지만 문제는 값싸게 샀다는 만족감을 느끼는 그 자체에 있는 것이다.

남녀 사이의 금전적 거리는 심리적 거리와 같다

이와 같이 여자들이 보이는 검소한 소비형태도 자세히 파고들어 보면 참으로 미묘하다. 쇼핑에 많은 에너지를 소비하는 만큼 합리적으로 처리하느냐 하면 그렇지도 않다. 남자들 입장에서 보면 너무나 불합리하게 보이는 때가 많다. 한 예를 들어 보겠다. 남녀가 함께 식사를 마친 후 계산할 때의 태도를 보라.

여자들은 식사 후 식사비에 연연하지 않고 그대로 카운터를 빠져나가거나, 앞에서 기다리는데 별 부담이 없는 편이다. 가끔 남자 쪽에서 "이번에는 당신이 살래?"라고 하면 그 남자는 그만 인색한 사람이 되고 만다. 그러나 요즘에는 사람에 따라 자기 몫은 자기가 지불하려는 더치페이를 선호하는 여자들이 많다. 그러한 여자의 태도를 자립심이나 혹은 남자에게 너무 금전적 부담을 주지 않으려는 배려의 표출로서 멋대로 판단해서는 안 된다. 그러한 행동은 상대방 남자와 심리적인 거리를 두려는 의도라고 보아야 한다. 즉 돈을 부담함으로써 상대방에 대한 심리적 부담을 줄이려는 생각이기 때문이다. 여자가 더치페이를 한다면 남자는 그런 여성에게 공연한 허세를 부릴 필요가 없다. 멋진 식사를 대접하고 나서 "그럼 안녕"하는 인사를 받지 않기 위해서라도 더치페이는 수동적인 지불대응도 나쁘지 않다.

돈의 쓰임새에 나타나는 여자의 기질

대부분의 여자에게 크든 작든 충동구매 욕구는 다소 존재한다. 다만 이 충동 구매가 버릇이 되거나 돈을 모아서라도 원하는 것을 손에 넣으려 하는 경우에는 문제가 있다. 여자들에게는 히스테리가 많으면 많을수록 충동구매의 성향이 잘 보인다.

우리 주위에도 많이 있다. 무엇하나 부족함이 없이 풍족함에도 물건을 마구 사들인다. 어느 집에 가서 새로운 제품을 보게 되면 이내 따라 사들인다. 백화점에 갔다가 눈에 뜨이는 것이 있으면 충동적으로 구입한다. 그러다 보면 당연히 돈이 모자란다. 신용카드의 결재로 전혀 거리낌 없이 빚을 지고 있는 것을 알지 못한다. 히스테리 기질이 주변에 뜻밖에도 많다. 이와 같이 빚을 지면서까지 물건을 사는 여자들은 허영심이 상당히 높다.

또한 유행에 민감하고 차림이나 액세서리에 세심한 신경을 쓰고 돈이 없어도 나중에 지불을 하거나 카드서비스로도 산다.

이러한 여성을 활동적으로 보고 그 적극적인 면을 그다지 나쁘지 않게 평가하는 남자들도 있을 수 있으나 사실은 그 내면 심리를 깊이 살펴보아야 한다. 히스테리적으로 돈을 마구 쓰는 여성에게는 욕구 불만을 갖고 있는 경우가 많기 때문이다.

04
옷차림과 액세서리를 통해 알 수 있는 여자의 욕구

비스콘티 영화가 가르쳐 주는 옷차림에 내재된 심리

심리 묘사에 뛰어난 영화감독 루키너 비스티콘의 작품에 《지옥으로 떨어진 용사들》이라는 명작이 있다. 독일 나치의 등장이라는 시대의 흐름 속에서 몰락해 가는 강철왕 일족의 모습을 그린 영화인데 그 마지막 장면에 여성의 심리를 매우 멋지게 표현한 장면이 있다.

이미 히틀러의 손에 의해 산산 조각이 난 일가족 중 큰 딸 부부만이 나치에게 적극적으로 협력함으로써 그럭저럭 생명을 연장한다. 그러나 일시적인 모면이었을 뿐 그런 그들도 결국 스스로 목숨을 끊어야 하는 막다른 골목에 들어선다. 두 사람은 독이 든 술을 마시기 직전 늘어선 나치 병사들 앞에 등장한다. 그 때 큰 딸은 드레스에 보석류로 현란하게 치장한 모습이었다. 그렇게 자신들의 모습을 병사들의 인상에 깊이 남게 한 두 사람은 침대에 누워 조용히 죽어 갔다.

아내의 집안은 귀족이었다. 그 명예로운 일족이 히틀러라는 신흥 세력에 유린당하며 붕괴 직전에 놓인다. 더욱이 아내는 죽도록 증오해야 할 그들에게 목숨을 부지하기 위해 영혼까지 팔아 버린 뒤였다. 이대로 죽는다면 너무 한이 크다. 이것이 그녀의 생각이었으리라. 결국 예전의 자신을 되찾고자 귀족 집안에 걸 맞는 차림새를 했던 것이다. 그러나 반대로 보면 드레스나 보석 등 장식에 의존하지 않을 수 없을 만큼 그녀의 마음속은 황폐해져 있었던 것이다.

내가 여성의 내면심리를 참으로 잘 묘사했다고 생각한 이유는 바로 그 점에 있다. 귀족으로서의 긍지도 자부심도 잃어버린 그녀는 이미 실질적으로 귀족일 수가 없다. 때문에 더욱 그녀는 귀족답게 보여 지기를 간절히 원했던 것이다. 참으로 서글픈 행동이기는 하지만 이야말로 동서양을 불문하고 여성 공통의 본능이 아니겠는가.

흔히 의복은 제2의 피부라 한다. 여자의 심리를 읽기 위해서 그 말은 무엇보다 중요한 포인트가 된다. 왜냐하면 옷차림은 그 사람의 성격이나 심리 상태를 상당히 정확하게 비치는 거울 역할을 하기 때문이다. 특히 여자는 그런 경향이 더욱 현저하다. 비스콘티는 그 점을 잘 알고 있었기에 그런 뛰어난 작품을 만들어 낼 수 있었을 것이다.

옷차림이나 액세서리는 여성 자아의 연장선이다

위에서 언급했듯이 일반적으로 여자는 마음속을 솔직하게 드러내는 일에 매우 신중하다. 따라서 그것을 감추기 위해 많은 부분을 포장하기도 한다. 옷차림에 있어서도 그와 동일한 심리가 있다. 즉 제2의 피부인 옷은 감추기 위한 장식이면서 표출하기 위한 것이다. 이는 옷차림에 변화를 주면 다른 존재로 바뀔 수 있다는 마음이 나타나있기도 하다.

옷은 본인을 비추는 거울이다. 숨기려 하면 할수록 심리는 더욱 확연히 드러날 수밖에 없다. 예를 들어 정장은 물론 액세서리에서 핸드백, 소품에 이르기까지 명품으로 완전 무장을 하는 여자가 있다.

그러나 그렇게 무장한들 여성 심리를 아는 사람이 볼 때는 그 겉모습과 반대로 초라한 나체를 생각할 것이다.

요컨대 사회에서 일반적으로는 고가라고 판단되는 물건으로 몸에 장식하고 있다면 그 자신 또한 고급스럽다고 생각하는 경향이 있다. 자신이 주위로부터 고품격이라는 평가를 받고 싶은 여성일수록 고가제품 지향이 심해지는 것이다. 이 고급지향을 선호하는 여자들을 보면 열등감이 있다. 한 예로서 유흥업소에서 일하는 여성들에게 그런 성향이 강하다. 그녀들은 고급스러운 화려함을 갈구한다. 그녀들의 수입이 많기 때문이기도 하겠지만, 화류계 여자라는 열등의식이 자리잡고 있기 때문이다.

그녀들은 값비싼 브랜드의 옷과 액세서리를 착용함으로써 어떻게 해서든 자신을 명품화해 보이고자 한다. 그리하여 마음속의 열등감을 필사적으로 눌러 버리려는 것이다. 그러한 행동을 심리학에서는 보상(補償)행위라 한다.

하기야 열등감과 보상이라는 의미에서 본다면, 제2의 피부를 통해 심리를 간파할 수 있는 것은 그야말로 헤아릴 수 없이 많다. 예컨대 남성적인 옷을 좋아하는 여성은 자신의 모습에 대한 열등감을 여성적인 패션으로부터 멀리 함으로써 커버하려는 것이다. 아주 짧은 미니스커트를 즐겨 입는 사람은 유행에 의해 입는 것도 있지만, 일부러 대담한 옷차림으로서 그 약점을 보안하려는 부분도 많다. 그러한 예를 들자면 끝이 없다.

이와 같이 옷차림 등 어떤 외부적 행위가 그 사람의 내부의 자아를 나타내는 것에 대해 심리학에서는 "연장 자아"혹은 "확대 자아"라 부른다. 즉 다시 말하면 옷이나 액세서리 등 제2의 피부는 여성의 경우 자아의 연장인 것이다.

옷차림을 통해 간파할 수 있는 여자의 성적 욕망

남자가 여자에게 궁금한 것 중 하나가 사랑이나 성(性)에 대해 그녀는 어떤 욕망이나 생각을 갖고 있을까 하는 점이다.

여자는 대부분 그런 것을 입술이나 귀, 머리카락에 접촉하는 것으로서 표현하곤 한다. 따라서 제2의 피부인 옷에도 육체의 대체 작용으로서의 사랑이나 성에 대한 그녀의 성향이 나타난다.

외국의 어느 작가가 자신의 고교 생활을 바탕으로 쓴 청춘 소설 중에 이런 부분이 있다. 주인공인 개구쟁이가 여학생을 뒷산으로 유인하여 억지로 관계를 가지려다 실패를 한다. 그 개구쟁이는 저항하는 그녀의 스커트 안으로 손을 넣는데 까지는 성공을 한다. 그러나 속옷을 벗기고 나서 크게 놀란다. 그녀는 속옷 안에 수영복을 또 입고 있었기 때문이다. 물론 이는 만일의 경우를 생각한 그녀의 성추행 방지방편이었으며 결국 그 예방은 통했다.

그런 여고생의 이야기는 다소 과장되기는 했지만 성적인 방어심이 강한 여자는 옷차림에도 빈틈이 없다. 예컨대 데이트할 때 블라우스의 단추를 목까지 단정하게 잠그고 가슴 언저리를 전혀 노출시키지 않는 여성은 상당히 오래 교제가 진행되었어도 상대방 남자와 성적 관계를 가지는데 큰 부담과 망설임을 가지고 있다.

또한 무의식적이라도 남자 앞에서 옷매무새를 고치지는 않는다. 왜냐하면 그러한 동작은 미국의 심리학자 시프렌 박사가 말하는 "몸단장"의 행위라 할 수 있는데 그의 주장에 따르면 남자에게 섹스어필의 과시이기 때문이다. 태연하게 옷매무새를 고치는 것은 그 여성적인 매력을 과시함으로써 암암리에 성적인 유인을 하는 것이라 볼 수 있다.

여성 중에는 옷차림에 대해 칭찬을 들으면 기뻐하는 사람이 있다. 이는 자아에 대해 칭찬을 받는다는 기쁨과 함께 제2의 피부가 애무되는 쾌감을 느끼는 것이다. 따라서 그런 여자에게는 옷차림에 대한 칭찬이 필요하다.

색상으로 여자의 성향을 파악하라

여자의 옷차림을 통해 그 심리를 알아내는 방법에 있어서 마지막으로 색상에 대한 기호를 들 수 있다. 최근 결혼 적령기 남녀를 대상으로 온라인 시스템에 의한 결혼 정보 산업이 발달해있다. 흥미로운 점은 그들이 하는 궁합

테스트 중에 색상에 대한 항목이 반드시 있다는 점이다.

이는 사람 성격이 색상의 기호에 의해 반영된다는 의미일 것이다. 그 타당성 여부야 어쨌든 여성의 심리를 파악하는 한 방법으로 알아 두어 손해 날 일은 없으리라 본다. 어느 기관 조사에 따르면, 붉은 색을 좋아하는 여자는 풍요함을 바라는 형이라고 한다. 더 구체적으로는 평소에 불만이 있으며 연인에 대한 욕망이 강하고 유행에 민감하다. 그리고 활동적이며 기분파적인 성향이 강하다는 것이다. 또한 베버 바렌이라는 학자는 붉은 색을 좋아하는 여성을 다음과 같이 분석했다.

"애증, 친절함과 잔인성이 공존하며 무관심이라는 말의 의미를 이해하지 못한다. 겉으로는 매우 조용한 것 같지만 내심 정력적이고 도전적이다. 타인에 대한 동정심은 있지만 쉽게 다른 곳으로 변심도기도 하고, 기본적으로는 낙천가이다." 이와 같이 붉은 색을 좋아하는 여자는 무슨 일에나 극단적인 행동을 취하기 쉽다. 또한 녹색을 좋아하는 여자는 착실한 어머니형으로 현실긍정, 성실하고 인내력이 강하고 노력형 이다. 또한 돈의 쓰임새가 계획적이고 검소하다고 한다.

이는 어디까지나 참고 사항이고, 다만 색상의 기호를 통해 여자의 심리를 파악하려는 경우 중요한 것은 그 색상에 어떤 이미지를 갖고 있는가를 알아야 된다는 사실이다. 만일 붉은 색의 모험적이라는 이미지를 지니고 있던 여자가 건실한 어머니형인 녹색으로 취향을 바꾸었다면 그것은 이제 진지하게 결혼을 생각하자는 신호일지도 모르는 것이다.

05
여자의 메이크업은 마음을 비추는 거울이다

메이크업의 두께와 여자의 지성은 반비례한다

상당히 오래된 이야기이지만 할리우드 영화 전성시대에는 글래머 스타일이 매력있는 여자의 대명사로 불렸었다. 그래서인지 마릴린 몬로, 소피아 로렌, 브리지드 바르도 등 당시의 인기 여배우를 살펴보면 모두 풍만한 육체의 소유자들 이다. 그런데 마침 그 무렵, 가슴의 크기와 지성은 반비례한다는 쇼킹한 연구가 발표되어 화제를 불러 일으켰다. 그런 연구 탓인지는 몰라도 마릴린 몬로 등은 머리가 나쁜 여자의 대표적 존재가 되기도 했다.

메이크업에 대해서도 마찬가지이다. 즉 메이크업의 짙기와 그 사람의 지성이나 유년시 교육의 정도는 반비례한다는 것이다. 그러나 마릴린 몬로는 그 외모와는 달리 실제로 상당히 높은 지능의 소유자였다. 그와 같이 메이크업에 대해서도 단지 그것이 짙고 옅은 정도로 어떤 여성의 지성이나 유년의 교육까지 운운할 수는 없을 것 같다. 또한 화류계 여자에게 매료되어 거금을

날린 남성들로 인해 나온 이야기겠지만, 메이크업이 짙은 여성은 본성이 나쁘다는 속설을 아직까지 믿고 있는 남성도 많다.

한 시골 출신 여성이 있었다. 당시는 지금처럼 메스컴이 발달되지 못했던 시대였으므로 그 여성은 세상 물정에 어두웠다. 좋은 의미에서 소박하기 그지없고 성격도 매우 온순했다.

그러나 그녀는 휴일이 되면 그 겉모습이 180도로 변하곤 했다. "도대체 정말 그녀일까"하고 자기 눈을 의심하게 될 만큼 화려한 메이크업을 하고는 외출하는 것이었다. 그녀의 변신에 의문을 품은 어느 날 그 두꺼운 메이크업의 까닭을 물어 보았다. 그러자 그녀는 "영화나 잡지에 나오는 여성은 모두 그렇지 않습니까"하는 것이 아닌가. 예컨대 시골에서 갓 올라온 그녀는 메이크업에 대한 정보가 별로 없었기 때문에 여배우나 모델의 메이크업 방법이 일반적인 것이라 생각하고 그것을 흉내 냈던 것이다. 단지 인지 구조(認知構造)가 다르기 때문에 일어난 현상이다.

반대로 이런 경우도 있다. 내가 어느 잡지의 편집 책임자로 있을 때의 일이다. 여성 학자에게 원고를 의뢰했는데 한눈에 보기에도 엷은 메이크업과 의상이 높은 지성과 교양을 엿보이게 했다. 참으로 지적인 학자로 생각되었다. 그러나 사실 그것은 대단한 위장에 불과했다.

그녀는 알코올 중독 환자에게서 볼 수 있는 이른바 코르사코프 증후군적인 경향을 가진 사람이었다. 그래서 건망증, 허언증, 날조증이 현저했다. 다시 말해 보고 들은 것을 모조리 잊어 버렸으며 반면 계속하여 엉뚱한 말을 날조해 냈다. 따라서 나는 그녀의 그런 면을 깨닫게 되기까지 상당한 곤욕을 치루었어야 했다.

메이크업으로 여자의 심리를 본다면

물론 이 두 가지 케이스는 매우 극단적이기는 하다. 어쨌든 메이크업이 두꺼운가 옅은가 만으로 그 여성의 내면세계 까지 미루어 짐작하는 것은 매우 위험한 일이라 하겠다. 다만 그 메이크업의 정도로 미루어 여성의 성향 정도는 파악할 수가 있다.

예전에 대학을 졸업한 높은 학력의 여성일수록, 결혼이 곧 여자의 행복이라고 생각하지 않는 경향이 강하다. 한 조사에 따르면 대졸 여성의 메이크업은 기초화장에 립스틱 정도가 고작이었다. 그 중에는 전혀 화장을 하지 않는 경우도 많았다. 반대로 중·고등학교만을 졸업한 여성 중에는 상당히 공들여 메이크업을 하는 사람이 많았다고 한다. 그리고 이들 여성의 결혼에 대한 욕망은 대졸 여성에 비해 상당히 높았다는 것이다. 요즘에는 중·고여학생들 심지어 남자들도 메이크업하는 현실이기는 하지만, 어느 정도는 가만하고 메이크업의 정도를 보면 기본심리를 엿볼 수 있었다.

이미 지적했듯이 이것은 어디까지나 메이크업을 통해 본, 여성들 내면세계의 일반적 경향에 불과하다. 열 사람이면 열 사람 모두 개성이 다르듯이 메이크업 방법에도 당연히 차이가 있게 된다. 그렇다면 메이크업에도 그 여성의 성격이나 심리 상태가 반영될 가능성은 얼마든지 있다.

앞에서 단지 그 메이크업이 짙고 옅은 상태만으로는 그 여성의 내면을 측정할 수가 없다고 했다. 그렇다면 그 메이크업의 정도가 때와 장소에 따라 어떻게 변화하는 가를 살펴보자.

현재 교제하고 있는 여성의 화장이 전보다 갑자기 짙어졌다고 하자. 이런 현상을 단순히 좀 더 아름답게 보이기 위한 변신이라고 해석하는 남자들이 많다. 그러나 그것은 단순하게 생각하면 안된다. 좀 더 내면으로 파고들어 그녀의 변신의 의미를 확실하게 파악할 필요가 있다. 그러한 여성의 마음속에는 남성으로부터 본인의 흔들림을 들키고 싶지 않다는 강한 의지가 존재하기 때문이다. 그러한 방어적 생각이 있기 때문에 그것을 숨기기 위해 그녀는 갑자기 메이크업을 짙게 하기 시작한 것이다. 그녀에게는 현재의 남성보다 더 마음이 끌리는 연인이 생겼을 가능성도 충분히 있는 것이다. 또한 옷차림과 함께 여성의 표층에 나타나는 액세서리의 대부분은 자아의 연장이라고 앞에서 이미 언급했다. 즉 여성은 내면의 자아를 감추고 다른 무엇인가로 위장하기 위해 장신구 등으로 외면을 장식하려 한다. 그러나 아이러니하게도 그 행위 자체가 곧 그녀의 내면을 비치는 거울 역할을 하고 있는 것이다.

여성은 거울을 봄으로서 자아를 조절하려 한다

메이크업을 통해 여성심리를 알아낸다고 하면 누구나 화장한 뒤의 얼굴을 떠올리기 쉽다. 그러나 반드시 모든 여성들이 그런 것은 아니다. 예컨대 거울을 예로 들어 보자. 메이크업을 할 때는 거울을 반드시 사용한다. 말하자면 거울은 메이크업의 중요한 파트너라고 할 수 있다. 그리고 그 파트너야말로 메이크업을 통해 여성의 심리를 엿 보는 중요한 역할을 한다.

예전에 본 영화의 한 장면이다. 미국 서부의 어느 마을에 자리한 자그마한 목장에 십년 만에 딸이 올라온다. 그녀는 부친과의 사이가 나빠 고등학교를 마치면서 가출하듯 집을 나가 버렸고, 현재 그녀는 로스앤젤레스에서 슈퍼마켓을 운영하는 남편과 행복하게 살고 있다. 그리고 이제 노부모와 화해하기 위해 돌아왔던 것이다.

그러나 정작 부친은 딸은 십년 전에 죽었다고 할 뿐 그녀를 받아들이지 않는다. 모친은 필사적으로 중간역할을 하지만 부친의 태도는 더욱 더 완고

해질 뿐이다. 참다못한 그녀도 부친의 처사에 마침내 화를 낸다. 그러면서 "나도 이제부터는 부모가 없다고 생각하며 살겠다"는 마지막 말을 남기고 떠난다. 그녀는 울면서 목장 안을 걸어간다. 그러다 문득 시냇물 흐르는 소리에 걸음을 멈춘다. 그곳은 어렸을 때 그녀가 가장 좋아하던 놀이터였다. 이윽고 그녀는 살포시 앉아 시냇물을 들여다본다. 거기에는 눈물로 화장이 얼룩진 얼굴이 겹쳐 보인다. 그녀는 눈물을 닦는다. 그리고 다시 일어나 집으로 돌아간다. 집이 가까워짐에 따라 현관 앞에 서 있는 걱정스러운 부모의 모습이 눈에 들어온다. 그녀는 마침내 달리기 시작한다.

굳이 이 영화의 스토리를 길게 소개하는 이유는 냇물을 들여다 본 즉 거울을 보는 여성의 심리가 거기에 분명히 나타나기 때문이다. 일반적으로 여자들은 희노애락의 감정이 고조되면 의식적이든 무의식적이든 자주 화장실에 가게 된다. 그리고 거울 앞에서 화장을 고치거나 몸단장을 한다.

그러한 행위 그 자체는 단순한 부가적 동작에 불과하다. 진짜 목적은 거울에 모습을 비춰 보는데 있다. 그럼으로써 흥분된 감정을 억제하고 자아를 조절하려 하는 것이다. 그렇게 하여 평온한 마음을 되찾게 됨은 앞의 영화에서 볼 수 있는 바와 같다. 물론 예외는 있다.

남자 앞에서 메이크업을 고치는 여자들이 있다. 화장실이 없는 장소라면 어쩔 수 없겠지만 그러나 그런 일이 자주 반복되면서 남자는 상당히 권태를 느끼게 된다. 또한 그런 여자 대부분 그 동작을 보아도 알 수 있듯이 신경질적인 타입이 많다. 마음 속에 그 어떤 불안의 씨가 있어 자신의 몸을 만져야 안정이 되는 것이다. 자신의 취약점을 보완하는 그러한 방법을 심리학적으로 자기 위안 또는 자기 친밀성이라 한다. 남자가 앞에 있음에도 불구하고 자신에 대한 터치로 타인에 대한 억제할 수 없는 불신감이 있다.

06
먹고 마시는 행위에 숨어 있는 여자의 욕구와 본능

가정생활의 간접체험으로 남성에 대한 소망이 나타난다

　이성과 단둘이 식탁에 앉으면 누구나 어쩐지 수줍은 듯한 느낌이 든다. 함께 걷거나 이야기를 하는 것과는 달리 식사에는 야릇한 멋적음이 따른다. 먹는다는 그 자체가 매우 본능적인 행위이다. 더구나 그것을 상대방이 보게 된다는 것은 발가벗은 자신을 드러내는 것과 같은 종류의 수줍음을 수반하기 때문이다. 그러나 그것만이 이유의 전부는 아니다. 특히 여자의 경우 식사에 어떤 이미지를 수반하는데, 그것이 가정이다.
　요즘 셀프서브를 하는 식당이 많이 있다. 남자들이 일어나 직접 음식도 가지고 오지만, 대부분은 여자가 주동적으로 자리에 세팅하는 경우가 많다. 따뜻하고 마음 훈훈해지는 모습이다. 당사자인 두 사람 특히 여자의 마음속에는 어느 정도의 긴장과 함께 흥분이 존재한다. 왜냐 하면 아직 미혼인 그들 남녀는 마치 여자는 아내인 양 남자는 남편인양 행동하고 있기 때문이다.

어렸을 때 소꿉장난을 해본 경험이 있을 것이다. 이 소꿉장난에는 식사 시간이 많다. 어린아이들은 이 식사를 함께 하는 놀이를 통해 가정의 흉내를 낸다. 여자들은 상대방 남성을 의식하면 본능적으로 그 남자의 아내가 된 자신을 그리게 된다. 그만큼 두 사람만의 식탁에서는 여자의 식사 태도 속에 두 사람의 관계에 대한 그녀의 의식 상태나 생각이 뚜렷하게 반영된다. 즉 식사 중인 여자의 모습을 살펴보면 그 심리를 엿볼 수가 있다.

요리라는 행위에는 심리적으로 특별한 의미가 있다

어느 남성이 상대방 여성에게 도시를 벗어나 드라이브를 가자고 권유했다. 그 남성은 오전 중에 일을 모두 마치고 전부터 봐두었던 유명한 레스토랑으로 그녀를 데리고 갈 생각이었다. 상대방 여성은 활동적인 커리우먼이다. 부모와 함께 살면서 일 이외의 집안일과는 거리가 멀다. 외식을 매우 좋아해서 맛집이 있으면 친구들과 블로그 맛집 탐방에 나선다. 따라서 자신의 일정을 들으면 아마 틀림없이 좋아할 것이라고 그는 생각했다.

이윽고 점심 때가 되어 바닷가를 거닐다가 그 식당으로 가자고 남성이 말하려 하는데 그녀는 큰 가방에서 무엇인가를 꺼냈다. 도시락이었다. 아기자기하게 예쁜 도시락을 준비해 온 것이다.

그 남성이 가지고 있던 그녀에 대한 지금까지의 이미지로는 상상할 수 없는 것이었다. 한편 모친이 해 주었으리라 생각한 그는 "모처럼 가지고 온 도시락이지만 사실은 이러이러한 식당으로 가려고 했었으니까 도시락은 조금만 먹자"고 아무렇지도 않게 그녀에게 말했다. 그녀는 그 순간 기분이 다운되었으며 당연히 그 데이트는 엉망이 되었다. 그 남성은 손수 요리를 함으로써 나타내려는 여성의 마음을 너무나도 몰랐던 것이다.

이와 같이 손수 하는 요리는 "가정에 대한 체험"이라는 면에서 볼 때 매우 강력한 "아내"의 표현이다. 그러한 요리를 상대방 남성이 맛있게 먹어 주었을 때 여성이 느끼는 기분이 어떻겠는가. 자기 자신이 여자라는 사실을 재인식함과 동시에 그 요리를 먹어 준 남성을 위해 자신이 존재한다는 생각을 갖게 된다. 그리고 그가 먹어 주기를 바라면서 도시락을 딱 보았을 때 놀라는 그의 얼굴을 은근히 기대하고 있었음에 틀림없다.

손수하는 요리는 남성에게로 보내지는 무언의 사랑 메시지이다. 그녀는 아내 역할을 하고 그 요리를 남성이 먹음으로써 여성으로서의 기쁨을 느끼고자 하는 것이다.

식사 하는 자리에서 여자의 행동으로 알 수 있는 마음

예전에는 맞선을 보는 자리에서는 얼굴도 들지 못하고 부끄러워하며 옷자락을 매만지는 여자들이 많았다. 그러나 요즘에는 그리 흔치 않다. 그래도 아직까지는 남녀가 단 둘이 테이블에 앉으면 옷자락은 만지지 않더라도 이것저것 가까이에 있는 물건을 만지작거리는 여자들이 적지 않다. 카페 같은 곳에서 데이트를 하고 있는 여자들을 보라. 무의식 중에 스마트폰을 자주보고, 스트로우를 빙글빙글 돌리는가 하면 아무런 의미도 없이 가까이에 있는 물건을 만지작거린다.

남의 시선을 똑바로 받으면 수줍을 수밖에 없다. 특히 호감이 있는 남자로부터라면 더욱 그렇다. 의식하고 있기 때문에 행동거지가 자연스럽지 않다. 어떻게 해서든 그 남자의 시선을 다른 곳으로 보내고 싶어한다. 내면에 있는 그런 무의식이 가까운 장소에 있는 무엇인가를 만지는 동작으로 표출되는 것이다.

　겉으로는 아무렇지도 않게 대화를 주고받고, 관심이 없는 척 표정을 지어도 속으로의 안절부절 그 손동작에 나타나기 마련이다.

　식사 때의 아무렇지도 않은 행동에는 그 밖에도 여러 가지가 있다. 예컨대 상대방 남자의 물을 마셨다고 하자. 무의식적인 행동이라 그냥 넘길 수도 있다. 그러나 사실은 그렇지 않다. 무의식적으로 취하는 그 행동 뒤에는 여자의 어떤 생각이 숨어 있기 마련이다.

　의식 밑바닥에 그 남자와 같이 하고 싶은 강한 바램이 있다면 컵에 담긴 물을 무의식 중에 마신다고 해서 이상할 일은 없다. "가정에 대한 체험"에서의 부부 흉내, 즉 같은 공간에서 음식을 먹고 싶다는 소망이 강했다고 말할 수 있겠다.

식사주문 시 여자의 행동으로도 알 수 있다

물론 함께 식사를 한다고 언제나 그 남자에게 호감을 가지고 있다고는 할 수 없다. 사회생활로 부득이한 경우나 아니면 아무런 생각 없이 분위기에 이끌려 식사를 하러 온 여자도 있을 수 있다.

어떤 생각으로 따라왔는가를 한번 보자. 예컨대 단 둘이 레스토랑에 갔다고 하자. 아무런 망설임도 없이 음식을 주문한다면 이는 다시 한 번 생각해 보자. 물론 무슨 일에나 망설이지 않는 여자도 있다. 그러나 무조건 그녀는 결단력이 있다? 남성이 짜증스럽게 되지 않도록 배려를 한다는 등의 자기에게 유리한 판단을 한다면 이는 오산이다.

일반적으로 여성들은 모든 일에 망설이는 편이다. 특히 무엇을 먹을까에 대해서는 더욱 그렇다. 이것도 먹고 싶다, 저것도 먹고 싶다는 등 메뉴를 전부 읽어 보고 그래도 쉽게 결정하지 못한다. 여자끼리 자리에서는 그렇게 망설이는 자체에 즐거움을 느끼기도 한다. 함께 메뉴를 보며 시끄러워지기도 하고, 알고 있는 음식의 맛 평가 수다가 이어진다.

그러나 남자 앞에서는 매우 민감하다. 이런 음식을 주문하면 볼품없다고 하지 않을까, 이렇게 많이 주문하면 여성스럽지 않게 많이 먹는다고 흉이 되지 않을까 하며 주문하는데 신중해진다. 설사 먹고 싶은 것이 있어도 선택권을 준 남자를 의식한다면 그리 간단하게 결정할 수가 없을 것이다.

따라서 둘이서 메뉴를 보며 의논하고 혼자 결정해 버리는 일은 없도록 한다. 주고 받는 그런 시간을 함께 가짐으로써 은밀한 기쁨을 느끼게도 될 것이다. 혼자 서슴없이 주문을 결정해 버리는 여자는 남자에게 아무런 감정이 없다고 생각해도 결코 무리는 아닐 것이다. 얼핏 결정력이 뛰어난 행동으로 보일 수도 있지만, 사실 상대방에 대한 무관심을 표현하는 신호인 것이다. 또한 카페에서 커피 주문 시에도 블랙으로 할지 달콤한 것을 할지 취향이 다르지 않을까 하는 소소한 신경이 많이 쓰인다.

실수로 커피를 엎지른 여성의 속마음 해석

일반적으로 여자는 마음 내키지 않는 남자와 함께 있다 해도 잘 보이기 위해 나름대로 신경을 쓴다. 바로 그런 점이 여자의 심리를 파악하는데 어려운 점이다. 때문에 그러한 배려를 호의라고 지레 짐작해서는 안 된다. 앞에서와 같이 분명하게 남자에게 무관심한 태도를 보이면 문제는 간단하다. 그러나 설불리 그 어떤 표면상의 친절을 받게 되면 여자의 본심에 둔감한 남자로서는 좀처럼 알아채지 못한다. 이런 경우 어쩌다 하게 되는 실수로 그 여자의 심리를 엿볼 수 있다. 만약 카페에서 데이트 중 그만 커피를 엎질렀다고 하자. 급히 티슈 등으로 테이블을 훔치며 "내가 그만 넋을 놓고 있었어요 미안해요"하며 남자에게 커피가 튀지 않았는가. 신경을 쓸 것이다. 그에 대해 그저 "착한 여자군"정도로 느낀다면 둔하다는 평을 받지 않을 수 없다.
  인간이 보이는 실수란 사실은 그 인간이 지니고 있는 내면심리의 표출이라고 프로이드는 지적한바 있다.

이 경우 그녀의 실수가 우연일 수만은 없는 경우도 있다. 즉 상대방에 대해 어색한 느낌을 받을 때에는 그만 무의식적으로 실수를 하게 된다. 즉 자리 분위기를 깨버리는 행동을 취하는 것이다. 그 남자에 대한 마음에서의 거부감이 어떤 형태로 표출되는 것이다. 이렇듯 아무렇지도 않은 실수 속에서도 그러한 여자의 속마음을 찾아 낼 수가 있다.

여자의 공복은 성적인 공복으로 이어진다

식사에서 나타나는 여자의 내면심리는 그러한 "가정에 대한 체험"으로만 설명되는 것은 아니다. 즉 생명을 유지하기 위한 본능적 행동의 측면도 있는 것이다. 그래서 평소의 겉치레를 벗어나 본성이 나오게 된다. 흔히들 "먹는 모습을 보면 그 자라온 과정을 알 수 있다"고 말한다.

식사로 볼 수 있는 여성심리에 또 하나 흥미 있는 욕구가 숨어 있다. 곧 성에 대한 욕구이다. 심리학적으로 볼 때 먹는다는 행위 자체가 섹스와 결부된다. 새삼 설명할 필요도 없이 식욕과 성욕은 인간의 2대 욕망이다. 이 2가지 욕망은 미묘하게 서로 영향을 준다. 식욕이 충족되지 않으면 종족 보존의 욕망, 즉 성욕이 강해지고, 반대로 성욕이 충족되지 않으면 식욕이 강해진다. 많은 문화가들이 지나칠 정도로 먹는 장면을 많이 다루는 것도 이와 같은 인간 심리의 한 단면을 묘사하고자 하는 의도에서이다.

이렇듯 먹는다는 행위는 생명을 유지하기 위한 본능적인 행동이므로 평소의 생활 속에서 몸에 익힌 사회적·문화적 겉치레 따위는 얼마간 희박해지기 마련이다. 그래서 먹고 있을 때에는 본능의 한 측면이 드러난다.

분위기가 좋은 레스토랑에서 재치있는 대화를 주고 받으며 허기진 배를 채운다. 이 때 남자와 여자의 "가정에 대한 체험"은 여자의 성적 욕망을 높이는데 더욱 박차를 가할 것이다. 먹는다는 원시적인 욕구로 인해 당연히 겉치레를 벗어난 상태로서 여자의 방어 기재가 낮아진다. 자신도 모르게 먹는다는 행위와 섹스를 결부시키며 또한 그 암시에 끌려간다. 따라서 바로 이 때가 여자를 설득하는 가장 좋은 기회인 것이다.

제 4 장

여자가 무의식중에 보내는 메시지

01
여자의 시선에 나타나는 메시지

여자의 내면 심리는 그 어떤 동작보다도 먼저 시선에 나타난다

눈은 사물을 보고 그것을 식별하는 감각 기관이다. 그러나 인간의 눈에 부여된 능력이 그것에 한정되는 것은 아니다. 흔히 "눈은 마음의 창"이라 한다. 이 말로서도 알 수 있듯이 자신의 의사나 마음속의 움직임을 민감하게 비추는 거울 역할도 한다. 즉 속마음을 아무리 숨기려 해도 눈이라는 감각 기관에 알게 모르게 나타나는 것이다.

맹자는 "마음이 바르면 곧 눈동자가 맑고, 마음이 바르지 못하면 곧 눈동자가 어둡다"고 했다. 이 역시 사람의 선악까지도 눈으로서 판단할 수 있다는 선인들의 가르침이라 하겠다.

이와 같이 눈은 그 사람의 마음을 알 수 있는 중요한 열쇠가 된다. 특히 시선의 움직임은 마음을 꿰뚫어 볼 수 있는 중요한 포인트이다. 그리고 속마음을 숨기려 하는 경우는 시선의 움직임이 많다. 따라서 여자의 시선, 눈의 움직임을 어떻게 파악하는가에 따라 상대방과의 커뮤니케이션이 결정된다.

이 시선은 크게 나누어 세 가지 관점에서 볼 수 있다. 첫째는 상대방을 응시하고 있거나 또는 두리번거리는 등의 시선의 움직임, 둘째는 똑바로 상대방을 바라보고 있는가 또는 곁눈질로 바라보고 있는가 하는 시선의 방향이다. 그리고 셋째는 상대방을 위에서 내려다보고 있는가 아래서 위로 올려다보고 있는가 하는 시선의 위치이다.

물론 이 밖에도 얼마나 진지하게 나를 바라보고 있는가 하는 시선의 집중도 있다. 이러한 점을 고려하면서 앞에서 열거한 세 가지 포인트를 중심으로 여자의 시선을 자세히 보라. 상대방의 심리를 파악하기에 그다지 어렵지 않을 것이다.

남자를 바라보는 눈을 통해 그 마음 속을 들여다본다

우선 시선의 움직임을 관찰해 보기로 하자.

이때 먼저 대두되는 점은 여자가 상대방의 남자를 보고 있는가 아닌가, 즉 시선을 주는가 아닌가 이다. 남과 이야기를 할 때에는 상대방 눈을 보고 하라고 했다. 누군가의 이야기를 들을 때는 상대방을 응시하는 것이 곧 그 사람에 대한 성의의 표시이기 때문이다. 일반적으로 똑바로 시선을 주는 것은 상대방에게 대한 어떤 친근감이나 흥미, 신뢰를 나타낸다. 따라서 커뮤니케이션을 원하는 의사표시라 해석할 수가 있다.

지금은 결혼하여 주부가 된 왕년의 인기 가수 Y씨는 노래를 할 때면 눈을 조금도 깜빡이지 않고 카메라를 응시하는 것으로 잘 알려져 있다. 그런데 그녀는 많은 남성들로부터 그 어떤 비밀을 간직하고 있는, 알 수 없는 여성이라는 평을 들었다. 아마 그녀가 노래할 때의 표정을 통해 어떤 신비성을 느꼈던 모양이다. 따라서 상대방 여성이 지나치게 오랫동안 이쪽을 바라보며 좀처럼 시선을 돌리지 않을 때는 일단 무엇인가 숨기고 있다고 의심해 볼 일이다.

물론 처음부터 남성과 시선을 맞추지 않는 경우는 언급할 필요도 없다. 이는 분명한 대화 거절의 신호이기 때문이다. 대화 도중 여자가 간혹 상대방으로부터 시선을 돌리며 맞장구를 칠 때가 있다. 이것은 곧 상대방 이야기에 동의하고 있지 않다는 증거이다. 동의의 표현은 겉치레 일뿐 속으로는 상대방에게 어떤 불만을 표하고 있는 것이다.

    이 외에도 여성의 대표적인 눈 동작에 눈을 깜박거리는 것이 있다. 그 깜박거림이 빈번하게 나타나면 그 여성의 심리상태를 한 번쯤 의심해 보는 것이 좋다. 이렇게 끊임없이 눈을 깜박거리는 것은 심리학에서 체크 경향이라고 불리는 현상의 대표적인 동작으로서 마음속에 불안, 긴장, 욕구 불만의 표현으로 간주된다.

    긴장과 불안감에 떨고 있는 그녀의 내면이 그 깜박거리는 눈의 움직임으로 표출되는 것이다. 이러한 여성은 한결 같이 자기중심적이며 자아의식이 강한 편이다. 다시 말해 남성으로서는 다루기 힘든 스타일이라 할 수 있다.

여자들은 윙크보다도 곁눈질로 의사표현을 한다

둘째로 시선의 방향이다.

여자의 관심이 어디에 있는가 하는 방향을 제시한다. 이때 남자들이 알기 힘든 것이 그녀들의 곁눈질이다. 보는 듯 마는 듯 힐끔힐끔 시선을 옆으로 돌려 상대방의 눈치를 보는 시선이다. 이것이 상대방에 대한 강한 관심을 나타내는 행동임은 새삼 말할 필요도 없다. 마음이 끌리면서도 상대방에게 그것을 눈치 채지 못하게 하려는 심리가 그러한 곁눈질로 나타나는 것이다.

여자들 사이에서는 그 곁눈질이 의식적인 애정표현의 한 방법으로도 통하고 있다. 흔히 추파를 던진다는 등으로 표현되기도 하지만, 우연한 자리의 만남에서도 호감이 있으면 이 곁눈질이 관심을 표현하기 위한 한 방법으로도 이용된다. 재미있는 점은 이 곁눈질이 외국 문화에서는 윙크라는 전혀 이질적인 표현으로 나타난다는 사실이다.

윙크는 한 눈을 뜨고 나머지 한 눈을 감는 것이므로 표정 근육이 잘 발달되어야 한다. 동양인의 눈은 대개 가느다란 편이므로 윙크라는 눈의 움직임이 명확하게 나타나지 않는다. 그보다는 곁눈질이라는 시선에 의해 상대방에게 관심을 표시하는 쪽이 훨씬 의사를 전하기가 쉽다.

어쨌든 윙크도 일종의 언어 이외의 방법으로 자신의 의사를 표현하는 수단이다. 이와 같이 그 표현방법에 있어서 남녀 차이는 물론이고 동서양에도 차이가 있다. 남자들이 그와 같은 시선을 받았을 때 마음이 동요되지 않겠는가.

02
행동이나 습관에 주시하여 보자

여자는 행동으로 내면심리를 표현한다

  최근 팬터마임을 많이 배우고 있다. 팬터마임은 말을 하지 않고 동작만으로 자기의사를 표현한다. 커뮤니케이션의 수단이 비록 손발이나 몸 전체의 동작으로만 제한되어 있다고는 하지만 능숙해지면 상당히 높은 수준의 내용을 표현할 수도 있다.

  이와 같이 인간은 동작만으로도 자신의 의사를 상당히 정확하게 상대방에게 전달할 수 있는 능력을 가지고 있다. 이러한 언어 이외의 방법을 우리는 비언어적 행동이라 부른다. 비록 이 팬터마임처럼 세밀하지는 않지만 일상생활에서도 비언어적 행동은 많이 사용된다. 특히 직접적으로 말의 표현을 피하려는 여자들에게서 많이 찾아볼 수 있다.

예컨대 여자는 상대방 남자와의 사이가 친밀해질수록 먼저 손을 잡기도 하고 팔짱을 끼기도 한다. 이는 곧 좋아한다, 사랑한다는 동작에 의한 표현이다. 이것은 그 사람의 심리를 상당히 정확하게 표현하고 있는 것이다.

이미 육체적 관계에 있는 연인일 경우, 단 둘이 있을 때는 말할 것도 없고 여러 사람이 함께 있을 때에도 남자에게 가까이 밀착되어 있다. 일종의 애정표현이기도 하지만, 한편 스스로의 행복에 대한 확인이라고도 볼 수 있다.

일반적으로 여자는 스스로 약한 존재라고 잠재의식 속에 있기 때문에 일단 자신의 울타리를 소유하게 되면 그것이 없어질까 두려워한다. 그래서 거기에 안주하고, 환경이 위협당하고 있지 않는가 확인하고 싶어한다. 따라서 남의 눈을 개의치 않고 남자에게 달라붙는 행동이 나오게 된다. "내가 몸도 마음도 당신에게 있음을 당신도 알 것이다."이것이 그녀의 행동 뒤에 숨어 있는 본심이다.

여자의 습관적 동작에는 의미가 있는 것과 그렇지 않은 것이 있다

이렇게 더 사랑해 주기를, 또 더 의식해 주기를 바라는 심리는 굳이 친밀한 동작으로만 표현되는 것은 아니다. 경우에 따라서는 전혀 반대 행위로서 표현할 수도 있다. 예전에 카페에서 한 출판사 편집자와 의논 중에 건너편 테이블의 한 젊은 남성이 앉아 있었는데 연인을 기다리는 듯 누군가가 들어올 때마다 입구를 흘깃거렸다. 그러나 그녀는 좀처럼 나타나지 않았고 그는 매우 초조한 표정으로 스마트폰을 자주 들여다보았다.

시간이 30분정도 지나 그녀가 나타났다. 다투지 않을까 하는 걱정은 떨쳐버리고, 그는 안심하는 표정으로 그녀에게 미소를 지어 보이며, 사이 좋은 커플의 분위기를 풍기기 시작했다.

그가 초조해 했던 것으로 보아 평소 그녀는 약속 시간에 늦는 일이 없었으리라는 짐작을 할 수 있다. 당연히 남자로서는 전철이 연착된 것은 아닐까, 혹은 일이 밀려 늦어지는 것은 아닐까 등등 여러 가지 걱정이 꼬리에 꼬리를 물었을 것이다. 그러다가 어쩌면 자신에 대한 설레임이 없어진 건 아닐까 하는 좋지 않은 생각으로 쪽으로 쏠리는 수도 있다. 여자들은 가끔 남자가 초조해하며 좀 더 애타게 기다려 주기를 바라는 것이다. 그것은 즉 기다리면서 그녀에 대한 깊은 애정도를 가지게 하고 싶은 마음인 것이다.

남들이 보는 앞에서 굳이 남자에게 달라붙는 인상을 주는 것은 동작에 의한 심리의 직접표현이고, 한편 남자를 일부러 기다리게 하는 것은 그 동작과 표현하려는 내용이 다르다. 이와같이 취하는 동작에는 무엇인가를 의도한 것과 그렇지 않은 경우가 있음을 잊어서는 안 된다.

여자는 그 앉는 거리와 방향으로도 나타난다

어떠한 메시지를 상대방에게 굳이 전달하려고 하지 않았는데 무의식적으로 전달되는 경우도 적지 않다. 그리고 그 무의식적인 동작에서야말로 여자의 심리가 뚜렷하게 나타나는 수가 많다.

내면에 잠재된 생각이란 그것을 감추려는 생각이 강하면 말로는 표현되지 않는다. 그러나 숨기려 하면 할수록 그 생각은 반드시 어떤 출구를 찾게 마련이다. 그래서 그것이 행동으로 나타나고, 그 표현이 무의식에 가까울수록 솔직한 속마음이라 봐도 된다.

대중교통에서 치한을 만난 여성들이 도움을 청하려고는 생각하지만 목소리가 나오지 않았다는 말들을 자주 한다. 물론 갑작스러운 충격과 자칫 무슨 짓을 당할지 모른다는 공포심이 그 큰 요인이다. 그렇지만 또 하나 보디 존(Body zone)이라는 자신만의 심리적 영역을 침범 당할지 모른다는 불안에 그 원인이 있기도 하다. 대체로 이 보디 존을 함부로 침범 당하면 인간은 그 어떤 불쾌감이나 불안감을 느낀다. 그래서 무의식 중에 몸을 멀리함으로써 자신의 보디 존을 보호하려 한다.

그러나 꼼짝할 수 없는 만원 버스 안에서야 어찌 그것이 가능하겠는가. 결국 치한으로부터 보디 존을 침범 당해도 마치 밧줄에 묶인 양 몸이 움직이지를 않고 동시에 소리도 내지 못하게 된다.

그러나 서로 마음을 주고 받는 부부나 연인 사이에서는 그 양상이 달라진다. 불쾌감을 느끼기는커녕 오히려 마음이 안정되고 릴렉스해진다. 그러한 커플들은 대개 카페에서도 서로 어깨를 기대어 앉는다. 그런데 상대방과 거리를 두고 앉는 여자는 보디 존을 침범 당하는데 불안을 느끼고 있다는 것이므로 그 남자에게 아직 마음을 허락 한 것이 아니라고 보면 된다. 보디 존에 의해 나타나는 행동을 통해 여자의 심리를 파악하는 경우 그 포인트는 앉을 때의 거리와 방향이다. 두 사람의 거리가 가까우면 가까울수록 상대방 남자에 대한 친밀감이 크다고 볼 수 있고, 방향에 있어서는 서로의 얼굴이 보이면서 남자에 대한 큰 호감도를 느낄 수 있다.

개방된 곳과 폐쇄된 곳에서 느낄 수 있는 여성의 내면 심리

여성의 보디 존에 대한 무의식적인 동작에 있어서는 이 외에도 폐쇄된 곳과 개방된 곳에 대해 품는 공포심이 있다. 폐쇄된 곳에 품는 공포심이랑 즉 갇혀서 달아날 수 없다는 심리적인 답답함이며, 개방된 곳에 대한 공포심은 자신이 주위의 주목을 받고 있으며 그래서 공격의 목표가 되지 않을까 하는 압박감을 말한다. 물론 남성에게도 그런 공포심이 없는 것이 아니다.

그러나 남성의 경우 그러한 상황에 처하면 그 대상을 공격함으로써 활로를 찾으려 한다. 그러나 여성은 방어적인 자세가 강하므로 몸을 움추린다.

 아직 위험에 대한 감각이 충분히 발달되지 못한 어린이들을 생각해 보면 쉽게 이해가 갈 것이다. 어린이들은 좁은 장소를 싫어하며 밝고 넓은, 개방된 느낌이 있는 곳을 일반적으로 좋아한다. 따라서 이런 타입의 여성 심리에는 아직 유아성이 남아 있다고 볼 수 있다.

 그렇다면 폐쇄된 곳에 대한 의식이 강한 여성의 내면 심리에는 어떤 본심이 숨겨져 있는 것일까. 아직 그렇게 친숙하지 않은 여성과 밤늦게 택시를 탔다고 하자. 그 때 만약 그녀가 되도록 반대쪽 문에 몸을 기대려 한다면 당신을 상당히 의식하고 있다는 증거이다. 그러나 한편 성적인 관계까지는 아직 주저하는 심리 상태라 할 수 있다.

그녀를 그러한 심리로 인도한 것은 택시라는 좁은 공간이다. 우선 차 안이라는 폐쇄된 장소가 도망칠 수 없는 장소라는 불안감을 조장한다. 따라서 불안감은 더욱 증대된다. 그래서 이 때 서로의 보디 존을 침범한다면 어떤 선을 넘게 될지도 모른다는 생각까지 하게 된다. 그러나 그녀는 아직 그런 관계에 대한 결심이 서지 않기에 되도록 당신으로부터 일정한 거리를 유지하려고 하는 것이다.

예컨대 그녀의 동작은 의식적이든 무의식적이든 나는 남녀 관계를 의식하고 있지 않다는 메시지인 것이다. 그러나 반면 일부러 그런 메시지를 보임으로써 남녀 관계를 의식하고 있다는 내면 심리를 나타내는 것이라고도 생각할 수 있다. 이로써도 알 수 있듯이 남녀 관계를 지나치게 의식한 나머지 때로 여성은 상당히 납득하기 어려운 행동을 취하기도 한다.

그러나 그러한 동작을 자세히 관찰함으로써 여성의 내면 심리를 알아내는 단서를 얻을 수도 있다.

예를 들어서 어디를 가든, 무슨 일을 하든, 반드시 둘 이상의 동성을 동반하는 여성이 있다. 이는 남성의 눈에 상당히 기이하게 비친다. 이런 여성들의 행동이 곧 남성을 포함한 외부에 대한 방위 의식임은 새삼 말할 필요도 없다. 그러나 그렇게 물러서는 한편 내면에서는 자신만의 멋진 남성이 나타나 주기를 바라고 있기도 하다. 그 증거로 혼자 다니는 여성보다 두세 사람이 함께 다니는 여성 쪽이 훨씬 사귀는데 수월하다는 말들을 많이 한다. 즉 한 사람의 보디 존이 라면 그 울타리를 무너뜨리는데 무척 힘이 든다. 그러나 그룹의 경우는 친구끼리의 견제도 있고 오히려 쉬운 것이다.

물론 여럿이 함께 다니면 무섭지 않다는 심리가 형성되기도 한다. 하지만 혼자 있을 때의 단단한 울타리도 그룹이 되면 언제 있었냐는 듯 사라진다. 그래서 그 존 안으로 쉽게 들어설 수가 있다. 그리고 처음에는 그룹으로서의 교제가 시작되지만 어느덧 일대일의 관계로 형성되어 간다. 이 때 전에는 혼자만 있으면 반드시 형성되던 울타리가 나타나지만 그녀의 심리적 영역은 상대방에 의해 침략되어 버린다.

지금까지 여성의 내면 심리를 간파하는 방법을 알아보았다. 이를 참고로 당신 자신의 여자 보는 눈을 더욱 함향해 주기 바란다.

제 2 편

내 여자로 만드는 남자의 룰

데이트의 룰

01
전화

데이트를 한 다음날 아침에는 전화를 하자

　흔히 부지런한 사나이일수록 인기가 있다고 한다. 이는 동서고금을 막론하고 변함없는 진리이다. 그러한 부지런함을 표현하는 가장 알맞는 도구가 바로 전화다.

　예컨대 데이트한 이튿날 아침, 전화로 아침 인사를 한다. 메신져도 좋다. 그녀는 아주 기뻐할 것이다. 물론 이 경우 내용은 "잘 잤어?", "오늘 일정은?"식의 중요한 것이 아니라도 상관없다. 아침 시간은 누구나 바쁘다.

　그런 만큼 긴 이야기를 할 필요는 없다. 잘못하면 모처럼의 아침 인사가 역효과가 될 수도 있다.

여성 중 70%는 "일주일에 한번 그의 얼굴을 보기보다는 매일 전화로 이야기하는 쪽이 친근감이 든다"고 한다.

우선 "지금 통화 가능해?"라는 한 마디를 하자

전화의 단점은 지금 상대가 어떤 상태에 있는가를 알 수 없다는 사실이다. 어쩌면 화장실에 가고 싶어 하는 지도 모른다. 또는 손님이 와 있을 수도 있다. 아니면 부모가 가까이 있는 경우도 있는데 부모가 옆에 있으면 어쩐지 어색한 법이다. 따라서 미리 메신져를 해도 되고, 전화를 걸게 되면 우선 먼저 "지금 통화 가능해?"하고 물어 보는 자세가 중요하다.

그리고 그녀가 회사에 근무하고 있다면 아주 급한 경우 이외에는 전화를 걸지 않는 것이 바람직하다.

약속 날짜는 고를 수 있도록

　데이트를 신청할 때 자기에게 편리한 날 하루를 지정해서 말했다가 거절을 당하면 자존심이 상해 화를 내는 사람이 있다. 정말 곤란한 사람이다. 적어도 3일 정도 편리한 날을 골라서 그 날들을 모두 말한 다음 "어느 날이 좋겠어?"라고 상대방의 의견을 물어야 한다. 이 방법이라면 차례로 날짜를 거론하면 훨씬 거절하기가 어렵다. 이 때 만일 거절하는 경우 대개의 여성들은 미안함을 느끼게 될 것이다. 또한 그 사흘이 모두 거절당하면 가망이 없다고 깨끗이 단념하는 것도 시간 소모를 예방하는 한 방법이다.

- 너무 한가한 모습을 보이면 매력이 떨어져 보일 수도 있다.
- 데이트 요청을 거절한 뒤 흔히 그녀가 입에 담는 "다음에 다시 통화해요"라는 말은 인사로 알아 두는 것이 무난하다.

02
데이트 신청의 노하우

평소의 자신과 달라졌을 때 요청한다

 평소에 명랑한 성격이라면 기분이 우울할 때 그녀에게 데이트를 신청해 보라. 언제나 명랑하게 전화를 걸어 오던 것과 크게 다른 당신의 목소리에 그녀는 놀랄 것이다. 그리고는 "무슨 일이 있었어?"하는 걱정스러운 목소리가 들려올 것이다. 이쯤 되면 일단 성공이다. 마음이 이쪽으로 많이 기울어져 있다는 증거이다. 물론 우울한 원인에 대해서는 설명할 필요가 없다.
 "그저 몸이 약간 피곤해"정도로 그쳐야 한다. 아마도 그녀의 불안감은 더욱 커질 것이다. 물론 진실한 느낌이 들지 않으면 간단하게 들통이 날 염려가 있다.

- 날마다 전화를 하다가 일부러 어느 날 하루 전화를 걸지 않는다. "어쩐 일이 냐"고 그녀로부터 전화가 걸려 올 것이다.
- 혼자 산다면 감기에 걸렸을 때 넌지시 표현해 보라.

때로는 갑작스럽게 당일 데이트를 신청한다

숨을 헐떡거리며 갑자기 전화로 만나자고 하는 방법도 가벼운 변화가 있기를 바라는 그녀를 끌어내는 하나의 방법이다. 물론 그녀 사정이 허락해야 하겠지만, "오늘은 당신과 데이트를 하고 싶어"식의 특별한 이유는 없지만, 강인한 요청은 감히 거절할 마음을 먹지 못하게 한다. 다만 이런 갑작스러운 요청은 여러 번 쓸 수 있는 수법은 아니다.

미리 그녀의 일정을 체크해 두었다가 기회를 봐서 이용해야 할 것이다. 또한 이 경우 막무가내로 밀고 나가서도 안 된다. 그녀가 거기에 응답하지 않으면 깨끗이 체념할 일이다.

- "전날 꿈에 오늘 좋아하는 여자를 만나는 꿈을 꿨어"하며 유혹하는 것도 한 방법이 된다.

그녀가 기뻐할 약속은 일찍 전한다

여자는 기쁜 약속이 있는 경우 그것을 즐기면서 기다리는 경향이 있다. 이런 점을 이용한다면 그녀와의 데이트를 매우 효과적으로 즐길 수 있다. 예컨대 "고급 레스토랑 예약했어"라든가 "줄 선물이 있어"라는 등 그녀가 기뻐할 종류의 약속을 할 경우에는 예정일 보다는 되도록 빨리 그녀에게 전하는 것이 바람직하다. 그 기대하는 마음이 누적되는만큼 성취되었을 때의 기쁨은 상상 이상이다. 따라서 데이트의 분위기가 크게 고조된다.

- 갑자기 그녀의 집이나 회사 앞에서 "내 얼굴 보여?"라고 전화하는 돌출행동도 팁이다.

03
기다림의 노하우

그녀가 늦어도 화를 내지 않는다

흔히 여성이 약속에 늦은 경우 이유도 물어 보지 않고 짜증을 내는 남성이 있다. 이는 바람직하지 못하다. 어떤 다른 사정이 있었는지 알 수 없을 뿐더러 여성들은 데이트 약속에 약간 늦게 가는 것이 그녀들만의 특혜라고 생각하는 경향이 있다. 너무 일찍부터 가서 기다리면 상대로부터 "별 볼일 없는 여자"라고 평가 받지 않을까 우려해서이다. 이런 지극히 단순한 생각을 고려하여 그녀가 늦더라도 부드러운 말투로 늦은 이유를 들어주는 게 자상한 남자의 콘셉트이다.

- 당신이 늦었을 경우에는 우선 먼저 솔직하게 사과부터 해라.

그녀가 늦었을 때는 선수를 친다

약속 시간에 늦은 여성들은 반드시 "많이 기다렸어?"라는 말을 한다. 이때 솔직하게 "몇 분을 기다렸다"하는 것도 하나의 방법이다. 그렇지만 그녀가 "기다렸어?"하기 전에 이쪽에서 먼저 선수를 치는 것이 더 바람직하다. 즉 그녀가 나타나자 마자 "난 또 바람맞는 줄 알았지"하는 식이나. 이는 그녀의 지각을 농담 삼아 나무라는 의미도 된다.

약속 시간에 늦은 그녀는 당연히 미안해하고 있을 것이다. 그 어색함을 위로해주는 따뜻한 마음씨가 무엇보다는 중요하다.

- 그녀의 늦음에 대해 아무 말도 하지 않는 것은 오히려 역효과를 낳는다. 그녀에게 더욱 부담을 느끼게 하기 때문이다.

자동차로 데이트할 경우 주차할 수 있는 곳에서

자동차를 이용할 때는 웬만하면 픽업을 가도록 하겠지만 때로는 밖에서 그녀와 만나야 할 때도 있을 것이다. 이런 경우 주차가 어려운 곳이라든가 혼잡한 지하철역 등을 피해 다소 한적한 곳이 좋겠다. 그리고 주차할 수 있는 곳이라야 한다. 혹은 상대방 여성이 길눈이 어둡다면 다소 문제가 있겠지만 지하철 출구라든가 학교 근처 등 그녀에게 직접 찾는 긴장감을 맛보게 하는 방법도 무난하다. 물론 정체가 심한 시간은 피해야 한다.

- 차로 떠나기 전 이제부터 출발한다는 메시지나 전화를 그녀에게 전해주면 더욱 좋다. 그 거리가 너무 길면 도중에서 또 한 번 전화를 건다.

고급 호텔 바에서 의젓한 기분을

가끔은 말끔한 차림으로 분위기 좋은 호텔 바에서 만나는 것도 한 방법이다. 그곳이 지니는 독특한 분위기는 그녀를 어느 정도 긴장시키고 당연히 당신에게 의존하게 한다. 거기서 다시 더 좋은 분위기의 장소로 옮겨도 되고 그대로 호텔로 체크 인할 수도 있다. 물론 이는 그녀의 태도 여하에 따라야 한다. 어떤 일이 있어도 그녀에게 강요해서는 안 된다.

때로는 의외의 장소를

때로는 추억이 깃든 장소에서, 그리고 가벼운 놀라움을 만끽할 수 있는 뜻밖의 장소에서 만나는 계획도 필요하다. 예를 들어 가차역의 플랫폼에서 약속을 잡아보자. 이것을 너무 유치하다고 생각할 필요는 없다. 여성은 그런 장소에서 아날로그식의 감정을 느끼며 추억이 될 수 있다. 따라서 이러한 장소는 가벼운 변화를 기다리고 있는 그녀에게 신선한 느낌을 제공한다. 두 사람이 어떤 공통적인 추억이 깃든 장소를 걷는 것도 좋은 방법이기는 하다. 그렇지만 지나치게 한적하거나 저속한 느낌이 드는 장소는 피해야 한다.

그녀와 90도 위치에 앉는다

대개 앉을 수 있는 모든 곳에는 젊은 연인들이 많이 있다. 그리고 그들은 대부분 서로 마주보고 앉는다. 무슨 이유에서 일까. 비교적 오래 사귀어 온 사이에서도 언제나 마주앉곤 한다. 그러나 마주앉기보다는 90도 각 도로 앉는 쪽이 심리적으로 느끼는 거리도 가깝다. "정면에서 고백하기보다는 옆에서 고백하라"고 어느 유명한 플레이보이는 말한다.

- 네 사람이 앉는 자리, 즉 둘씩 서로 마주보게 되어 있는 자리에서 한쪽에만 둘이 앉는 것은 바람직하지 못하다.

마주 앉으면 그녀의 눈을 본다

굳이 90도 각도의 위치에 앉으려 해도 여건상 배치가 마땅치 않으면 난처할 수밖에 없다. 그런 경우에는 부득이 마주앉아야 하는데 이 때에는 다소 비스듬히 위치를 잡는다. 그리고 그녀의 눈을 지긋이 쳐다보면서 이야기를 한다. 적지 않은 호의를 느끼는 남성으로부터 눈길을 받으면 과히 기분이 나쁘지는 않을 것이다. 물론 이 때는 미소를 지어야 한다.

- 미소를 띠우지 않고 그저 바라보기만 하면 그녀에게 이상한 긴장감만 조장한다.

04
대화의 노하우

자기 자랑과 남의 악평은 절대로 하지 않는다

그녀와의 이야기에 정신이 팔린 나머지 대화주제 선택에 실수를 해서는 안 된다. 모든 것이 순간에 무너져 내린다. 흔히 금기로 되어 있는 것들이 바로 자기 자랑, 과거 연인과의 추억 등이다. 또한 남의 악평도 하면 안 된다. 물론 이 정도는 누구나 알고 있지만 자기 자신의 문제가 되면 그만 마음이 해이해져 입이 열리게 된다. 입은 재난의 뿌리라 하지 않던가.

- 그녀가 이해할 수 없는 말이나 빙빙 돌린 표현은 마치 잘 알지도 못하는 외국어를 남발하는 것과 같다. 따라서 두 사람의 사이를 어색하게 만들 뿐이다.

상대방을 다른 사람과 비교하면 안 된다

두 사람이 함께 거리를 거닐 때 당신이 다른 여성을 흘깃 쳐다보기만 해도 그녀는 기분이 상할 수 있다. 여성들은 대부분 "나는 당신의 유일무이한 여자"이고 싶어 하기 때문이다. 마찬가지로 대화를 할 때에도 그녀와 다른 여성을 비교 할 만한 이야기는 삼가해야 한다. "우리 어머니는 요리를 참 잘 해"라든가 "저기에 앉아 있는 여성 옷 입는 스타일이 내 취향이야"하는 말은 그녀의 기분을 다운시킨다.

- 너무 한가한 모습을 보이면 매력이 떨어져 보일 수도 있다.
- 데이트 요청을 거절한 뒤 흔히 그녀가 입에 담는 "다음에 다시 통화해요"라는 말은 인사로 알아 두는 것이 무난하다.

부드러운 명령형이 마음을 움직이다

요즘은 남녀평등 시대라 해도 남녀 관계에서는 남자가 리드를 하면 더욱 멋져보인다. 따라서 우유부단하고 결단을 내리지 못하는 태도는 역시 남자답지 못하다는 인상을 그녀에게 주고 만다.

그렇다고 무조건 강요하는 것이 좋은가 하면 결코 그렇지는 않다. 다시 말해 "부드러운 명령형"을 사용하는 것이다. 예컨대 "내일 밤 전화를 할 테니까 집에 있도록 해"라든가 "기온이 내려갔으니 두툼하게 입도록 해"하는 말과 함께 코트를 입혀 주는 등이다.

- 그녀의 의사를 확인하고 싶을 때에도 판단을 기다리지 말고 이쪽이 바라는 방향으로 유도하며 이야기를 끌고 가도록 한다.

질투심은 자연스럽게 표현할 것

남자라면 누구나 좋아하는 여성을 독점하고 싶다. 그리고 대개의 남자들은 흔히 그것을 노골적으로 표현하려고 한다. 그러나 그 독점욕을 지나치게 직선적으로 표현하는 경우 그녀는 당신의 존재를 부담스럽게 느끼게 된다. 오히려 멀어지는 결과를 낳을지도 모른다. 그래서 소유욕을 넌지시 질투심으로 나타냄으로써 표현을 한다면 아마 그녀도 한결 부담이 덜어질 것이다. "며칠 전A씨와 구경 갔었다며? 그럼 나하고도 같이 가자"하는 식이다.

- "나와너"라는 표현보다는 "우리들"이라는 표현이 두 사람의 마음을 빨리 가까워지게 한다.
- 그녀에게 무슨 일에든지 당신이라는 존재가 부담스럽지 않게 하는 것이 중요하다. 어디까지나 산뜻하게 행동하자. 지나치게 뜨거운 정열은 때론 역효과를 낸다.

여자의 진심을 밝혀서는 안 된다

여자는 진심과 겉치레를 사용하는데 매우 능숙하다. 혹여 마음 속으로는 "오늘 밤 이 사람과 함께 있어도 좋다"라는 생각이 있어도 입에서 나오는 말은 그와 반대인 경우가 많다. 그러나 그렇다고 남자 쪽에서 "입으로는 그렇게 말하지만 마음 속으로는 이렇게 생각하고 있지?"하는 식으로 정곡을 찌르면 오히려 역효과다. 그녀에게 속는 척 하면서 리드하면 된다.

- 잊고 싶은 과거 등 약점이 있는 여성에게는 시종일관 그것을 무시한 채 이야기를 진행하는 것이 바람직하다.
- 아무리 엉뚱해 보여도 거의 대부분의 여성은 일반적인 상식에서 벗어나려 하지 않는다.

처음 데이트는 스피드하게

간신히 그녀를 데이트에 나오게 하고서도 행선지조차 결정하지 못할 정도라면 아예 기대는 걸지 않는 것이 좋겠다. 대화를 즐길 수 있기는커녕 매력마저 잃게 될 것이다.

처음에는 다소 독단적인 느낌이 들더라도 데이트의 주도권을 쥐고서 그녀를 리드하는 행동력을 보여야 한다.

이것저것 망설이기 전에 "저 집 음식 정말 괜찮아" "저 곳은 야경이 아주 멋져"하고 이야기하는 것은 당신에게 기대고 싶은 본능을 유발 시킨다.

- 무엇을 할 것인가, 어디로 갈 것인가는 길어도 3분이내에 결정하라. 그렇지 않으면 그녀는 짜증스러워진다.

말을 잘하기보다 잘 들어 줄 수 있어야 한다

여성에게는 항상 자신의 이야기에 동의해 주기를 바라는 심리가 있다. 그러므로 상대방이 자신의 이야기를 어떤 태도로 듣는가에 매우 민감하다.

그래서 듣는 척하면서 다른 생각을 하게 되면 즉시 들통이 나고 만다. 따라서 그녀가 이야기를 할 때에는 간혹 타이밍을 맞추어 리액션을 해준다. 그것도 그저 "네 그렇군요"정도가 아니라 반드시 상대방 이야기속에 나왔던 말을 되풀이하면서 한다.

유명인이 운영하는 상점이나 음식점을 데리고 가면 대화의 화제도 신선하고, 분위기가 좋아진다.

- 언제나 재미있는 농담으로서 그녀를 즐겁게 하더라도 일방적인 수다는 좋아하지 않는다.
- 회사동료, 친구들끼리 다닐 때에도 늘 데이트에 적합한 장소를 눈여겨 둔다.
- 말이 없는 여성에게는 자꾸만 질문을 던져 본다.
- 맞장구는 살짝 기분이 업되었다 생각될 정도가 가장 무난하다.

05
데이트 코스

데이트 코스는 미리 사전 답사를

첫 데이트에는 심장이 상당히 강한 사람이라도 나름대로의 긴장이 따른다. 어디서 무엇을 할 것인지 그때 그때 생각하기가 매우 어렵다. 이 데이트 코스에서 실수를 방지하기 위해서는 미리 데이트 장소를 알아봐 두는 것이 좋다. 이것은 곧 그녀에 대한 배려이기도 하다. 남성 쪽에서 본다면 어짜피 가서 보고 즐기면 되지 라고 생각 될 수도 있지만 그녀는 당신의 데이트에 대한 배려를 민감하게 느낀다. 또한 상황에 따라 그녀를 감동시킬 수 있는 순간이 될 수도 있다.

- 여성들이 좋아하는 데이트 코스 정보를 미리 알아두면 좋다.

지상보다 높은 장소를

저녁의 데이트 코스로서는 높은 곳이 적합하다. 여자는 왠지 높은 곳에 가면 센치한 기분이 든다. 따라서 그런 기회를 노려 구애를 하면 의외로 쉽게 매료되기도 한다. 그렇다면 고층 빌딩이 가장 적당하겠지만 그렇게 높지 않아도 된다. 8층 정도의 빌딩 맨 위층, 혹은 스카이라운지에 자리한 레스토랑이나 바에서도 충분하다. 아름다운 야경, 흐르는 자동차의 헤드 라이트를 보기만 해도 그녀의 눈은 촉촉해질 것이다.

- 바다가 내려다 보이는 야경, 바다향기도 그녀의 마음을 흔드는 데이트 코스이다.
- 높은 곳을 데이트 장소로 정하고자 한다면 일단 조사를 해둔다. 그리고 "이것은 무슨 건물, 저것은 어디"하고 설명해 준다.

날씨에 대한 배려도 필요

데이트 하는 날이 언제나 맑지는 않다. 비가 내리는 날도 있을 것이고 눈 오는 날도 있을 것이다. 그러한 날을 대비하여 데이트 코스를 미리 구분해 둘 필요가 있다. 공연한 호기심으로 "내일은 비가 올 것 같으니 한 우산 속에서"따위의 생각을 가졌다면 좋은 남성이라고 할 수 없다. 비가 올 것 같으면 되도록 바깥을 걷는 계획은 피해야 한다. 영화라든가 콘서트의 일정을 조사해 두면 계획성 있게 멋진 시간이 될 것이다. 또한 이런 날은 택시잡기도 힘들다. 그런 만큼 데이트를 일찌감치 끝내는 것이 좋다.

거리를 거닐 때는 남성이 차도 쪽에

데이트를 하는 경우 그 패턴에는 여러 가지가 있겠다. 식사, 영화, 스포츠, 쇼핑 등등 그 패턴에 맞추어 알아두어야 할 것이다.

물론 기본적인 룰을 모른다면 사상 누각이 되고 말겠지만, 예컨대 거리를 거닐 경우 남자가 차도 쪽으로 걷는다는 룰을 과연 얼마나 많은 남성이 실천하고 있을까. 비가 오는 날, 그렇듯이 자상한 배려가 얼마나 그녀의 마음을 감격시킬지 한 번 생각해 보라.

- 쇼핑한 뒤 그녀가 짐을 들려고 하면 아무리 가벼운 것이더라도 재빨리 들어 준다.

06
걷는다

어깨는 이렇게 안는다

· 그녀의 어깨를 안고 비 내리는 보도를 걷는다. 영화에나 나올법한 그런 장면은 어디까지 상상에 지나지 않는다. 젊은 두 사람이 단단하게 스크럼을 짜는 것은 동성끼리 뿐이다. 그림과 같이 부자연스럽게 어깨를 안으면 남에게 혐오감을 준다. 그러지 않기 위해서는 우선 어깨와 팔의 힘을 **빼야** 한다.

- 어깨를 안을 때의 베스트 포지션이다. 가볍게 그녀의 어깨 위에 손을 얹고 팔 힘을 빼면 이렇게 된다. 어깨에 손을 얹는 타이밍은 그녀가 당신에게 접근하여 걷기 시작한 바로 그 때이다. 부드럽게 그리고도 재빨리 손을 가져가는 것이 비결이다. 공연히 주저하면 그녀에게도 그 분위기가 전달되어 어색해진다.

- "그녀의 손만이라도 내 손과"라는 기분을 모르는 바는 아니다. 그러나 그녀의 작은 손을 힘껏 쥐는 것은 아무래도 지나치게 노골적이다. 그보다 당신이 잊지 말아야 할 점은 그녀의 심리를 마음 속 깊은 곳까지 헤아려 주는 배려이다. 물론 영화관의 어둠 속같이 사람들의 눈에 띄지 않는 곳에서 안심하도록 손을 잡아 주는 것은 또 모르지만.

- 손을 잡고 가는 베스트 스타일이다. 즐거운 분위기가 제3자에까지 충분히 전달되는 모습이다. 커다란 당신의 손을 의지하듯 그녀의 손이 잡고 있는 것은 여성의 가련성을 느끼게 한다. 다만 이러한 스타일을 굳이 부탁해서는 안 된다. 우연히 이런 스타일이 만들어지도록 유도한다.
- 거리를 둘이 걸을 때 아무리 멋진 여성이 지나가도 쳐다보면 안 된다. 언제나 그녀만을 바라본다

횡단보도에서는 그녀의 어깨에 손을 얹고

어깨를 안고 걷는다는 것은 두 사람의 사이가 상당히 친밀해져야 가능하다. 이제 조금만 더 가까워지면 "어깨를 안고 걸을 수 있는데…"하고 생각하는 당신을 위해 귀중한 팁 한 가지를 가르쳐 주기로 한다. 바로 횡단보도를 건널 때 그녀의 어깨에 손을 얹는 방법이 그것이다. 이 때는 누구나 자연스럽게 액션을 취할 수 있다. 또한 푸른 신호에서 붉은 신호로 바뀌려는 때에는 손을 잡을 수 있는 절호의 기회이기도 하다. 즉 그녀의 몸 일부 어딘가에 닿을 수 있음과 동시에 다정함도 느끼게 하는 그야말로 일석이조의 묘수가 아닌가.

- 함께 걸을 때는 그녀의 페이스에 맞춘다. 이는 최소한의 룰이다.

우산을 함께 쓸 때는 등을 곧게 편다

우산을 함께 쓰는 것은 두 사람의 사이가 가깝다는 것을 보여 주는 상징적인 행위이다. 그러나 여기에도 그녀를 감격시키는 팁이 있다. 그저 팔짱을 끼고 우산을 받으면 만사가 해결되는 것은 결코 아니다.

우선 비가 올 때에는 반드시 큼직한 우산을 지참하도록 한다. 둘이 가까이 달라붙어 그녀는 자기의 우산을 겨드랑이에 끼고 작은 우산을 받친 모습은 너무나 자연스럽지 못하다. 또한 서로 바른 자세로 등을 곧게 펴고 걷는 것도 중요하다. 더불어 우산의 높이를 그녀의 키에 맞게 맞춰주는 센스도 매우 산뜻하게 보일 것이다.

- 당신의 코트 주머니에 그녀의 손을 넣게 하면 추운 날 함께 걷는 거리는 훨씬 뜨거워진다.
- 물방울이 그녀의 어깨 등에 흐르지 않도록 우산은 그녀 쪽으로 치우쳐 든다.

07
에스컬레이터에서

그녀를 먼저 태우고 나서 같은 단에

에스컬레이터란 보기보다는 타기가 힘들다. 그래서 자신의 발만 조심한 나머지 그만 그녀에 대한 주의가 산만해지고 그 타이밍도 놓치기 일쑤이다. 별것은 아니지만 좋아하는 그녀와 함께 갈 때에는 그녀를 먼저 태운다. 그리고 같은 단에 나중에 오르도록 한다. 이 때 그녀의 허리에 손을 살짝 댄다.

- 계단을 오를 때에는 남자가 먼저 오른다. 뒤에서 본인의 뒷 태를 바라본다면 그녀도 그리 기분이 좋지는 않을 것이다.
- 한줄 서기를 할 때는 여성을 먼저 태우고 바로 그 다음 단에서 눈높이를 맞추는 것도 달콤해 보인다. 급한 사람이 있더라도 방해가 되지 않는다.

먼저 탄 뒤에 단추를 누르고 기다린다

엘리베이터는 먼저 타서 층 버튼을 누르기도 하지만, 데이트 중에는 열리면 손을 등에 얹어 가볍게 손으로 안내를 하며 뒤에 탄 후 층을 누른다. 내릴 때에도 문을 열림을 누르고 있거나, 문이 닫히지 않도록 손을 문에 대고 여성을 먼저 내리게 한다.

- 엘리베이터가 혼잡할 때에는 예외이겠으나 입구에 있는 사람부터 내리도록 한다.

회전문은 한 구획에 한 사람이 원칙

호텔이나 커다란 레스토랑에 있는 회전문은 은근히 사람을 고생시킨다. 그녀와 둘이서 회전문을 통과할 때에는 우선 남자가 이 문의 속도와 두 사람이 걷는 속도가 같아지도록 타이밍을 맞춘다. 회전문의 속도가 빠르다고 생각되면 천천히 돌 때까지 기다려야 한다. 그리고 같은 속도로 보조를 맞출 수 있게 먼저 그녀를 가볍게 밀어 주어도 된다. 다음에는 남자가 따라간다. 단 어떤 일이 있더라도 한 구획에 두 사람이 함께 들어가는 일은 삼간다. 대형 쇼핑몰과 같은 큰 회전문은 예외이다.

- 계단을 내려갈 때에는 여성이 미끄러질 경우를 대비하여 남자가 앞에서 가는 것이 바람직하다.
- 건물에 들어갈 때 문이 열려 있으면 옆에 서서 그녀를 먼저 보낸다. 문이 닫혀 있으면 먼저 가서 문을 열어 그녀가 통과하도록 한다.

그녀가 미처 알지 못하는 실수는 제때 지적한다

남자가 난처해하는 일 중 하나는 그녀의 스타킹 올이 나갔거나, 얼굴에 무엇이 묻어있을 때 어떤 타이밍으로 또 어떻게 그녀에게 그것을 알려 주는가도 정말 중요하다. 이런 일은 자연스럽게 상쾌한 말투로 전하는 것이 가장 좋다. 가능하다면 유머스럽게 하는 표현도 좋을 것이다.

또한 그것을 알아챈 순간 바로 말하는 것이 좋다. 즉 "스타킹 나갔어! 얼굴 뭐 묻었다"라고 하며 친근감 있는 가벼운 스킨십과 배려 섞인 말투의 표현으로 충분하다.

- 자동차 사고가 나거나 위반을 하여 시간이 지체되는 경우 그녀를 먼저 돌아가게 하는 배려도 필요하다.

따뜻한 배려를

어느 정도 그녀와 친해지면 그녀의 생리일을 알게 된다. 그 때 "생리일이군, 오늘은 안지 못하겠는 걸"하는 따위의 생각을 한다면 이는 실격이다. 이때야말로 남자의 친절함 내지는 그녀의 대한 배려를 자연스럽게 표현할 수 있는 절호의 찬스라 생각해야 한다.

즉 데이트를 하더라도 너무 많이 걷지 않도록 한다. 또한 드라이브를 할 경우 너무 오래 달리지 않고 가끔 드라이브인에 정차하는 것도 좋다. 아마도 그러한 배려는 그녀의 마음을 사로잡을 것이다.

- 그녀가 약국에 가려고 하면 남자는 반드시 밖에서 기다려 주어야 한다. 둔하게 무엇을 사려는지 물어보는 것은 피해야 한다.
- 그녀가 두통을 호소하며 화장실에 자주 가면 생리일 일수도 있겠다 라고 생각해도 된다.

그녀가 술에 취한 것 같으면 전철이나 버스를 타게 하지 않는다

데이트 도중 술을 먹을 수도 있다. 그런 때는 그녀의 안색에 주의를 기울여야 한다. 그리고 대개의 경우 얼굴이 빨갛게 된다. 그렇다면 그녀의 귀가 길은 전철이나 버스를 이용하는 것은 피해야 한다. 게다가 술을 마신 뒤라면 시간도 늦을 것이다. 안전하게 그녀의 집까지 태워다주는 것은 굿 매너이다.

택시 안에서 지나치게 다정하게 굴면 운전 기사의 마음을 언짢게 하여 먼 길로 돌아가거나 하는 경우가 있으므로 주의하자

- 술에 취하여 택시를 타면 창문을 반쯤 열어 준다. 그러면 차가운 밤 바람이 들어와 그녀의 술 기운을 가라앉힌다.

08
헤어질 때

헤어지는 서운함을 연출

그녀의 집이 정 반대 방향이라면 유감스럽지만 언제나 그녀의 집까지 바래다 줄 수는 없다. 그런 때에는 적당한 지점에서 헤어지도록 한다. 그런데 그 아쉬움을 적절히 연출해야 한다는 점을 잊어서는 안 된다. 만약 전철이 반대 방향이라도 그녀가 탄 전철 문 앞에서 출발할 때까지 시선을 떼지 않는다. 택시를 이용한다면 차 번호를 적어놓고 기사님께 잘 부탁드린다는 멘트도 잊지 말도록 하자.

- 비록 그녀가 뒤돌아보지 않더라도 그녀의 모습에서 눈길을 떼지 말자. 만일 뒤돌아본다면 미소를 살며시 띄운다.

09 편지

멀리 떨어져 있을 때는 엽서를

　회사 일로 출장을 간다든가 어떤 일로 다른 지방으로 부득이 멀리 떨어질 경우가 있다. 그럴 때 애인에게 전화를 걸거나 메신져를 하는것은 누구나 할 수 있다. 그러나 거기에 더하여 지역특색 엽서 등을 보내 주면 그녀는 한층 더 특별해 할 것이다.

　돌아와서 머물렀던 그 곳의 분위기를 아무리 설명한들 무슨 공감이 가겠는가. 역시 백문이불여일견이다. 그 엽서에 실린 사진을 보고 그녀가 "나도 가 보았으면"하고 생각할지도 모른다. 따라서 다음에는 둘이서 여행을 하는 기회가 생긴다. 시간과 정성만 들어가면 큰 돈을 들이지 않고 감동을 줄 수 있다.

- 그림엽서의 내용은 복잡하지 않고 그냥 메모 정도가 무난하다.
- 긴 여행을 할 때에는 날마다 한 통씩 보내면 매우 효과적이다.

때로는 의외의 편지를

어디를 가나 스마트폰으로 연락이 쉬운 현대 사회에서 편지라는 커뮤니케이션은 의외의 큰 효과를 발하기도 한다. 최근에는 특별한 일이 아니면 서로 편지를 보내지 않는다. 때문에 오히려 편지를 보내는 그 자체만으로도 획기적인 의사 표시가 될 수 있다. 즉 당신으로부터의 편지를 받는 순간 그녀는 "무슨 일일까"하고 당신의 존재를 어쩔 수 없이 의식하게 된다.

내용은 무엇이든 무방하다. 꼭 한 번 시도해 보라.

- 별로 말도 건네 본 적이 없는 여성에게 편지를 보내면 상대가 부담스러울 수 있으니, 무리하지는 말자.

10
선물

선물에 어정쩡한 마음씨는 금물

 누구나 선물을 받으면 기뻐한다. 여성은 특히 그런 경향이 강하다. 따라서 "사랑한다, 좋아한다"는 마음을 표현하기 위해서는 선물을 하는 방법이 가장 빠른 지름길이라 할 수 있다. 다만 이 선물을 하는 작전도 자칫 잘못하면 역효과가 날 우려가 있다. 세심한 주의를 요한다.

 그녀의 마음을 사로잡기 위한 선물은 어중간하면 안 된다. 다소 무리가 되더라도 고가의 무엇인가가 효과적일 수도 있다. 특히 생일 선물을 정성이라는 포장아래 값싼 것을 주면 그에게 특별한 사람이 아닌 느낌을 받아 허탈할 수 도 있다. 생일은 그에게는 더욱 스페셜하게 대우 받고 싶은것이 여자 마음이다.

- 싼 물건을 보낼 때에는 선물이라는 부담을 주지 말고 그저 가벼운 기분으로 받게 유도한다.

생일에는 호화로운 선물로

선물에는 여러 가지가 있다. 대개의 여성들은 특별한 날에는 평소와 다른 선물을 받는다고 해서 그 남자를 사치스럽다고 생각하지는 않는다. 생일에 어떤 선물을 하든 받는 기분은 좋겠지만, 스페셜한 선물을 마다할 여성은 없을 것이다. 받는 기쁨을 어찌 말로 표현하겠는가.

- 꽃을 낭비라고 생각하면서도 생일날 받는 꽃다발은 분명 친구들에게 자랑거리가 된다.

제 2 장

식사 및 술좌석에서의 룰

01
레스토랑에서

가슴을 펴고 당당하게

그녀의 생일을 축하하기 위해 식사를 할 때에는 아예 큰 마음먹고 고급 레스토랑으로 가는 것도 좋다. 고급 레스토랑이라면 고상하고 아늑한 기분을 느낄 수 있기 때문이다. 그러나 그런 장소에 익숙치 못한 사람은 호화로운 장식을 보면 입구에서부터 당혹할는지 모른다. 그리고 주머니에 손은 넣은 채 눈치 살피며 자리로 향하게 된다. 그러나 이것은 잘못이다. 비록 익숙하지 않은 환경이라도 당당하게 가슴을 펴야 하리라.

떨어뜨린 나이프는…

고급 레스토랑에 가면 익숙하지 않기 때문에 평소에 좀처럼 하지 않는 실수를 하게 된다. 컵의 물을 엎지르는가 하면 나이프나 포크를 바닥에 떨어뜨리기도 한다. 긴장되기는 아마도 그녀 역시 마찬가지일 것이다. 어쨌든 남자는 익숙한 척해야 한다. 잘못되더라도 당황해서는 안 된다. 그릇을 떨구거나 했을 때 깨진 것을 주우는 모습을 보면 여자도 불안해 할 것이니 직접 하지 말고, 직원을 불러 처리를 부탁하면 된다.

- 물을 엎질렀을 때도 마찬가지이다. 조용히 손을 들면 직원이 올 것이다.

그녀를 좋은 자리에 앉힌다

레스토랑에 갔을 때 남성들이 의외로 무관심한 면이 있다. 즉 그녀를 어디에 앉히는가 하는 문제가 그것이다. 그런 장소에서는 항상 좋은 자리에 그녀를 앉도록 하는 것이 원칙이다. 여기서 좋은 자리란 우선 내부가 잘 바라보이는 좌석, 즉 벽쪽을 말한다. 또한 창 밖의 경치가 아름다운 레스토랑인 경우 잘 보이는 좌석을 말한다. 그런 배려가 자연스럽게 나온다면 아마 그녀는 당신의 친절에 동요가 있을 것이다.

- 의자는 왼쪽에서부터 앉는 것이 그 기본이다.
- 남자는 여자가 자리에 앉기까지 서서 기다린다. 연애 초 말고 또 언제 해보겠는가.

예약을 해 두면 편리하다

다소 고급 레스토랑이나 한식집에서는 예약을 해 두는 것이 좋다. 왜냐하면 예약을 해 두면 대개는 틀림없이 좋은 자리를 잡을 수가 있기 때문이다. 고층 빌딩의 창가는 언제 가더라도 좀처럼 비는 때가 없다. 이는 예약 손님에게 제공되는 혜택이다. 따라서 전화를 통해 간단히 이름과 인원수, 도착 시간을 알려 예약을 해 둔다.

- 예약은 평일에는 당일, 주말이라면 2, 3일 전에 하면 된다.

메뉴는 그녀가 먼저

둘이서 레스토랑에 갔을 때 메뉴표가 2개 나올 때도 있지만 대개는 하나가 나온다. 그런 때는 반드시 그녀가 먼저 보게 해야 한다. 자신이 보면서 "뭘로 할까요?"한다면 그녀로서도 어쩔 수가 없다. 그녀가 메뉴표를 보며 망설이는 것 같으면 "나는 어떤 것을 먹겠다"라든가, "이 레스토랑은 XX가 맛있다던데"식으로 어드바이스를 한다. 그렇다면 그녀도 한결 고르기가 쉬워진다. 그리고 가능하면 둘이 서로 다른 것을 주문하여 나누어 먹는다.

- 내용을 알 수 없는 메뉴는 직원에게 물어 보도록 한다.
- 주문뿐 아니라 서빙직원과의 응대는 남자가 하는 것이 룰이다.

그녀를 위해 샐러드를 주문한다

레스토랑에 가서 음식을 주문할 때는 반드시 샐러드를 하나 주문하도록 한다. 웬일인지 대개의 여성은 샐러드가 식사에 곁들여 나오면 좋아한다.

그녀가 먼저 주문을 한다. 그러면 거기에 자기가 먹고 싶은 것과 함께 주문을 한다. 이 때 자신은 먹고 싶지 않더라도 샐러드를 하나 덧붙이도록 한다. 그리고 음식이 나오면 그 샐러드를 그녀 앞으로 넌지시 밀어 주면서 권유를 한다.

02
냅킨

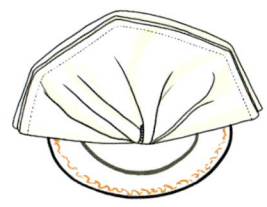

고작 냅킨 한 장에 겁낼 것 없다

다소 고급스러운 레스토랑에 가면 테이블 위에 냅킨이 곱게 장식되어 있다. 그러나 익숙하지 않으면 그것을 보기만 해도 난해하다. 그러나 남자가 그까짓 냅킨 한 장에 겁을 먹을 수야 없지 않은가. 일단 자리에 앉게 되면 냅킨을 무릎 위에 놓도록 한다. 이것이 곧 매너이다. 무릎 위에 얹을 때에는 둘로 접고 접힌 부분이 자기쪽으로 오게 한다. 그렇게 해야 입을 닦기가 쉽다.

- 냅킨으로 입을 닦을 때에는 뒤쪽의 왼쪽 끝부분을 사용해야 한다.

물이나 와인을 마시기 전에 사용

　냅킨이 세팅되어 있으면 마치 "쓰지 않으면 그만큼 손해"라고 생각하는지 이마나 손 등을 문지르는가 하면 테이블 위에 엎지른 소스를 닦아 내는 등 마구 써버리는 사람이 있다. 냅킨은 물수건과는 달리 어디까지나 냅킨이다. 즉 입 주위와 손가락 끝만을 닦기 위한 것이다. 특히 물이나 와인을 먹기 전에는 반드시 냅킨을 사용하는 것이 매너이다. 그렇지 않고 마구 컵이나 유리에 입을 대면 기름기나 음식 찌꺼기가 붙어 더럽게 보인다.

와인 글라스를 블랜드 글라스처럼 잡아서는 안 된다. 손잡이 뒤쪽을 손가락으로 끼듯 잡는다

- 중간에 의자에서 일어날 때에는 냅킨을 의자 위에 놓는다.
- 식사가 끝나면 냅킨은 테이블 위에 자연스럽게 놓는다.

03
와인

잘 모르는 경우에는 매니져에게 물어 본다

와인을 마시면서 프랑스 음식을 먹으면 그 맛이 한결 부드럽다. 그러나 이 와인은 아무리 마시고 싶어도 주문에서부터 문제가 있다. 자칫 잘못하면 바보 취급을 당하지 않을까 겁도 난다. 그러나 메뉴판을 보고 와인을 주문할 때 어떤 와인인지 그 맛이나 향기에 대해 솔직하게 물어 본다. 하나도 주저할 것이 없다. 그들은 그 질문을 받고 대답하는 것이 직업이다. 그렇게 생각하면 차라리 훨씬 편해질 것이다.

- 고기 요리에는 붉은색, 생선 요리에는 흰색, 양쪽에 모두 맞추려면 로제 와인이다. 하지만 거기에 구애될 필요는 없다.

04
테이블 매너

포크의 뒷부분은 사용하지 않는다

　흔히 서양 요리와 함께 밥을 먹을 때 재주도 좋게 밥알을 포크 등에 얹어 먹는 사람이 있다. 그러나 이는 매너에 어긋나는 행위이다. 또한 헛고생에 지나지 않는다. 즉 나이프를 사용하지 않고 포크 배에 얹어 밥을 먹으면 된다. 그리고 스테이크도 나이프로 자른 뒤 오른손으로 포크를 바꾸어 잡고 배에 얹어 먹는다. 전혀 걱정할 일이 아니다.

- 억지로 나이프와 포크 양쪽을 사용할 필요는 없다. 포크로 먹을 수 있는 것은 포크만으로 먹어도 무방하다

스프는 먹듯이 마신다

한국인이 가장 서툰 음식이 스프이다. 우리나라에서는 스프를 마신다고 하지만 영어 문화권에서는 "eat soup", 즉 스프는 먹는다고 한다. 이는 스프를 먹을 때의 매너를 단적으로 말해 주는 말이다.

스푼으로 스프를 떠서 가느다란 앞 끝을 정면으로 하여 입에 흘려 넣도록 하여 흘려 넣도록 한다. 매우 간단하다. 이렇게 하면 절대로 소리도 나지 않는다. 또한 스프가 얼마 남지 않게 되면 접시를 앞쪽으로 기울여 스푼으로 뜨면 된다.

- 손잡이가 달린 그릇에 들어 있는 스프는 얼마 남지 않게 되면 손으로 들어 마셔도 무방하다.

소스는 한 방울

서양 요리의 생명은 소스라는 말을 들은 적이 있을 것이다. 여기에서 말하는 소스란 물론 대개의 고기 요리나 생선 요리에 얹어서 먹는 국물 같은 종류를 말한다. 소스가 좋은가 나쁜가에 따라 고기나 생선의 요리가 살기도 하고 죽기도 한다. 고기나 생선을 먹고 나면 빵을 잘라 포크에 찍어 접시에 묻은 소스를 찍어 먹는다.

마지막 한 조각은 이렇게

접시에 남겨진 마지막 요리는 포크로 집기가 어렵다. 나이프까지 동원하여 악전 고투 끝에 성질이 급한 사람은 단념해 버리기도 한다. 게다가 그 순간 그녀의 눈과 부딪히면 "이 사람 참 어설프네"아니면 "마지막 한 조각까지 먹는 게 궁색하다"고 생각하지 않을까 별별 걱정이 되면서 슬며시 불안해지기까지 한다. 이런 때에는 빵을 왼손에, 포크는 오른손에 쥐고 마치 샌드위치를 만드는 것 같은 형태로 먹으면 된다. 보기에도 얼마나 멋진가.

- 샐러드는 포크를 사용하여 스푼에 얹어 자신의 접시에 담으면 드레싱이 늘어져서 보기에도 괜찮다.

05 대중 음식점에서

김을 먹은 뒤에는 조심할 것

그 외에 대중 요리를 먹는 데에도 반드시 룰이 있다는 점에 주의하라. 여기에서 거론하는 것은 특별한 식사 예절을 말하는 것이 아니다. 즉 그녀에 대한 남성으로서의 매너이다. 특히 김을 곁들인 음식을 먹을 때 가장 조심을 요한다. 작은 김 조각이 그녀의 귀여운 입술 끝이나 흰 이 사이에 달라붙어 있을지도 모른다. 식사를 끝낸 후 그녀의 입가를 자연스럽게 살펴보고 그녀와 눈이 마주쳤을 때 그곳을 가르쳐 주도록 하자.

- 국수 종류를 먹었을 때도 같은 말을 할 수 있다. 그녀에게 당신도 체크해 달라고 부탁을 한다.

향이 짙은 음식을 먹을 때에는 둘이 함께

식사 후 스킨십까지 생각하는 경우라면 음식 메뉴를 비슷하게 가야한다. 가령 남자는 고기에 마늘까지 얹어 먹었는데, 앞에 여성은 가벼운 식사를 하면 식사 후 커피를 마실 때 까지도 솔솔 풍겨오는 음식냄새에 여성은 얼굴을 뒤로 빼며 거리감을 두려 할 수도 있다. 둘이 함께 먹으면 그 냄새에 신경 쓰지 않아도 된다. 하지만 어느 한 사람만 먹으면 먹지 않는 사람에게 상대방 냄새가 거슬릴 수도 있다. 키스를 한다는 생각은 상상도 못한다.

- 어느 음식점에 가든 식사 중 머리에 손을 대는 것은 금물이다. 청결해 보이지 않는 제스처이다.

07
술은 이렇게

물을 타서 먹으면 웬지 시시해 보인다

한국인들에게 위스키라 하면 언더락에 물을 타서 먹는 것으로 인식되어 있다. 심지어는 브랜디까지 물에 타서 먹을 정도이다. 무엇이 맞다 정석이다 하기에는 정답은 없지만, 본래 좋은 위스키는 스트레이트로 먹는 것이 향을 즐길 수 있다. 그렇지 않으면 냄새가 날아가기도 하고 맛이 변하기도 한다. 우리나라 위스키는 물에 타지 않으면 먹지 못할 만큼 형편이 없는 것인지 모두들 물을 탄다. 그러나 술에 따라서는 스트레이트, 언더락 등으로 가려서 마실 줄도 알아야 한다.

- 그녀에게는 달콤한 셰리, 이탈리안 베르모트가 좋을 것이다. 남자에게는 물론 드라이 마티니이다.

식사 전의 술로 멋진 기분을 연출

　서양 요리로 기분을 내고자 한다면 그녀와 식사 전 술을 마심으로써 상당히 멋진 분위기를 자아낼 수가 있다. 하지만, 식사 전에 맥주를 마시면 너무 배가 불러 식사의 맛이 떨어진다. 모처럼의 요리를 아무 맛도 모르고 먹는데서야 어디 말이 되는가. 술의 종류에 따라 적절히 활용하면 좋다. 이 식전의 술은 또한 요리의 맛이 더 좋아지게끔 마시는 것이므로 안심할 수 있다. 특히 술잔까지 멋지다면 어딘지 모르게 그 분위기가 한층 고조될 것이다.

- 버본은 스트레이트나 언더락, 브랜디는 역시 스트레이트로 마시는 쪽이 맞스럽다.
- 술에는 식사 전의 술(마티니 등의 칵테일), 식사 중의 술(와인), 식사 후의 술(브랜디)등 구별이 있음을 알아 두자.

정종은 숙취의 원인

　한 설문조사에 따르면 여성이 가장 좋아하는 술은 와인이고 두번째가 위스키라고 한다. 반대로 가장 싫어하는 술이 정종이다. 정종류의 술은 나이드신분들이 많이 마신다고 생각하는 경우도 있지만, 요즘은 일식에서 사케를 찾는 여성들도 많다. 아무튼 남자끼리 마실 때에는 무난하지만 그녀와 마실 때에는 피하는 것이 바람직할 것이다.

이 정종은 흔히 숙취의 원인이 된다. 그것은 술 그 자체가 문제가 있는 것이 아니다. 위스키나 맥주 등 온도가 다른 술과 섞어 마시기 일쑤이기 때문이다.

- 술을 마시기 전에 숙취음료를 미리 마셔두는 것도 좋은 방법이다.

때로는 호텔바에

호텔바라고 하면 공연히 비싸다는 이미지가 떠오른다. 하지만 그것은 잘못된 선입관이다. 확실히 일반 바에 비해 값이 비싼 것은 사실이지만 그만큼 좋은 분위기로 그녀와의 좋은 감정을 연출할 만한 가치가 있다. 때문에 그녀와 둘이 술을 마시기에는 아주 알맞은 장소라 할 수 있겠다. 그래서 가끔 호텔바에 가도록 한다. 피아노 연주, 창에서 내다보이는 아름다운 야경 등을 나를 위해 마련했다고 그녀가 생각한다면 그날의 데이트는 대성공이다.

- 호텔 바에서 가끔 창가가 아닌 카운터에 앉는 것도 색다른 분위기이다.
- 큰 소리로 말하거나 너무 많이 마셔서 비틀거리는 행동은 금물이다.

장식 과일은 테이블 위에

　호텔이나 고급 바에서는 대개 언더락을 주문하면 얼음을 넣은 글라스와 미네럴 워터, 그리고 위스키를 따로 따로 가져온다. 물론 그 곳의 바텐더가 만들어 주는데 이 때 장식용 과일이 글라스에 꽂혀 있다. 이 장식용 과일을 어떻게 처리해야 할지 비교적 많은 사람들이 걱정을 한다.

　이 작식용 과일은 사용한 뒤 테이블 위에 그대로 놓아도 무방하다. 또한 미네럴 워터가 들어 있는 병에 꽂아 두기도 한다. 꽂은 채로 먹지만 않으면 된다.

- 칵테일은 차가울 때 마신다.
- 위스키 언더락은 싱글이라면 15분, 더블이라면 30분 정도 경과한 후 마셔야 한다.

08
비용 지불

더치페이라면 일단 남자가

요즘은 서로 부담없이 데이트 비용을 더치페이로 하지만, 그래도 대개 남자가 부담하는 비중이 크다. 반대로 여자가 거의 지불하지 않는 경우 어느날 "나도 한 번 낼께요"하면서 그녀가 지불하는 경우도 있다. 그러나 돈이야 어디서 나오든 식사나 술을 마신 뒤의 지불은 우선 남자가 하는 것이 좋다. 그리고 더치페이 경우에는 안에서 주고받는 민망한 상황을 그리지 말고 다음 코스의 가벼운 자리를 지불하게끔 하는 것도 무방하다.

돈이 없을 때는 데이트를 하지 않는다

아무리 만나고 싶어도 주머니가 비었을 때에는 데이트를 하지 않도록 한다. 너무 무리하게 데이트를 추진하여 없어 보이는 모습을 굳이 보일 필요는 없다. 오히려 만나지 않는 공백이 여자로 하여금 만나고 싶어함을 야기할 수도 있다.

제 3 장

함께 다닐 때의 룰

01
드라이브

차를 세우는 장소에 충분한 배려를

번화가에서는 노상 주차할 경우 차를 세울 수 있는 장소에만 신경을 쓰게 된다. 그래서 비어 있는 공간만 있으면 이내 주차하려고 든다. 그러나 차를 세우는 것만이 능사가 아니다. 혹여 그녀가 내리는 문 옆에 장애물이 있을지도 모른다. 우선하여 차를 멈추기 전에 그녀가 내리는 쪽으로의 공간, 사이 등을 고려하여 적절한 장소에서 그녀를 편안히 내릴 수 있는 신경을 쓰도록 하자. 그렇게 하면 그녀가 문을 열다가 문짝을 어딘가에 부딪쳐 미안해하는 민망함도 덜고, 좁은 공간으로 우습꽝스럽게 내릴 일도 없을 것이다.

- 주차장이 멀리 떨어져 있는 경우 그녀를 적절한 곳에서 기다리게 한 뒤 혼자 가서 차를 가져 온다.

먼저 옆자리의 문을 연다

외국 영화에서 볼 수 있는 바와 같이 깍듯이 예의를 지켜 열어 주지는 못하더라도 하다 못해 키로 잠긴 문 정도는 오픈 시킨다. 다음에 운전석의 문을 여는 것이 바람직하다. 비가 오고 있을 때는 우산을 받쳐 주면 그녀는 틀림없이 당신의 친절함에 다른 면모를 볼 수 있을 것이다.

- 비가 오는 날이면 항상 우산을 뒷자리에 비치해 둔다
- 그러나 이 룰은 한 여름에는 예외이다. 먼저 자신이 차에 타서 쿨러를 작동시키고 나서 그녀를 태운다.

어떤 경우에도 당황하지 말고 침착하게

자동차를 운전하다 보면 생각치도 않았던 트러블이나 사고에 접하게 되기도 한다. 특히 비가 몹시 오는 고속도로에서는 차선을 추월하여 달려가는 트럭에 의해 물이 튀기는 바람에 앞쪽 시야가 막히기도 할 것이다. 또한 차선을 변경할 때 미처 시각에 있는 차를 보지 못하고 핸들을 꺾는 순간 경적 소리가 들렸던 경험은 누구나 한두 번 쯤 있을 것이다. 이럴 때 당황해서는 안 된다. 그녀에게 불안한 느낌이 들지 않게 하는 것이 드라이브 데이트의 철칙이다.

- 고장 수리에 자신이 없을 때에는 공연히 허세를 부리지 말고 재빨리 보험회사에 연락하여 도움을 받거나, 가까운 카센터에 간다.
- 때로는 그녀에게 차 수리를 돕게 하는 것도 매력을 표출할 수 있다.

야경이 아름다운 곳을 미리 알아둔다

드라이브는 여성들이 가장 편안한 마음을 갖게하는 데이트의 한 방법이다. 그러나 그저 그녀를 태우기만 해서는 너무나 싱겁다. 근처나 또는 먼 곳의 드라이브를 막론하고 그녀를 즐겁게 하고자 한다면 미리 드라이브 코스를 충분히 검색해 두어야 한다. 예컨대 드라이브 코스로는 야경이 아름다운 곳이 최적의 장소가 될 것이다. 아마 그녀의 감정도 고조 될 것이다. 혹은 바닷가 모래사장에서 파도 소리를 들으며 별을 바라볼 수 있다면 더 이상 무엇을 바라겠는가.

· 독특한 조명이나 이국적인 정서가 있는 장소는 데이트하기에 적합하다.

그녀가 운전할 때는 옆에서 말을 걸지 말 것

여성이 직접 운전을 할 때도 있을 것이다. 이 때 그녀의 운전이 미숙하다 하여 운전 중에 옆에서 자동차 강습강사처럼 간섭하는 것은 바람직하지 못하다. 일단 그녀에게 맡긴 이상 그녀를 믿어야 할 것이다. 일일이 이것저것 간섭을 하게 되면 그녀의 짜증만 돋구게 된다. 정 답답하면 좋아하는 음악이라도 들으며 혹시나 하는 사고에 대비하여 시야를 더 넓게 보자

- 어느 길로 갈 것인가에 대해서도 그녀가 묻지 않는 한 이래라 저래라 하지 않는다.

도로 사정에 밝아야 한다

택시를 타다 보면 가끔 느낄 수 있는데, 같은 장소를 가더라도 복잡한 곳을 잘 피해 뒷길로 가는가 하면 그렇지 못한 운전기사도 있다. 그녀를 태우고 드라이브할 때에는 바로 그 점을 유의해야 한다. 뜻밖의 길로 달리면서 편안함을 주는 당신의 옆모습을 보며 그녀는 남성에 대한 믿음직스러움을 느낄 것이다. 한 가지라도 뛰어난 재주가 있다면 그것이 아무리 사소한 것이라도 그녀에게 좋은 인상을 주기 마련이다. 상대방 여성이 드라이브를 좋아한다면 평소에 쉽게 빠져나갈 수 있는 뒷길 정도는 익히도록 하자.

- 평소에 자주 가는 장소라도 그 도로의 지도를 잘 살펴 둔다. 더구나 모르는 장소라면 상세한 지도를 사전에 검색해 보도록 하자. 너무 네비게이션에 의지할 필요는 없다.

그녀가 좋아하는 음악을 스테레오로

그녀와 함께 드라이브를 할 때 중요한 것은 무엇보다도 분위기 조성이다. 그것도 아주 자연스럽게, 차에 오른 순간 그녀가 좋아하는 음악이 카 스테레오를 통해 흘러 나온다면 그것만으로도 그녀의 기분은 훨씬 고조될 것이다. 평소 그녀가 어떤 음악을 즐겨 듣는지, 어떤 장소에 가고 싶어 하는지를 세밀하게 알아 둘 필요가 있다. 여성은 아무렇지도 않게 흘려 한 말을 기억해 주는 남성에게 마음을 허락한다.

- 옆자리 시트는 그녀가 앉기 쉽도록 넓게 세팅해 준다.

데려다 주고 데리러 가기

자동차로 데이트하는 경우 누구나 그녀의 집까지 데려다 준다. 그와 더불어 데이트날에 픽업까지 한다면 더욱 매너남이 될 것이다.

약속 장소까지 가는 일이란 누구나 약간씩은 귀찮은 법이다. 서울 등 혼잡한 대도시에서는 대개 차를 주차시킬 장소를 확보하는 데 뜻밖의 시간이 소비된다. 그래서 늦을 때도 많다. 더구나 그 이유로 분위기가 망가졌다면 얼마나 억울한가. 그러나 여성을 데리러 가며 집에 있게 한다면 길이 혼잡하여 다소 늦더라도 별 트집을 잡지 않을 것이다.

02
오토바이를 탈 때

둘이 탈 때에는 허리를 밀착시킨다

　최근에는 연인을 태우고 달리는 라이더들도 많다. 그러나 여성들의 자세를 보면 위태롭기 짝이 없다. 양손을 어깨에 얹거나 좌석 뒤의 받침대를 잡는 사람도 있다. 얼마나 위험 천만인가. 또한 이는 보기에도 별로 좋지가 않다. 허리와 등, 가슴을 밀착시키고 남성의 허리로 손을 돌려 안듯이 잡는 것이 좋음을 그녀에게 설명해 주자. 그러나 그녀가 만일 그것을 거부한다면 오토바이 타기를 깨끗이 단념해야 한다. 한편 그 정도로 그녀의 안전을 염려하는 당신의 배려가 그녀의 마음을 움직일 수도 있다.

- 스커트의 차림으로 무리하게 태우지 않는다.
- 신발은 되도록 긴 구두를 신게 한다.

가장 안전한 자세이다. 두 팔로 허리를 감아 쥐고 무릎으로 오토바이를 조이듯 밀착하게 한다.

이렇게 타면 자칫 잘못하여 그녀가 떨어지기 쉽다. 즉 두 사람 모두 지치기 쉬운 자세이다.

커브에서의 주의 사항을 미리 알려 준다

여성을 오토바이에 태우고 가다가 느닷없이 커브를 돌아 공포를 느끼게 하는 등은 절대로 피해야한다. 따라서 둘이 탈 때의 요령을 미리 가르쳐 주도록 하자. 이 때 이야기를 다소 과장시켜서 오토바이 타기를 단념시킬 정도의 박력이 있어야 한다. 즉 "위험한 것을 가까이 하게 하고 싶지 않다"는 열의를 보이는 것이다. 결국 그녀를 태우게 되더라도 그녀의 마음을 사로잡게 될 것이다. 언덕이나 길 등의 커브에서 오토바이가 기울어 공포감을 느끼면 느낄수록 당초의 이쪽 배려가 가슴에 닿아 올 것이다.

- 둘이 탈 때는 단단히 붙잡게, 마치 짐처럼 태우는 것이 요령이다. 그녀 전용의 헬멧을 선물로 주자.

03
호텔에서

때로는 호텔을 이용한다

예상하지도 못했는데 좋은 분위기로 갑자기 호텔로 가게 되었다. 이런 때 거의 모든 남자는 러브호텔이나 모텔로 간다. 예약 없이 쉽게 방을 확보할 수 있고 또한 요금도 부담없기 때문이다. 편리한 것은 사실이지만 다소 소홀하다는 느낌을 여자는 받는다. 게다가 주말이라도 되면 러브호텔 역시 만원이다. 그렇게 되면 이 모텔 저 모텔 들락날락하는 비극적인 사태가 벌어지지 말라는 법도 없다. 때로는 고급 호텔로 가자. 물론 미리 사전에 예약을 하면 더욱 좋다.

반드시 택시로 간다

흔히 정류장에서 3분 밖에 걸리지 않는다고 버스나 걸어서 호텔로 가는 사람이 있다. 그러나 이것은 바람직하지 못하다. 호텔에 그녀와 함께 동행하는 경우 꼭 택시를 타도록 한다. 그리고 요금을 낼 때에는 거스름은 받지 않는 멋도 즐길 줄 알아야 한다. 즉 도시 호텔에서 밤을 즐기는 경우(술을 마시거나 식사를 하든 혹은 묵고 가든)처음부터 끝까지 호기심의 기분을 그녀가 맛보도록 해야 할 것이다.

바다 · 고원 지대 · 마천루는 그녀를 매혹시킨다

바다 · 고원 지대 · 마천루, 이 세 가지 장소는 여성과 호텔에 묵을 때 꼭 고려해 볼 문제이다. 이 세 가지는 여자를 약하게 만든다. 여기에서 바다란 예컨대 물이 있는 곳, 즉 바닷가 · 호숫가 · 강가의 호텔을 의미한다. 또한 마천루는 고층 호텔을 가리킨다. 이 조건에 걸맞은 호텔을 알아 두면 반드시 필요할 때가 있을 것이다. 어느 경험자에 따르면 미리 그런 호텔을 알아 두었다가 저녁에 "그 지역으로 가보지 않겠느냐"고 이끄는 방법은 상당히 효과적이라고 한다.

- 당연히 바다나 강이 잘 보이는 방은 그 호텔에서도 인기가 있어 미리 예약을 해 둔다.

룸서비스로 아침 식사를

 호텔에서 하룻밤을 보냈을 때는 한 번이라도 좋으니 반드시 해 볼만 한 것이 있다. 즉 룸 서비스로 아침 식사를 하는 것이다. 다소 가격이 비싼 감이 없지는 않다. 하지만 동반한 그녀에게 색다른 경험을 해주게 한다면 문제가 될 것은 없다.

 아침에 침대에 앉은 채 식사를 할 수 있으므로 옷을 갈아입거나 화장을 할 필요가 없다. 그만큼 그녀가 편한 것이다. 즉 외국 영화에서처럼 더블베드에서 룸서비스로 옷을 입지 않고도 커피를 마실 수가 있는 것이다.

- 그녀가 벗고 있기 때문에 룸서비스를 위해 온 호텔직원 앞에서 무안함을 없앤다면 욕실에 있게 한다.

04 여행

지역 축제 이용

진해의 군항제, 설악의 단풍제 등 전국적으로 유명한 이벤트가 몇 가지 있다. 이러한 이벤트는 만일 그녀가 아직 본 일이 없다면 꼭 한 번 권해 보라. 비교적 간단하게 승낙을 얻을 수 있다. 다만 이러한 빅 이벤트 시기에는 호텔이나 모텔 예약을 미리 해두지 않으면 힘들다. 따라서 그녀가 OK하면 즉시 호텔에 예약 전화를 한다. 그녀도 즐거운 마음으로 기다릴 수 있을 것이다. 물론 그 때까지 그녀의 마음이 변하지 않아야 하지만.

- 그녀에게 권하는 빅 이벤트는 자신들이 살고 있는 곳에서 멀면 멀수록 좋다.

반드시 예약을 해 둔다

간혹 호텔은 예약을 하지 않더라도 숙박을 할 수가 있다. 그렇지만 여관인 경우는 결코 쉽지 않다. 지방의 경우 억지로 숙박하려고 하면 그러한 시즌이 아니더라도 매우 값비싼 방을 써야 하는 경우가 비일비재하다. 더구나 아주 형편 없는 방에서 묵기 일쑤이다. 그렇게 되면 간신히 만들어 낸 그녀와의 여행임에도 불구하고 그 분위기가 망가지고 만다. 따라서 이쪽에 대한 신뢰감은 단숨에 저하된다. 예약을 확실하게 해 두고 상황을 미리 잘 알아 두도록 하자.

- 여관에 갔을 때는 종업원과 직접 접하게 되므로 행동이나 말씨에 주의해야 한다.

05
스포츠 관람

스포츠 관람은 용의주도하게

 프로야구나 혹은 테니스·축구·배구·농구 등 그녀와 스포츠 관람을 하러 갈 때도 있을 것이다. 이런 때 당신의 자상한 배려가 깃들여진다면 그녀와 당신과의 사이에도 열전이 전개될 것이 틀림없다. 예컨대 망원경을 가지고 간다. 그러면 외야석에서도 선수의 움직임을 관찰하기가 쉽다. TV중계와는 또 다른 관람을 할 수 있어 그녀도 기뻐할 것이다.

겨울의 스포츠 관람에는 자상한 배려를

스포츠 관람은 그 데이트 내용으로 볼 때 가격에 비해 상당한 효과를 기대할 수가 있다. 하지만 게임이 시시하면 의외로 그 뒤의 기분이 개운치 않다. 그러니만큼 게임이 끝난 뒤의 연출에도 신경을 써야 한다.

예를 들어서 야간경기가 끝난 뒤 늦게까지 운영하는 분위기 좋은 레스토랑에서 식사를 한다. 그리고 겨울 스포츠를 즐긴 뒤에는 날씨가 추우므로 몸이 따뜻해지는 음식을 대접하는 등 자상한 배려가 뒤따라야 한다.

06
스키를 탈 때

스키는 여럿이

스키와 같은 레저 스포츠는 그녀와 둘만이 즐기기보다 그룹으로 가는 쪽이 한층 즐겁다. 물론 당신과 그녀만의 커플로도 무방하다. 하지만 여러 커플끼리 타면 몇 대의 차를 나누어 타고 줄지어 가는 즐거움이 있다. 물론 목적지에 도착하고 나서 방에 들어 간 뒤에도 어색하기는커녕 대화의 열기가 고조된다. 서로 자극을 줌으로써 그녀와도 신선한 기분으로 이야기할 수 있다. 다만 그룹이라도 버스로 가는 것은 삼가야 한다.

서툰 외국어에는 집착하지 말 것

아무리 스키가 레저 스포츠라 하지만 꼭 지켜야 하는 룰이 있다. 그렇지 않으면 몹시 창피를 당하게 된다. 즉 능숙하지 못하면서 외국어에만 집착하고 스키복도 유명 브랜드만을 입는 초보자가 그것이다. 절대로 그것은 바람직한 일이 못 된다. 그녀와 함께라면 더욱 그렇다. 또한 초보자니까 넘어지는 것이 당연하다고 너무 노골적으로 태연해 하면 오히려 보기가 흉하다. 솜씨가 미숙한 동안에는 오직 개인연습에만 열중할 일이다.

- 스키만은 빌려 쓰지 말라. 스타일이 구형일 뿐 아니라 자기에게 맞는 도구를 고르지 못해 위험하다.

07
바닷가에서

바다에서 나오면 그녀에게 직진

서핑을 하는 이들은 자기 연인에게만큼은 그것을 시키고 싶지 않다는 사람이 많다. 그래서 그녀들은 대개 바닷가에서 기다리게 된다. 그렇지만 생각해 보라. 바닷가에서 하염없이 기다리는 그녀가 얼마나 힘들 것인지. 때문에 만일 그녀와 함께 갔다면 그녀와 함께 지내는 시간을 늘리도록 한다. 그리고 바다에서 나오면 그녀를 향해 곧바로 달려간다. 그러면 그녀도 기뻐할 것이다. 혹여 주위의 시선을 의식하여 그 기쁨을 직접 표현할 수 없더라도 그녀는 당신의 연인이라는 생각이 더욱 굳건해지리라.

- 바다에서 나오면 그녀에게 일부러라도 자신의 폼에 대해 물어 보자. 그러면 함께 즐기고 있다는 실감을 하게 된다.

바닷가에서는 절대 다른 여자에게 눈길을 주지 않는다

바닷가에 가면 우선 사람이 압도적으로 많은데 놀라게 된다. 물론 남자인 당신은 아름다운 여자들에게 넋을 빼앗길 수도 있다. "어떻게 저렇게 예쁜 여자가 많을까"하며 수상한 시선을 보낸다. 그러면 그녀는 분명히 뭘 보느냐고 눈 꼬리를 곤두세울 것이다. 바닷가가 아니더라도 그녀 이외의 여성에게는 눈길을 주지 않는 것이 곧 에티켓이다. 하지만 "그래도…"할 때에는 그녀가 알지 못하게 해야 한다. 이 역시 하나의 룰이다.

> · 햇빛에 몸을 태울 때 사용하는 화장품은 여러 가지 단계로 준비를 하자.

바다에 갈 경우 미리 약간은 살결을 태운 뒤에 가자

아무리 빨리 그녀와 바다에 가고 싶다 하더라도 그 시즌이 시작되자 마자 그녀에게 권유하는 것은 바람직하지 못하다. 그 전에 미리 한 번쯤 살을 태워 두도록 하자. 모처럼 그녀와 바다에 갔는데 당신의 살결이 너무 희다면 구릿빛 육체를 가진 다른 남자들에게 비교될 소지가 충분하다. 그녀에게 그런 실망을 주지 않기 위해서는 먼저 피부를 태운다. 바다에서는 역시 갈색 피부가 멋지다.

08
수영장의 묘미

여름에는 바다도 좋지만 호텔 수영장도 좋다

여름 바다는 주말뿐만 아니라 평일에도 가족 동반이 많으며 그야말로 인산인해의 혼잡을 이룬다. 당연히 그녀와 단 둘이 가기에는 걸맞지 않을 분위기일 것이다. 그런 때에는 호텔 수영장을 즐겨보자.

주말이면 몰라도 평일 낮 동안은 사람이 별로 없고 무엇보다 어떤 귀족적인 분위기를 맛볼 수 있다.

- 호텔 수영장을 갈 때 밤을 선택하는 것도 무난하다.
- 호텔에서 수영을 한 뒤 바로 바에서 한 잔. 아마 최고의 분위기가 조성되리라.

호텔 수영장에서 수영은

　모처럼 그녀와 호텔 수영장에서 데이트를 하는 경우 일단 그 의의에 대해서 생각해 본다. 즉 풀이란 이 경우 사람의 친밀감을 깊게 하기 위한 수단이며 목적은 아니라는 사실이다. 굳이 수영을 하고 싶다면 혼자서 가거나 남자끼리 다른 풀로 가면 된다. 그녀와 둘이 왔으면서도 혼자 신나게 수영이나 즐기는 사나이는 실격일 수밖에 없다. 다시 말해 그녀를 즐겁게 해 주기 위한 연출이 필요한 것이다. 수영실력이 좋다면 가볍게 하는 정도는 무난하다.

09 놀이동산의 이용

유원지의 데이트로 권태를 타파

평소의 데이트 코스에 권태를 느끼기 시작하면 놀이동산 같은 장소로 변화를 준다. 어른이라도 충분히 즐길 수 있는 다채로운 놀이 기구가 있는 그곳은 아이들만의 전유물이 결코 아니다. 단 그녀를 정말 즐겁게 하고자 세심한 준비는 분위기를 고조시키는데 좋다.

처음에는 되도록 별로 즐겁지 않은 듯한 표정을 짓는다. 그러다가 얼마쯤 지난 뒤 그녀를 능가하는 기분을 형성한다. 그렇게 분위기를 북돋아감으로써 당신 동심의 일면을 그녀에게 전한다. 즉 그녀의 모성본능에 호소하는 것이다.

- 놀이동산에 가는 시간은 저녁이 더 좋다. 어떤 일이 있어도 일요일이나 축제일에는 가지 말아야 한다. 지치기만 한다.

스릴 뒤에는 부드러운 말을

놀이동산에 롤러코스트 등 심장을 서늘하게 하는 탈 것들이 많다. 둘이서 놀이동산에 가게 되면 꼭 그녀를 태워 주고 싶게 될 것이다. 물론 문제될 것은 없다. 단 그런 뒤에는 반드시 한 마디 "무서웠지? 내가 함께 있으니 걱정없어"등 부드러운 말을 슬쩍 던져 줄 필요가 있다. 그러나 그녀가 너무 두려움에 떨면 두 번 다시 타지 말아야 할 것이다.

- 롤러코스트와 같이 무서운 것은 일단 다른 놀이 기구를 충분히 몸에 익힌 뒤에 도전하는 것이 바람직하다.

10
영화관에서

그녀의 자리 배치

　영화관은 연인과의 데이트 코스로서 기본이 된다. 그러나 이렇게 영화관에서 데이트하는 두 사람을 지켜보면 대개의 남자가 자기만 먼저 자리에 털썩 앉는 실수를 많이 범한다. 즉 그녀가 앉는 포지션은 자기 옆이면 문제가 없다고 생각하는 것이다.

　대개의 영화관은 좌석이 지정되어 있다. 앉을 좌석 옆의 사람이 남성이라면 본인이 그 옆을 앉아야 하고, 여성이 앉아 있다면 굳이 내가 앉으면 같이 온 여자도 기분이 썩 좋지는 않다. 옆 자석이 여성이라면 같이 온 연인에게 그 옆으로 앉게 한다. 물론 자연스럽게 말없이 해야 한다.

"사랑의 영화"는 단계를 따라

사귄 지 얼마 되지 않았다면 섹스 영화 등 조금 야한 것은 함께 가자고 권유 하지 말아야 한다. 공연한 오해를 받기 쉽다. 코미디 작품이나 로멘틱코메디로 화제를 일으키고 있는 정도가 무난하다. 그 후 그녀와의 사이가 다소 진행되었다면 서스펜스한 괴기 작품도 좋겠다. 아마 그녀가 당신의 어깨에 매달리는 기회가 올 것이다. 이윽고 그 영화는 두 사람에게 화제거리를 제공한다. 그런 점으로 볼 때 두 사람 사이에 알맞은 영화 선택의 중요함을 알 수 있을 것이다. 평소 아무렇지도 않은 대화를 통해 그녀가 어떤 영화에 흥미가 있는가를 알아 두도록 한다.

때로는 그녀와 게임을

게임은 남자만이 즐길 수 있다는 등 억지를 부리지 말자. 때로는 그녀와 함께 게임을 다니는 것도 좋은 방법이다. 여자 혼자나 또는 여자끼리는 좀처럼 갈 수 없는 곳인 만큼 상당한 흥미를 보일 것이다.

방법을 가르쳐 주고 반드시 옆자리에 앉게 한다. 그렇지 않으면 예상 외의 상황이 벌어질지도 모르기 때문이다. 이때 당신은 게임에 열중해서는 안 된다. 어디까지나 그녀를 위해서라는 점을 잊지 말도록.

제 4 장

패션의 룰

01
패션

무엇보다도 청결이 우선

예전과는 달리 남자가 지나치게 멋을 부려서는 안 된다고 생각하는 여성은 없다. 그렇다면 이제는 남성이라 해도 패션의 기본적인 상식 정도는 알아두어야 하지 않을까. 그렇지 않으면 상대방 여성으로 하여금 입은 옷만 보아도 "이 사람은 단정치 못하군"하고 생각하게 할 것이다. 무엇보다도 중요한 것은 청결이다. 다 떨어지는 바지라든가 때가 묻은 옷깃, 소매 등은 여성에게 무시를 당하는 느낌을 준다.

- 아주 고가의 양복을 입고 갈 필요까지는 없다. 그러나 데이트할 때에는 옷을 입기 전 반드시 구석 구석까지 체크를 해야 한다.

가는 장소에 걸맞은 복장을

패션에서 가장 중요한 점은 어느 장소이든 그 장소에 맞는 복장을 해야 한다는 것이다. 언제 어디에서나 양복만을 고수한다면 그것 또한 너무 권태롭다. 반대로 호텔 레스토랑에서 식사를 하는데 스포티한 스타일이라면 그것도 센스 없어 보인다. 넥타이를 매고 가야 할 장소라면 반드시 넥타이를 매자. 그리고 캐주얼 복장이 걸맞는 곳에는 캐주얼한 옷차림을 한다.

그 구별이 제대로 이루어지는가에 따라 당신에 대한 그녀의 평가가 달라질 것이다

정장을 하지 않으면 들어가지 못하는 레스토랑도 있다

- 그녀와의 드레스코드의 조합도 매우 중요하다. 그러므로 그녀의 기호를 알아 둔다.

그녀에게 선택을 부탁한다

흔히 "나는 멋을 부릴 줄 몰라서, 센스가 없어서…"라고 고민하는 사람이 많다. 최근에는 패션어블한 남성도 많다. 그러나 패션에 자신이 없으면 없는 대로 그것을 거꾸로 이용할 수가 있다.

예컨대 데이트할 때 자연스럽게 "오늘은 니트를 하나 사려고 해"하며 그녀의 마음을 움직인다. 즉 그녀로 하여금 "그럼 내가 골라 줄께"하도록 만드는 것이다. 그녀가 골라 준 옷을 입는다는 사실만으로도 그녀는 기뻐할 것이다.

- 패션에 대해 지나치게 집착하지 않는다.

유명 브랜드의 옷은 자연스럽게

계절이 바뀔 때면 남보다 새로운 스타일의 옷을 입는 경우가 생긴다. 이때 자기 옷이 브랜드 제품임을 일부러 드러내는 사람이 있는데 이것은 삼가하는 것이 좋다. 이 얼마나 가벼워 보이겠는가. 이러한 브랜드는 자연스럽게 드러나게 입어야만 한다.

- 남자의 멋은 어떤 일이 있어도 두드러지지 않는 것이 원칙이다.

그녀를 주의깊게 관찰한다

그녀의 옷차림에 대해 항상 주목하자. 이것은 남성으로서 절대로 지켜야 하는 룰이다. 여성은 멋을 부리는데 상당히 신경을 쓴다. 또한 자신이 선택한 물건을 남이 어떻게 평가하는가에 대해서도 신경을 쓴다. 여자는 동성친구에게 "그 옷 새로 샀니? 좋은데"하는 말을 듣기보다는 가장 좋아하는 남성으로부터 "이 옷 새로 샀군, 예쁘네"하는 칭찬을 듣는 쪽이 훨씬 기분 좋은 법이다. 그러기 위해서는 평소 그녀의 차림새를 주의 깊게 눈 여겨 볼 필요가 있다.

- 옷차림이 바뀌었을 때는 그녀를 만나는 즉시 칭찬을 한다. 시간이 흐른 뒤에 칭찬을 해 보아야 "이 남자 상당히 둔하군"이 고작이다.

과잉 액세서리는 피한다

남자의 멋은 언제나 수수함을 그 원칙으로 한다. 물론 붉고 푸른 원색의 패션이 잘 어울리는 남성도 있다. 하지만 남성의 이미지는 언제나 수수하고 건실해야 한다는 점을 마음에 새겨 두자. 특히 요즘은 액세서리를 남성도 멋지게 이용한다. 그 중 남성들이 끼는 반지 등에는 대개의 여성들이 거부감을 느낀다. 어떤 드레스코드인지에 따라 적절하게 꾸미는 것은 센스있어 보인다.

커플룩은 수수하게

그녀와 사이가 좋아지면 "나와 같은 니트를 입지 않겠느냐"는 권유를 받을지 모른다. 확실히 최근에는 커플룩을 즐기는 커플이 눈에 많이 띈다. 그러나 이 때 조심해야 할 점이 있다. 다름이 아니라 위에서 아래까지 너무나 빈틈없이 커플룩의 차림은 모르긴 몰라도 주위 사람들이 보기가 조금 괴로울 것이다. 따라서 커플룩은 두 사람만이 비밀스러운 분위기를 연출한다는 의미에서도 꼭 같지 않아도 비슷한 느낌이라도 좋다. 그에 맞춰 핸드폰줄이라든가 속옷, 양말 등 두드러지지 않는 것이 무난한다.

- 운동화, 시계와 백 등의 패어룩도 의외로 보기 좋다.

주머니에 되도록 소지품을 넣지 않는다

분명히 남성의 경우 여성에 비해 주머니가 많이 있다. 주머니 특히 양복 주머니에는 소지품을 넣지 않는 편이 옷맵시에도 멋지다. 물건을 많이 담으면 실루엣이 보기 흉하다.

- 핸드폰이나 지갑은 안주머니에 넣는다.

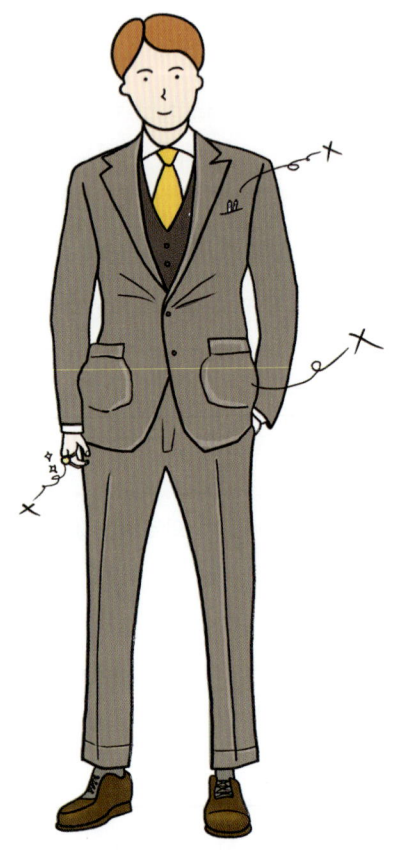

양복 윗주머니에 볼펜 등을 꽂지 않는다.

- 셔츠 앞을 필요 이상으로 벌려 목걸이를 드러내는 남자는 거의 모든 여성의 비호감이다.

여름 수트에 긴 소매 와이셔츠를

여름이 되면 무더운 우리나라의 경우 수트 속에 짧은 소매 와이셔츠를 입게 된다. 우선 긴 소매는 짧은 소매보다도 넓은 면적에 걸쳐 땀을 흡수하기 때문에 결과적으로 더위를 그만큼 적게 느낀다. 또한 팔에서 나는 땀이 묻기 때문에 양복상의를 상하게 하기 쉽다. 가장 결정적인 점은 와이셔츠 소매를 팔꿈치까지 걷어 올리고 움직이는 남성에게는 왠지 모를 특별한 매력이 있다는 사실이다.

- 아무리 덥고 힘들어도 양복을 입었을 때는 넥타이를 풀지 않는다.

02
넥타이

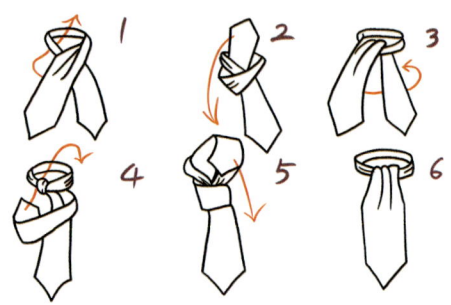

아스코트 타이는 스포티한 멋을 연출하는데 가장 적합하다

넥타이는 양복상의 깃의 폭과 같게

예컨대 미국에서는 유행에 뒤떨어진 넥타이를 매는 사람을 매력있게 보기 힘들다. 그토록 넥타이는 중요한 의미가 있다는 증거이리라. 그렇다면 그녀가 당신의 넥타이를 보는 눈도 그만큼 엄격하다고 볼 수 있지 않을까. 고급 슈트에 볼품없는 넥타이를 매는 남자가 있는가 하면 유행에 맞는 넥타이 폭이나, 매듭으로 잘 조화롭게 매는 것도 중요하다.

- 같은 넥타이를 이틀 계속해서 매지 않는다.
- 수트 스타일이나 와이셔츠의 카라폭에 따라 넥타이 매는 방법을 바꾼다.

03
속옷

속옷은 남에게 보이기 위한 것이 아니다

상당히 멋을 부리는 남성이라도 속옷에 대해서는 그다지 신경을 쓰지 않는 것 같다. 왜냐하면 좀처럼 연인 앞에서 속옷을 보일 일이 없기 때문이다. 그러나 그녀는 의외로 당신의 속옷에 주목한다. 예를 들어서 티셔츠 목 부분이 헐거워졌다고 하자. 그것만으로도 충분히 당신은 단정하지 못하다는 인상을 주게 된다. 또한 누런 속옷도 마찬가지이다. 이와 같이 남자의 속옷은 여자와는 달리 남에게 보이기 위한 것이 아니기 때문에 자칫 소홀히 하는 경향이 있다.

- 여름에 입는 흰 속옷은 겉옷이 원색일 때 밖으로 비치는 일이 있으므로 주의하도록 한다.

때로는 속옷을 벗는다

겨울에 내복은 일단 입기 시작하면 좀처럼 벗기가 힘들다. 또한 체온 조절에 내복이 크게 공헌하고 있으므로 그만큼 갑자기 벗으면 건강에 영향도 있다. 그러나 여름철에 몸에 꼭 끼는 셔츠를 입을 경우 러닝셔츠의 모양이 드러나는 수가 있다. 그러나 이것은 여성들에게 별로 좋은 인상을 주지 못한다. 이런 때에는 맨살에 입는 것이 더 멋지다.

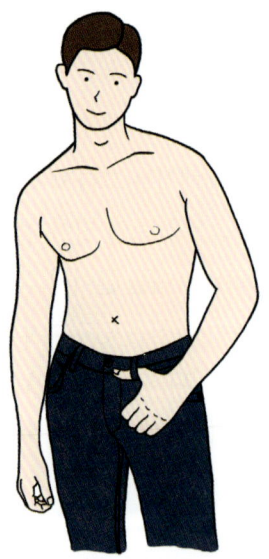

· 아무리 추워도 데이트를 할 때는 긴 소매 내복을 절대로 입지 말자.

04
소품

돈은 없어도 브랜드의 지갑을 가지고 다니자

젊은이들은 흔히 돈을 주머니에서 직접 꺼내지만 이는 역시 점잖은 이미지를 주지 못한다. 그러나 지갑 정도는 가지고 있어야 한다. 젊으니까 돈이 풍족하지 못한 것은 당연하다. 하지만 그렇다고 지갑까지 빈약해서야.

돈은 없더라도 지갑 정도는 괜찮은 브랜드의 것을 지니도록 한다. 물론 지갑은 별로 크게 눈에 띄는 것은 아니지만 은연중에 이 지갑으로 멋을 부리는 것이다.

- 의상에 맞추어 가며 지갑을 구분해서 사용하는 정도의 배려는 있어야 한다. 청바지를 입을 때와 정장을 입을 때 역시 같은 지갑을 쓴다면 당신의 무신경에 여자는 웃는다. 여자들은 그런다.

그녀 앞에서 안경을 벗지 말자

식사를 하거나 술을 마실 때, 김이 어려 안경에 얼룩이 생기는 경우가 종종 있다. 그 순간 무심코 손수건으로 안경을 문지르는 남자가 있다. 안경을 벗어도 그 모습에 그다지 차이가 없으면 좋겠지만, 사람에 따라서는 과연 동일 인물일까 하고 느껴질 정도로 심한 이질감을 주기도 한다.

그런 사람이 아무런 예고도 없이 갑자기 안경을 벗고 맨 얼굴을 보이면 상대방 여성은 크게 놀랄 것이 틀림없다. 당신에 대한 이미지가 크게 저하되기도 한다. 주의해야 한다.

- 시계는 스포티한 것과 포멀한 것 두 종류 정도는 지니자.

05 머리

비듬은 데이트의 대적

　어깨에 떨어진 머리카락은 떼어 주지만 비듬을 털어 주는 여성은 아마도 없을 것이다. 충고조차 해 주지 않을 것이다. 그는 비듬 하나로 당신의 생활 태도가 의심스럽기 때문이다. 아마도 머리를 저렇게 관리안하면 속옷은…? 엉뚱한 상상까지 할지도 모른다. 아무리 멋진 양복을 입어도 어깨에 싸락눈이 가득하다면 그녀 쪽에서는 같이 있기조차 고통스럽다.
　근본적인 치료에 전념하는 것은 물론, 되도록 데이트에 앞서서 거울을 보며 깨끗하게 비듬을 잘 털어 낸다. 데이트 도중에는 화장실에 갈 때마다 비듬이 있나 살펴 본다.

- 비듬이 많은 사람은 색깔이 짙은 옷을 되도록 입지 않도록 한다.

머리를 어떻게 감는가? 그녀에게 자문을 구한다

　남자가 미용실 이용하면서 샴푸서비스를 받지만, 머리를 감는 법까지 상세히 알고 있는 사람은 드물 것이다. 즉 대부분의 남성들은 샴푸라는 방법조차도 확실히 모른다고 한다. 샴푸를 선택하는 데에도 신중을 기해야 하겠지만 평소 머리에 신경을 쓰지 않는 남성이 자신의 머리에 대한 지식을 알려면 여러 가지로 번거로움이 따른다.

　따라서 머리 전문가인 그녀에게 머리를 어떻게 감는가에 대해 물어 보자 그러면 "아! 저 사람이 내게 의지하고 있구나"하고 느낄 것이다.

　동시에 내 머리까지 주의깊게 보았구나 하며 기뻐할 것이다.

- 샴푸는 처음에는 다소 샴푸의 양이 많게 하여 머리의 기름기를 빼고 두 번째는 샴푸의 양을 적게 하여 두피를 씻는 것이 그 요령이다.

06
면도

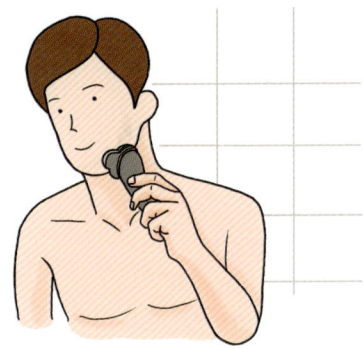

면도는 빠짐없이 깔끔하게

평소 전기면도기를 사용하면 뜻밖에도 남는 부분이 있게 된다. 그녀와 데이트를 할 때에는 다소 큰 거울 앞에서 차분히 수염을 깎아야 한다. 또한 전기면도기는 깊이 사용해야 한다. 그렇지 않으면 아침에 전기면도기로 수염을 깎았는데도 저녁이 되면 수염이 엷게 자라 있다. 그래서 얼굴 전체가 깨끗해 보이지 않는다.

07
치아

　이가 튼튼한 것과 이가 흰 것은 일치하지 않는다고 고집을 부려 보지만 역시 깨끗하고 하얀 치아가 보기 좋지 않을까. 미소를 짓는 입술 사이로 보이는 흰 치아는 그녀를 매료시키기에 충분하다.
　그러기 위해서는 이를 바르게 닦는 방법을 알아 두자. 즉 무작정 입 속을 온통 후벼 내며 치약 냄새에 만족할 것이 아니라, 이를 깨끗이 닦는 방법을 정확히 알아야 한다. 그것을 뒤에 기술했으니 잘 보고 실천해 주기 바란다. 당신의 미소를 한층 더 빛나게 해 줄 것이다.

- 매 식후 바로 닦지 않으면 효과는 없다.
- 비록 충치가 없더라도 6개월에 한 번은 치과에서 체크를 받는다.

08
보디 체크

피부 미남으로

 남자는 얼굴이 중요한 것이 아니라 마음이 최고라고들 한다. 하지만 신경을 게을리하다가는 그녀에게 좋은 인상을 주지 못한다. 여드름이 잔뜩 나거나 수염을 깎다 말았거나 게다가 얼굴에 기름기가 번질거린다면 아무리 좋아하는 여성이라도 호감도가 떨어질 것이다. 피부는 깨끗하게 유지한다.

 얼굴은 그녀와 맨 먼저 내면하는 부분이다. 때문에 그녀가 이쪽의 피부를 낱낱이 들여다 보아도 괜찮도록 평소 관리를 한다. 요즘은 남성들도 크린싱에 신경쓰고, 더욱 좋은 에센스로 팩을 한다거나 어느 남성들은 웬만한 여성보다 훨씬 피부관리를 잘한다. 흔히 첫인상에 피부만으로도 50%는 먹고 들어간다는 말이 있다. 평상시에 잘 관리하자.

09
남성용 화장품

향을 자주 바꾸지 않는다

　그녀와의 커뮤니케이션은 대화라든가 주고받는 시선 뿐이 아니다. 냄새 또한 중요한 커뮤니케이션의 하나이다. 만약 당신이 우연히 거리에서 스치고 지나간 여성이 그녀와 같은 향내를 풍긴다면 역시 뒤돌아보게 될 것이다.
　이와 같이 향기는 그 사람만의 기억과 추억이 될 수도 있다. 여성의 경우는 더욱 그렇다. 만일 당신이 좋은 향의 화장품을 선택할 수 있다면 그녀와 만날 때 언제나 같은 것을 사용하도록 하자. 그 향기가 헤어진 뒤에도 그녀의 마음속에 여운으로 남아있도록.

향은 지나치지 않게

남성이 화장품 냄새를 지나치게 내는 것은 역시 좋은 취미라 할 수 없다. 이 냄새란 단순히 땀 냄새를 지우기 위해 사용하는 것은 아니다. 그렇다면 어느 정도까지 사용하는 것이 좋을까.

그것은 그녀가 당신에게 접근했을 때 비로소 느낄 수 있을 정도가 가장 적합하다. 결국 접근하지 않으면 그 향을 느끼지 못한 다는 것은 그녀밖에는 아무도 그 냄새를 알 수 없다는 뜻도 된다. 따라서 그 부분의 배려는 당신의 어떤 섬세한 일면을 느끼게 하는 요소가 된다.

10
코와 귀

코털이 나오면 안 쳐다보고 싶다

콧날이 오똑 선 미남자라도 코털이 나와 있다면 아마 여성들은 이야기 중 시선을 회피하고 싶으며 더욱이 데이트를 하는 도중이라면 그녀는 눈길을 주지 않을 것이다. 그 분위기조차 어색해질 것은 말할 나위도 없다. 비록 오염된 공기로부터 우리를 지켜 주는 코털이지만 데이트에서는 세심하게 신경 쓰자. 우선 데이트에 나가기 전에 코 주위를 한 번 체크해 보자. 그리고 거울을 보는 것만으로는 알 수 없다면 코를 풀어서 코털이 있는가, 밖으로 나오지 않았는가 살펴 보아야 한다.

- 밖으로 나온 코털은 억지로 뽑지 말고 자르도록 한다. 뽑아 버리면 화농하여 일이 커질 우려가 있다.

귀가 더러우면 사랑을 속삭일 자격도 없다

　귀가 머리카락으로 온통 덮인 헤어스타일이라도 그녀가 당신에게 귓속말을 하려 할 때는 당신의 귀는 드러날 수밖에 없다. 만일 귀지가 잔뜩 끼어 있거나 귀 뒤쪽이 더럽다면 어찌 할 것인가. 그 순간 그녀의 말투는 달라질 것이다. 이때 그녀는 당신의 귀가 더럽다는 그 사실 하나만으로도 전체가 다 청결하지 못하다고 여길 것이다. 평소에 눈에 띄지 않는다면 그 충격도 크다. 이런 점으로 볼 때 귀의 청결은 무엇보다 중요하다 하겠다. 평소에는 신경을 쓰지 않는다 해도 데이트 전에는 되도록 깨끗이 체크하자.

· 귀 청소는 면봉을 사용한 뒤에 귀이개를 사용하면 효과적이다.

제 5 장

사랑의 룰(키스에서 피임까지)

01
준비

우연을 연출한다

점치기를 좋아하는 여성의 습성은 예나 지금이나 변함이 없다. 그런데 여기에는 뚜렷한 심리학적 근거가 있다고 한다. 여성은 피암시성이 높다. 예컨대 피동적으로 자라 온 여성은 남성이라는, 자기보다 힘이 강한 자로부터 무슨 말을 들으면 그만 그 말에 따르게 되기 쉽다. 따라서 아주 약간의 우연도 간과해서는 안 된다. 즉 별자리나 혈액형이 같다. 이름의 머리글자가 같다.

같은 장소에 간 적이 있다 등등 우연의 일치를 강조하는 것이다. 그녀는 오래전부터 당신과 친밀했던 것처럼 착각하게 된다.

- 기억력에 없는 거짓말을 하지 말 것. 일단 거짓말을 하게 되면 오래 기억해 두지 않으면 엉뚱한 곳에서 들통이 난다.

그녀의 이름을 자주 말한다

그녀와 알게 되고 첫 번째 데이트에 성공한 경우 대개는 흔히 있는 화제를 찾는다. 이 때 무엇보다도 우선하여 이름만은 일찌감치 들어 두는 게 좋다. 그러나 그녀의 환경 즉 어느 대화, 어느 회사 등등에 대해서는 처음에는 별로 깊이 묻지 않아야 한다. 이름 정도는 누구나 쉽게 가르쳐 줄 것이다. 일단 그녀의 이름을 알게 되면 자주 그 이름을 부른다. 당신이라든가 댁이라는 말보다는 이름을 부르면 친밀감이 깊어진다.

> - 이야기하면서 자동차 키를 보라는 듯 내돌리면 일부러 보여줄려고 하는 느낌을 줄 우려가 있다.

둘이 짝지어 다니는 여성을 노려라

거리에서 여성에게 말을 걸었을 때 실패하는 확률이 높은 경우는 대개 혼자 가는 여성이다. 혼자 다니는 여성들은 누구보다도 경계심이 강하다. 때문에 혼자보다는 둘이 짝지어 가는 여성이 유혹하기가 쉽다. 물론 그런 경우 남자 쪽에서도 두 사람이어야 한다.

평일 저녁이나 일요일, 휴일 오후 등의 시간을 선택하여 젊은 여성이 잘 모이는 장소를 둘이 자연스럽게 걸어 보라. 또한 그 상대방으로는 시선이 일정하지 않고 두리번거리며 조금은 나태한 분위기로 걷고 있는 여성을 골라야 한다. 이것으로 준비는 완료된다.

- 한군데 오래 서서 두리번거리며 여자를 찾으면 안 된다. 그야말로 유혹하겠다는 분위기가 드러나기 때문이다.

단도직입적으로 상대방을 칭찬한다

거리에서 여성에게 말을 걸 때에는 대개 "차 한잔 할래요?", "지금 시간 어때요?"라고 말한다. 그런 아제 방법으로 어찌 여성이 따라오리라 기대하는가. 물론 성공할 수도 있다. 하지만, 단도직입적으로 상대방을 칭찬하는 방법을 쓴다. 패션, 헤어 스타일, 액세서리 등 무엇이든 좋다.

이렇게 칭찬의 말을 한마디 던지면 자아 의식이 강한 요즘 여자들인 만큼 매우 만족해 한다. "그 색상이 잘 어울리는데요?", "헤어스타일이 예뻐요" 이것으로 OK이다.

- 칭찬의 말은 한마디로 족하다. 무엇이나 지나치면 모자람만 못한 법, 오히려 역효과가 난다.

02
가벼운 터치

보디 터치는 자연스럽게

섹스에 이르기까지의 과정은 아주 길고 험하다고 생각해야 한다. "그렇게 서두르기만 해서야 어딘들 쉽게 갈 수 있겠는가" 하는 마음 가짐이 중요하다. 따라서 차분히 기회가 무르익기를 기다려야 한다. 다만 잠자코 앉아서 기다리기만 해서는 아무런 진전도 있을 수 없다. 역시 적극적인 액션, 즉 자연스러운 보디터치를 쌓는 것이 좋겠다. 물이 괸 곳을 피할 때, 혹은 택시에서 그녀가 내릴 때에는 지체 없이 그녀의 손을 잡아 준다. 이런 눈에 보이지 않는 세심한 배려에 나중에 웃음꽃이 핀다.

- 농담 섞인 터치는 아무리 여러 번 거듭해도 별로 효과가 없음을 알아 두라.

그녀가 옷을 벗는 장면을 보지 않는다

 웬만한 경우가 아니라면 그녀와 성교 전 반드시 샤워 정도는 할 것이다. 장난으로 옷을 벗겨 주고 함께 목욕탕을 사용하는 경우를 제외하고 대개는 남자가 먼저 샤워할 것이다. 이윽고 그녀가 들어갈 차례가 된다. 이때 그녀가 옷을 벗는 장면을 바라보는 따위의 행동은 하지말자. 이는 아침에 그녀가 옷을 입을 경우에도 마찬가지이다.

- 그녀에게 "눈 감고 있을게"등의 말을 한마디 하는 것도 좋다.

03
키스의 기술

타이밍을 놓치지 않는다

키스를 한 번도 해보지 않은 남성이라 하더라도 문제없다. 막상 그런 상황이 되면 TV나 영화에서의 기억이 되살아나 이럭저럭 소화하기 마련이다. 정작 어려운 것은 키스 타이밍이다. 둘이 이야기를 하다가 갑자기 화제가 끊기는 수가 있다. 그런 때는 어색해지지 않도록 가만히 그녀의 어깨에 손을 얹고 눈을 바라본다. 다음은 그녀가 이쪽을 향하게 한 뒤 또 한쪽 어깨에 손을 얹는다. 단 여기에서 저항이 있으면 일단 후퇴한다. 억지로 밀고 나가면 실패할 우려가 있다.

- 어깨에 손을 얹을 때에는 동작이 격렬하면 안 된다. 그녀가 놀라기 때문이다.

입술만으로 느끼는 것은 아니다

대개의 사람들은 입술을 겹침으로써 충분한 것처럼 생각하기 쉽지만 그렇지 않다. 여성들은 자신의 몸이 남성에게 안겨 있다는 그 자체에 의해 흥분된다. 그런데 이 때 중요한 것은 남성의 손의 움직인다. 다시 말해서 마치 브래지어를 확인이나 하려는 듯 손을 살살 움직이는 것은 금물이다. 다음에 일어날 행위를 너무 노골적으로 암시하는 것이 되기 때문이다. 자연스럽게 허리 위 정도의 높이에서 손을 등 뒤로 돌린다. 또 한쪽은 그녀 겨드랑이 아래로 보낸다.

- 손가락 끝만을 움직이거나 그녀의 몸을 잡거나 하지 말아야 한다. 또한 가슴은 강력하게 대는 것이 바람직하다.

키스 뒤에는 멋진 대사를

여성은 처음으로 키스를 한 뒤 그 남성이 어떤 말을 하는가에 따라 그 뒤의 관계에 대해 여러 가지 생각을 하게 된다. 이때 절대로 말해서 안 되는 것은 "미안해!"이다. "기껏 그런 말을 하려면 애당초 하지도 말지"라고 그녀는 생각할 것이기 때문이다. 그 밖에도 "잘했지, 당신 처음이었어?", "당신도 잘 하는군"등도 여성의 마음이 얼마나 미묘한가를 이해하지 못했다는 증거이다. 키스를 한 뒤에는 "아주 부드러운 입술이군, 좋아해"라는 말을 한 번 해 보라. 절대 듣기 거북하지 않으리라.

처음에는 용기로 두 번째 부터는 기술로

처음 그녀와 키스할 때 가장 필요한 것은 우선 용기이다. 용기를 내어 최초의 관문을 통과하면 나중에는 어떻게 효과적으로 키스하는가에 마음을 쏟아야 한다. 왜냐하면 여성은 두 번째 키스부터는 대개의 경우 어느 정도 마음의 여유가 생겨 평가가 되기 때문이다. 그래서 두 번째 키스가 서툴면, 또한 그때그때의 분위기 조성에 그 이상은 한 걸음도 진척되지 않는다. 잘못하면 지난번의 남자 친구와 비교가 된다.

- 2, 3개월 지나게 되면 키스하는 장소로서 편안하게 누울 수 있는 장소 예컨대 그녀의 아파트 등을 선택하면 진행이 순조롭다.

04
첫 섹스

처음 SEX는 자기 방에서

　섹스에서 남성이 무엇보다도 신경을 써 주어야 할 점은 처음 관계를 가질 때의 장소이다. 이내 생각하는 것이 호텔 같은 장소일 것이다. 그러나 이는 너무나 노골적인 분위기가 짙어 대개의 여성들은 싫어한다. 비록 어쩔 수 없이 따라 온다 하더라도 마음속으로 저항감이 생긴다. 야외나 자동차 안은 말할 나위 없다. 그녀의 방 역시 바람직하지 못하다. 결국 남성 자신의 방이 가장 좋다. 여성에게는 좋아하는 남성의 생활을 눈으로 보는 것 자체가 재미가 된다. 그래서 깨끗하기만 하면 안심하고 몸을 맡길 수 있는 최적의 장소이다.

- 놀러가자는 권유만 받아도 "호텔에서..."하고 생각하는 여성은 예상보다 많다.

그녀가 오는 날에는 깨끗하게 청소를

그녀가 집을 방문할 때면 다소 더러운 쪽이 여성의 모성 본능을 자극할 것이라는 생각을 갖는 남자가 있다. 그러나 이는 혼자만의 일방적인 생각으로 청소도 정리도 하지 않는 남성은 실격이다. 예기치 않은 방문이라면 몰라도 미리 그녀의 방문을 알고 있다면 역시 청소를 해 두는 것이 기본이다. 그래도 남자니까 어딘가 잘못된 데가 있기 마련이다. 그리고 그것을 발견할 수 있는 것은 여성뿐이다. 이때 비로서 그녀의 모성 본능이 머리에 들게 된다.

· 시트는 깨끗한 것으로 두는 것은 필수.

05
방에서

방에서 섹스에는 BGM을

그녀가 당신의 방을 방문한 날 그 분위기 조성에 따라서는 섹스에까지 이룰 수도 있지 않을까. 그러나 호텔과는 달리 당신의 주거는 아마도 벽이 얇을 것이다. 섹스 중에는 자신도 모르게 여자는 의외로 큰 소리를 내는 경우가 있다. 그런 때를 고려하여 반드시 음악을 켜놓는 등 그녀의 목소리가 두드러지지 않도록 해 두자. 바닥의 진동은 어쩔 수 없지만 그런 소리는 음악을 틀면 어느정도 위장할 수 있을 것이다.

여성의 "싫어"도 때로는 진심일 때가 있다

흔히 나이든 남성들은 "여성들의 싫어는 사실은 반대이다. 진짜는 OK이다"라고 제법 아는 소리를 한다. 그러나 이것은 모두가 진실은 아니다. 여성의 이 "싫어"도 진짜 싫다는 의사 표시일 때가 있다.

영화관 등 다소 어두운 곳에서 그녀의 허벅지를 살짝 만졌다고 하자. 그런데 그녀가 싫다고 하는데도 불구하고 그 행위를 계속하면 그녀는 아마 화를 내고 돌아갈 것이다. 싫어가 반대로 좀 더를 의미하는 것은 침대 위에서일 뿐이다.

- 침대 위에서라도 여성이 싫어하는 행위는 있다. 그런 구별 정도는 재빨리 익혀 두어야 한다.

06
침대에서

직전의 "괜찮아?"는 금물

흔히 처음 관계하는 자리에서 그녀의 옷을 벗기며 "정말 괜찮아?"라든가 "걱정 안 해도 돼?" 등의 질문을 하는 남성이 있다. 아마도 다정함을 나타내기 위해서이겠지만 이는 완전히 역효과이다.

그것은 그녀의 입장을 생각해 보면 이내 알 수 있다. "괜찮아?" 하는 질문에 "괜찮다"고 대답할 수 있는 여성이 과연 얼마나 될까. 그보다 그녀의 표정을 잘 파악하면서 말없이 진입하면 된다.

- 행위로 일단 들어가면 "사랑한다 좋아한다"는 말만 되풀이하면 된다. 쓸데없는 말은 하지 말라.

니트를 벗길 때는 조심한다

니트는 벗기기가 매우 힘들다. 목 둘레가 헐거운 것은 그래도 편하지만 목폴라의 경우 아주 큰일이다. 여성은 대부분 화장을 하기 때문에 잘못하면 화장품이 니트에 묻어 버린다. 따라서 그녀의 몸을 일으키고 뒤쪽을 보지 않도록 중간까지 벗긴 뒤 "어렵다"고 우스꽝스럽게 말한다. 그러면 그녀는 스스로 벗게 될 것이다.

07
그녀의 옷은

속옷은 재치있게 벗겨야 한다

벗기기에서 또 힘든 것이 팬티 스타킹이다. 배꼽 위까지 올라와 있으므로 한 손으로 내리기가 매우 어렵다. 때문에 스타킹은 반드시 두 손을 사용해서 좌우가 아니라 앞뒤를 잡아야 한다.

여성의 힙은 굴곡이 있어 좌우만을 잡고 당기면 밑으로 내려가지 않는다. 벗기는데 시간이 걸리면 고조되었던 기분도 가라앉고 만다. 팬티 스타킹 등은 조심스럽게 부드럽게 단숨에 끌어 내려야 한다. 다만 팬티와 함께 벗겨서는 안 된다.

- 한 손으로는 그녀의 히프를 부축하고 다른 한 손으로만 벗기면 다소 쉽지만 처음에는 이 역시 어렵다.

08
그녀를 기쁘게

애무 중에는 그녀의 몸을 칭찬한다

애무 단계에서 가장 중요한 것은 어떻게 그녀를 릴랙스하게 만드는가 하는 점이다. 섹스에서 그녀를 클라이맥스로 인도하기 위해서는 어떤 심리적인 장애가 없어야 하기 때문이다. 고민이나 뭔가 걸리는 점이 있으면 클라이맥스에는 이르지 못한다. 따라서 애무를 하면서 남성은 그녀의 마음이 릴랙스될 수 있는 말을 유도해야 한다. 예컨대 "머리에서 좋은 냄새가 난다", "아주 고운 바스트이다"등 뭐든 생각나는 대로 칭찬하면 된다.

- SEX에 앞서 브랜디를 마시면 여성의 마음이 쉽게 릴랙스된다.

왕복이 그녀의 클라이맥스를

애무는 목덜미, 바스트에서부터 서서히 내려가 옆구리, 힙, 성기 주변으로 이동한다. 이 때의 원칙은 왕복이다. 즉 직행하면 여운이 남지 않기 때문이다. 또한 어떤 기대감이 생기지도 않는다. 목덜미에서 바스트로 이동한 뒤, 이제 조금 더 이동하며 바스트의 절정에 이르려 할 때 다시 목덜미로 되돌아가는 것이다. 또한 그 중요한 부분은 접근할 듯 하면서도 접근하지 않는 애태우기 전법도 그 효과가 크다. 물론 사람에 따라 예외는 있다.

- 속옷 위에서 민감한 부분을 애무하는 방법도 바람직하다.
- 바스트는 오른쪽과 왼쪽이 느낌이 다를 때가 있다.

그녀의 표정을 보면서 진행한다

각종 설문조사를 보면 많은 여성들이 좀 더 긴 애무를 바라고 있는 것을 알 수 있다. 그러나 이것을 마치 기계처럼 습관적으로 적용하면 흔히 실패하게 된다. 이 설문조사 결과는 또한 얼마나 성급한 남성이 많은가 하는 데 대한 증명이기도 한다. 섹스는 그녀와의 조화가 가장 중요하다. 즉 쾌감의 타이밍을 일치시키면 되는 것이다. 그녀가 원하고 있는데도 언제까지나 애무만을 계속할 필요는 없다.

성감대를 찾아낸다

애무 단계에서는 여러 가지 방법이 있다. 때로는 시간을 들여 그 중 몇 군데를 시험해 보는 것도 바람직하다. 귓 볼에 입김을 불어 보기도 하고 혀 끝을 대보기도 한다. 그리고 겨드랑 밑에 키스를 한다. 머리칼을 손가락으로 가만히 빗어 준다. 손가락 언저리를 가만히 만져 준다. 이밖에도 그야말로 천차만별의 테크닉이 있을 것이다. 그녀는 자신의 새로운 성감대를 발견해 준 남성에게 집착하게 된다. 뿐만 아니라 당신에게도 큰 기쁨이 된다.

- 어두운 곳에서 표정을 파악하기 힘들기 때문에 손가락이 중요한 무기가 된다.
- 어느 정도 관계가 깊어지면 전희의 애무를 의식화시켜 본다.

제 3 편

여자의 워크 포인트

여자의 마음을 흔든다

최근의 젊은이들을 사이에서는 "연인"이 마음과 몸이 연결되어 있는 관계를 가리킨다고 한다. 그런데 불과 예전에는 "연인"이란 마음이 서로 통하는 두 사람을 가리키는 말이었다. 그러나 이제 "연인"이라는 말 속에 "섹스"라는 요소가 상당히 포함되었다는 것에 이른 것이다.

이로써도 알 수 있듯이 젊은이들의 섹스에 대한 개념은 매우 개방적으로 되어 가고 있다. 즉 두 사람의 필링만 맞으면 그것을 몸으로 확인하는 것은 당연하다는 것이다. 심지어는 첫 만남부터 손을 잡거나 어떤 몸끼리의 접촉을 시도하지 못하는 남성은 못난이라고까지 생각하는 젊은 여성도 적지 않다. 한편 너무나도 급속하게 시대가 바뀌어서인지, 성 의식의 변화에 대응하지 못하는 젊은이 또한 적지 않다. TV 잡지 등을 살펴보면 오히려 젊은 남성들 사이에서는 동정을 지키는 사람이 늘어나는 추세이다.

또한 좋아하는 그녀와 어떻게 해야 할지 모르겠다는 상담이 많다.

여성을 섹스로까지 이끌기 위해서는 여러 가지 절차를 밟아야 한다.

이 때 중요한 것이 여성의 생리와 심리에 숨어 있는 위크 포인트를 재치 있게 공격해 가는 일이다. 생리학적으로 보면 여자는 남자와는 달리 사랑을 고백 받거나 혹은 자극을 받지 않는 한 욕망을 높일 수 없는 피동적인 상태에 있다. 따라서 여자로 하여금 그런 마음이 들게 하기 위해서라는 공격적으로 행동할 필요가 있다. 그것도 여자의 약점을 알고, 그것을 공략하는 쪽으로… 예컨대 키스를 할 때 정면으로 접근하면 심리적인 저항감이 무의식 중에 작용하여 대개는 거부를 하게 된다. 하지만 등 뒤에서 끌어안듯 하여 접근을 하면 방어본능이 약화된다.

자연히 남자의 구애로 받아들일 가능성이 높아진다.

또한 여성은 육체가 일단 흥분 상태에 들어가면 판단력이 무뎌지고 따라서 남성의 구애의 말에 흔들린다. 데이트가 한창 무르익으면 도중에 넌지시 그녀의 손을 잡아 보라. 또한 어깨나 허리를 안는 것도 그녀의 몸과 마음을 자극하는데 효과가 있다.

이런 것들은 말하자면 여자의 위크 포인트를 교묘하게 자극하는 것으로서 그녀와의 사랑을 성공시키기 위한 테크닉이다.

이 편에서는 여자의 심리와 신체를 의학적으로 분석하여 그러한 여성의 위크 포인트를 알아보기로 한다. 앞에서도 언급했듯이 여성은 피동적이다.

때문에 그 심리와 신체의 리듬에 맞는 공격을 받으면 남성의 어떠한 요구도 무의식 중에 받아들이게 된다. 여기에 소개하는 여성의 위크 포인트를 알아 두면 아무리 철벽녀라도 반드시 문을 열고 무너지리라 믿는다.

아무튼 여성에게 사랑을 고백하고 그녀를 기쁘게 해 주는 것은 곧 남자의 기쁨이다. 이 제3편의 내용을 통해 남성들이 그 기쁨을 느낄 수 있기를 바란다.

그녀의 심리적인 약점을 찌른다

여성을 데이트에서 남성과 헤어진 직후 대개는 몸이 극도로 불안해진다. 여성은 남성과 함께 하는 동안 무의식 중에 성적으로 흥분을 한다. 그러나 그와는 반대로 심리적으로는 경계심이 더욱 강해진다. 때문에 행동이 조심스럽고 신중해지며 남성의 유인에도 잘 따르지 않는다. 아이러니하게도 여성의 그 경계심은 남자와 헤어진 직후에야 풀리는 것이다. 그러나 이 경우 경계심은 사라져도 성적인 흥분만은 그대로 남는다. 때문에 여성은 심신이 모두 불안정해지지 않을 수 없다.

그렇다면 여성의 이러한 특징을 이용해 보자. 아마도 그녀의 마음을 열기가 쉬워지지 않을까. 데이트가 끝난 뒤 그녀를 집까지 보내고 나서 얼마의 시간이 흐른 다음 다시 전화를 건다. "오늘 밤에는 한 번 더 만났으면 좋겠다."고 조금 강력하게 나가는 것이다. 그러면 그녀는 경계심은 이미 사라졌지만 아직 흥분된 상태에 있으므로 남성의 유인에 쉽게 응한다. 의외로 이 방법은 매우 효과적이라고들 많은 사람들이 얘기한다.

단 데이트에서 그녀에게 강력하게 사랑 고백하는 등의 복선을 깔아 두어야만 한다. 그래야만 그녀를 적절히 자극함으로써 두 번째 공격이 쉬워지는 것이다.

살을 맞대는 데 대한 저항감을 갖지 않게 하는 방법은?

귓불 등 솜털이 밀집되어 있는 곳일수록 여성의 성감은 높다.

여자를 다루는데 익숙하지 못한 남성들은 두세 번 데이트한 정도에서 갑자기 그녀를 안거나 키스를 하려 든다. 그러나 아무런 예고도 없이 갑작스럽게 그런 일을 당하면 누구라도 겁을 내고 달아날 것이 당연하다. 여성으로 하여금 스스로 몸을 허락하게 하기 위해서는 나름대로 단계를 밟아야 한다.

아무런 준비없이 처음부터 그녀와 살을 전면적으로 접촉시키려 한다면 그것은 무리이다. 우선은 끈적이는 분위기가 느껴지지 않도록 담백하게 행동한다. 그녀의 어깨를 두드리기도 하고 손을 잡는 등 작은 접촉에서부터 시작해야 한다.

한편 생리학적으로 살펴 볼 때 여성의 성감대는 촉각의 변형으로 생각되며 그 촉각 신경은 털이 나 있는 곳에 많이 모여 있다. 하지만 그렇다고는 해도 느닷없이 그곳에 접촉을 하기란 거의 불가능하다. 따라서 우선 목덜미나 머리카락, 귓불 등 솜털이 많은 부분에 기회가 있을 때마다 접촉을 해 가는 것이 효과적이다. 이러한 작은 접촉을 몇 달 전부터 서서히 반복해 가노라면 어느새 인가 여성의 의식도 달라질 것이다. 그래서 막상 어깨를 끌어안거나 허리에 손을 두른다 해도 강력한 저항은 하지 않는다.

그녀를 내 여자로 만드는 한 마디

여성은 생리 전후에 정신적인 불안정으로 인해 판단력이 흐려지기 쉽다. 그녀와 헤어질 때에는 반드시 그녀에게 다음 데이트를 기대할 수 있는 말을 한다. "다음에는 맛있것 먹으러 가요"라든가 "다음 데이트는 당신의 생일이니까 기대해 보라"는 등 다음 데이트에 대한 상상력을 북돋아 주는 것이다.

대개의 여성들은 그 한 마디로서 다음 데이트를 마음속으로 은근히 기다리게 된다.

또한 첫 키스 등, 그녀가 육체적으로 흥분하는 어떤 경험을 한 데이트 뒤에는 "오늘 저녁은 이대로 돌려보내지만 다음에는 장담 못해"라고 농담 비슷한 말을 한다. 그러면 그녀는 무의식중에 다음에 대한 기대감을 갖게 되고 저절로 욕망이 부풀어 가게 된다. 특히 생리 전후 정신적, 육체적으로 불안정한 시기에는 스스로를 이성적으로 콘트롤하지 못하는 여성들이 많다. 때문에 뜻밖으로 쉽사리 남성에게 그 마음과 몸을 내주고 만다. 일단 섹스를 상상하기 시작하면 한시도 머리에서 떠나지 않고 끝내는 실천에 옮기게 되는 것이다. 결국 남성들의 이러한 말 한마디는 그 타이밍이 제일 중요하다. 아무튼 한두 번쯤은 써볼 가치가 있는 방법이다.

사랑의 고백으로 최면시키려면

여자의 육체는 남자의 시선에 의해 심리적인 애무를 받게 된다. 눈은 입보다 더 많은 말을 한다고 한다. 이렇듯 눈은 인간의 감정을 상대방에게 강력하게 호소하는 힘이 있다.

사랑하는 남자 앞에서는 그의 시선만으로도 여성은 크게 흥분을 느낀다. 간혹 점술가들은 그런 여성들의 심리적 약점을 이용하여 점을 친다고 한다. 그러면서 여성의 기분을 그때그때 파악해 나가는 것이다. 그러나 마음이 약한 남성은 여성을 쉽사리 응시하지 못한다. 그만 상대방으로 부터 시선을 돌리며 이야기를 하고 마는 것이다.

　마주앉은 여성과 시선을 맞대고 있으면 심리적으로 압박을 느끼기 때문이겠지만 그런 남성에게서 무엇을 느끼겠는가. 남자가 시선을 돌릴 때 많은 여자들은 그가 달아나려는 느낌을 받는다. 어떤 경우에는 "이 사람은 나를 피하고 있다"는 생각이 들어 불안해지기도 한다. 그렇게 되면 자연히 여성은 그 남성에 대해 마음속으로 울타리를 칠 것이다. 결국 남성이 어떤 말을 하든 그 설득력을 상실하는 것이다.

　여성에게 사랑을 고백할 때에는 여성의 눈을 똑바로 보면서 박력있게 해야 한다. 물론 그런 면에 저항감이 생기는 여성도 있다. 하지만 일단 그 시선이 강하면 대개의 여성들은 남자가 하는 말에 이끌려 오게 된다.

최후의 선을 넘게 하려면

여성은 이성이 아니라 감정으로 남자에게 안기기를 원한다.

요즘은 여성도 주도적으로 분위기를 이끄는 데도 그녀들의 잠재의식 속에는 "강한 남성에게 정복당하고 싶다", "복종하고 싶다"는 마음이 숨어 있다. 여성이 남자와의 보다 깊은 교재를 원하는 것은 바로 그 마음이 자극되는 순간이다. 그것을 이해하지 못하고 여성만을 존중하여 정중하게 대한다면 아무리 오랜 기간을 사귀어도 한 침대에서 자게 될 가능성은 희박하다. 결국 마지막 선을 넘지 못하고 단순한 친구 사이로 머물게 될 것이다.

남녀간의 이러한 차이는 화를 낼 때 두드러지게 나타난다.
대개의 남성은 화가 나도 이치에 맞게 설득하면 말이 먹힌다. 그러나 여성은 감정적 존재이기 때문에 이해가 되더라도 감정이 수반되지 않는 한 절대로 납득하려 들지 않는다. 즉 남녀간의 심리적 차이를 활용할 줄 알아야 하는 것이다.

그녀가 데이트에 늦을 경우 그녀를 얼마나 안타깝게 기다렸는가를 나타낼 때도 말로만 할 것이 아니라 진짜로 화를 내보라. 오히려 여성은 거기에서 더 남성다움을 느낄 수도 있을 것이다.

마치 다정한 음악처럼 그녀에게 달콤한 말을

여성은 같은 말을 여러 차례 반복해서 들으면 심리적인 암시에 걸린다.

어떤 여성이건 하루에 최저 10분에서 20분은 거울을 본다. 아침에 일어나 세수할 때, 나가기 전 화장할 때 양치하며 중간 중간 화장을 고치고, 그리고 잠자리에 들기 전 화장을 지울 때 등 자기얼굴을 본다. 그러나 과연 자기얼굴에 만족하는 여성이 얼마나 있을까. 코나 입, 턱의 선 등 어딘가 마음에 들지 않는 부분이 분명히 있을 것이다. 그런 여성에게 아름답다는 말은 역효과를 초래할 뿐이다. 오히려 자신의 결점이 상기되어 그 결점을 지적받은 것 같은 생각이 든다.

그러나 이상하게도 그 말을 계속 들으면 점차 암시 효과가 발휘되어 "내가 정말 아름다운 것이 아닐까"하는 생각이 든다. 아름답다는 기분좋은 자극을 받는 가운데 이성적인 사고가 마비되어 버리기 때문이다. 그리고 여성이 그 칭찬의 말을 솔직하게 받아들이게 되었다는 것은 남자에게 몸을 허락해도 좋겠다고 생각하기 시작하는 증거이다. 바로 그 때 여성을 설득하는 것이다. 이미 마음이 움직이기 시작한 터라 저항 없이 자연스럽게 몸을 맡겨 올 것이다.

자동차가 어떤 무기가 되는가?

자동차의 진동에는 여성의 생리적 흥분을 높이는 효과가 있다.

여자에게는 별로 호감이 없던 사람이 자동차를 사고 나서 갑자기 여자가 따르기 시작했다는 이야기는 매우 흔하다. 그 이유는 다음과 같은 생리적인 메카니즘이 여자의 몸에 작용했기 때문이다.

자동차의 진동을 다리나 허리에 받으면 성기에 집중되어 있는 감각 수용기가 자극을 받게 된다. 그것이 대뇌피질에 전해지고 성욕을 이끌어 내는 유도 장치가 되는 것이다. 그러나 모든 진동이 그렇다는 것은 아니다. 느릿느릿하고 완만한 진동은 마치 전철의 진동처럼 졸음을 유발할 뿐이다. 반대로 지나치게 빠르면 공포심이 앞선다.

한 조사에 따르면 시속 80~100킬로 정도의 고속도로가 여자의 성감을 높이는데 가장 효과적이라 한다. 그와 동시에 템포가 빠른 음악이 귀를 통한 진동으로서 대뇌로 전해지면 상승효과를 발휘한다. 그리하여 제어할 수 없는 충동을 느끼게 되는 것이다. 이쯤 되면 자동차의 방향을 호텔로 바꾸어도 순순히 따라 온다.

이렇게 손을 잡으면 이제 그녀는 당신 뜻대로

여자의 손등에 있는 "양지(陽地)"부분은 성감대와 깊이 연결되어 있다.

여성의 촉감은 의식과 밀접한 관계에 있다. 그래서 만일 여성의 촉각이 남자에게 익숙해지면 의식도 마찬가지로 익숙해질 수가 있다. 평소에 자연스럽게 접촉하는 일이 많은 상대에게는 여성은 무의식적으로 친숙해진다.

따라서 여성과 데이트를 할 때는 되도록 스킨십에 접하는 기회를 많이 만들어 내는 것이 좋다. 물론 그것도 자연스럽게, 그녀가 물 웅덩이를 지나거나 차에서 내릴 때 부축을 하는 등 그녀가 의식하지 못하는 사이에 접촉을 하는 것이다. 이런 일이 여러 번 되풀이되노라면 반드시 손을 마주잡을 수 있는 기회가 오게 된다.

그러나 그런 기회가 와도 그저 막연히 여성의 손을 잡기만 해서는 소용이 없다. 다시 말해 적절한 기회에 그녀의 손가락에 당신의 손가락을 감아 미묘하게 힘을 넣는다. 또한 손바닥을 부드럽게 쓸어 보기도 한다.

특히 손등 쪽에는 한방에서 말하는 "양지"라는 경혈이 있다. 이 혈이 바로 여성의 성감대 중 하나이다. 그 부분을 가볍게 눌러 나와 그녀의 성감을 차차 높여 가는 것이다(손등의 성감대는 팔목의 구부러진 부분에서 손 등쪽의 가운데로 보면 된다).

데이트할 때 넌지시 그녀의 성감대가 있는 혈을 눌러본다

허리에 있는 "신유(腎兪)"라는 혈을 누르면 여성의 성감은 높아진다.

사귀는 여성과의 사이를 측정해 보려면 여자의 허리를 안아 보라. 만약 여자의 허리에 손을 댈 수 있으면 그 다음은 좀 더 쉬울 것이다. 따라서 많은 남자들은 여자의 허리를 어떻게 해서든 안으려고 노력한다. 그러나 느닷없이 행동에 옮겨서는 안 된다. 먼저 허리에 이르기까지의 준비 행동을 쌓아야 한다. 손, 머리카락, 어깨 등의 단계를 밟아 서서히 아래로 내려가는 것이다. 만일 여기에서 거부당하면 다시 한 번 어깨로 돌아갔다가 얼마 뒤 재차 허리에 손을 대어 본다.

다음 단계에서는 웨스트에 있는 "신유"라는 혈을 누른다. 이것은 제12 요추의 양쪽 즉 맨 아래 늑골에서 옆으로 뻗어 있는 경혈이다. 여성은 이 신유를 가볍게 자극당하면 신체적으로 흥분하게 되고 성감이 크게 상승한다. 한 번 자연스럽게 이 혈을 자극시켜 보라.

밤의 공원에서 연인이 격렬한 행동을 보이는 이유

본능적으로 여성은 다른 사람이 할 수 있는 일이라면 어떤 행위든 받아들인다.

여성이 보이는 순응성은 남성 쪽에서 볼 때 놀라울 정도이다. 그 예로서 패션이나 화장법 등의 새로운 유행을 잠깐 사이에 받아들인다. 이는 바로 여성 특유의 습성인 것이다.

지금까지 몇 차례 되풀이 설명했지만 여성은 본질적으로 피동적인 존재이다. 따라서 주위로부터 어떤 영향을 받기가 쉽다. 특히 주위 사람들이 모두 하니까 나도 한다는 식으로 대세에 휩쓸리곤 한다.

우리나라 사람은 대체로 A형이 많으며 그 성격은 우리 문화에 매우 깊은 영향을 끼친다. 그리고 협조성이 강한 이 혈액형은 여성들의 순응성에 한층 더 박차를 가하게 하는 것이다.

제 3 편 여자의 위크 포인트

이러한 여성의 습성을 이용하여 구애를 해보자. 매우 간단하게 목적을 이룰 수 있다. 예컨대 연인들이 대담하게 서로 포옹하고 있는 공원을 데이트 장소로 선택하는 것이다. 처음에는 그 상황에 당혹감을 느낀다. 그러나 이윽고 주위의 자극을 받아 반대로 단정하게 앉아 있는 자신에게 위화감을 느끼게 된다. 바로 그 때를 노린다. 보디터치에서 키스로 진행시켜도 여자는 저항을 보이지 않을 뿐 아니라, 스스로 적극적인 자세가 보일 수도 있다.

당신보다는 우리들이라는 호칭이 더 효과가 높다

여성은 1인칭 복수로 남성이 부르면 마음이 크게 흔들린다.

흔히 여성은 자기중심적이라고 하지만 그다지 정확한 표현이라고 할 수 없다. 오히려 "남의 눈에 자신이 어떻게 보일까", "유행에 뒤지지 않았을까"를 걱정한다. 또한 칭찬을 받으면 뻔히 알면서도 기뻐한다. 이와 같이 여성의 발상은 항상 남의 눈, 남의 평가로부터 시작된다.

즉 남성의 발상은 나는 어디까지나 나라는 식이지만 여성은 "남들이 어떻게 생각할까"를 제일 중요시한다.

이는 여성의 자아가 남성에 비해 불완전하기 때문이다. 그래서 여성은 그 불완전한 자신을 보충하기 위해 남성을 찾는다. 따라서 여성은 어느 특정된 상대로부터 "우리들"이라 불리기를 원한다. "너"라든가 "나"라든가 하는 개인과 개인의 관계는 여성으로서는 너무나 차가워 견딜 수 없는 것이다.

여성의 마음을 잡으려면 "나", "너", "당신"이라는 표현보다는 "우리들"이라는 표현을 많이 사용하는 것이 바람직하다. 여성은 "우리들"이라는 표현에 의해 자신에게 결여되어 있는 부분을 남자로부터 보충받는다는 충족감을 느끼는 것이다. 물론 그것은 상대방에 따라 다르다. 특히 자아나 개성이 강한 여성에게 "우리들"을 연발하면 오히려 역효과일 뿐이다.

이 필승의 방법을 알아 두자

여성의 언어 감각은 직접적, 구체적인 대상만을 받아들인다.

여성의 언어 감각은 직접적, 구체적이다. 예를 들어서 "개"라는 말을 들으면 전반적인 개보다는 자기 집에 있는 개를 생각한다. 이는 여성의 언어가 자신의 체험을 떠난 보편적, 추상적인 수준으로 오르지 못하고 항상 직접적, 특수적인 데에 머물려 하기 때문이다.

여성을 설득할 때에 이러한 성질을 효과적으로 잘 활용해 보라. "당신 살결은 눈처럼 희군. 우유빛깔 이야"라든가 "당신 두뇌 회전은 굉장하군. 마치 알파고 같아"라고 하는 것이다. 즉 현실적으로 눈에 보이는 것을 비유하여 여성을 칭찬하면 그녀는 구체적으로 그 이미지를 떠올릴 수가 있다. 때문에 그 칭찬에 대해 납득하는 것이다. 이에 비해 추상적으로 말하면 실제로 그것을 느끼지 못한다. 즉 설득의 인팩트가 저하되는 것이다. 이러한 여성에게는 이치가 통하지 않는다고 체념할 것이 아니라 여성이 감동하기 쉬운 언어로 이야기를 해 보라. 그러면 여성은 쉽게 그 말을 받아들인다.

격식있는 레스토랑으로 그녀와 함께

격식있는 레스토랑에서 식사를 하면 누구나 심리적으로 압박을 받는다.

매너가 잘못되지 않았을까, 처음 와본 사람처럼 어색하게 보일까, 심지어 다른 손님들이 모두 자기보다 더 위대해 보이기조차 한다. 그런 격식있는 곳에서 식사를 한들 음식이 맛있을 리가 없다.

이왕 가는 김에 "마음 편히 먹을 수 있는 쪽이 낫다"는 생각이 드는 것이 당연하다. 그러나 그 여성을 정말 무너트리고 싶다면 그러한 고급 레스토랑으로 데리고 가라. 여자는 타고난 겁장이다. 때문에 그런 레스토랑에 들어가면 남성 이상으로 심리적인 압박을 느끼고 불안해진다. 이런 때 남성이 순조롭게 그리고 예의 바르게 행동을 하면 그 남성을 믿음직스럽게 여기게 된다. 그리고 일단 그러한 기대고 싶은 마음이 생기기 시작하면 여성은 완전히 그 남성에게 의존해 버린다.

그러기 위해서는 여성을 에스코트하기 전에 그 레스토랑에 대한 정보를 잘 알고 있어야 한다. 혼자 가서 몇 차례 식사를 해 보는 것도 좋다. 문제는 그 장소에 얼마나 익숙해지는가에 달려 있다. 그 정도 발품과 정보력은 있어야 한다.

그녀의 경계심을 풀 말들

여성은 추상적인 말보다는 구체적인 말을 하는 남자를 더 믿는다.

여성에게 어쨌든 칭찬을 해야 한다고 바보스럽게 "당신은 아름답다"고 침이 마르게 칭찬을 해대는 사나이가 있다. 그러나 별 볼일 없는 일이다. 이미 말했듯이 그녀에게는 아무런 감동을 주지 않기 때문이다. 아름답다는 것은 추상적인 말이다. 그런데 여성은 남성에 비해 추상 능력이 약하다. 그래서 눈으로 보고 귀에 들리는 것이 아니면 쉽게 인식하기 힘들다. 따라서 무엇이 어떻게 아름다운가를 구체적으로 지적해 주지 않으면 그 말을 실감있게 받아들이지 못한다.

여성을 칭찬할 때에는 "당신 코가 오똑하네"든가 "머리결이 윤기가 있고 곱다" 또는 "입술이 부드러우며 예쁘다"는 등 얼굴 부분 부분을 자세하게 칭찬하는 편이 효과가 있다. 그런 말을 들으면 여성은 훨씬 리얼리티를 느끼게 된다. 가령 꼭 미인이라는 말을 사용하고 싶으면 "연예인 ○○와 닮았군"라고 실제로 존재하는 인물에 비유하여 칭찬을 한다.

이것이 미인이든 미인이 아니든 마찬가지이다. 더구나 진짜 미인은 어렸을 때부터 계속하여 예쁘다는 말을 들어왔다. 이와 같이 직접적인 칭찬을 해야 신선하게 느끼는 것이다.

그녀로 하여금 무의식 중에 친밀감을 느끼게 하려면

<u>여성은 남성의 세밀한 면을 보면 몸과 마음을 허락해도 될 것 같은 착각을 느낀다.</u>

여성은 항상 주목을 받고 싶어한다. 남성이 작은 변화 예컨대 헤어스타일이나 메이크업의 변화, 또는 체중의 감소 등을 알아챘을 때 큰 쾌감을 느낀다. 그렇게 자상한 점에 주의를 기울여 주고 흥미를 보이는 남성의 세밀함은 여성에게 더 없는 매력남이 된다. 즉 "그는 언제나 나에게 주의를 기울이고 있고 흥미를 지니고 있다"고 실감하게 되기 때문이다.

여성은 바로 이러한 남성에게 친밀감을 느낀다. 그것은 그가 친절하고 믿을 수 있는 남자이기 때문이다. 그의 자상함은 그녀의 마음을 풀어 주고 그녀를 부드럽게 감싸 준다. 그리고 이런 남성이라면 무슨 이야기든 할 수 있다고 안심하며 적극적으로 접근해 온다. 따라서 남성은 여성의 세밀한 변화에 언제나 신경을 써야한다. 항상 주의해서 살펴보라. 여자는 날마다 변화한다. 그 변화를 정확하게 파악하고, 거기에 주목하고 있음을 어필시키면 그녀는 어쩔 수 없이 그 남성을 의식하게 된다.

말 한마디로 여자의 몸과 마음을 벌거벗길 수 있다

여성은 남성으로부터 칭찬을 들으면 생리적으로 신체적인 쾌감을 느낀다.

여성과 대화를 나누는 중 그녀가 이쪽 화제에 열심히 응해오는 경우 대체로 그녀는 흥분할 때가 많다. 여성은 생리적으로 볼 때 말과 몸의 반응이 일치한다. 즉 어떤 말로서 감정이 자극 받기 쉬우며 그 기분 좋은 대화가 계속되노라면 감정도 도취된다. 그리하여 그녀에 대한 동의, 공감, 특히 그녀를 칭찬하는 대화가 계속되면 여성은 자신도 모르는 사이에 황홀해지고 만다.

의학적으로 이 역시 성감의 일종이 아닐까 생각된다. 또한 과학적으로 증명할 수는 없지만 실제로 그런 작용이 있는 것 또한 사실이다.

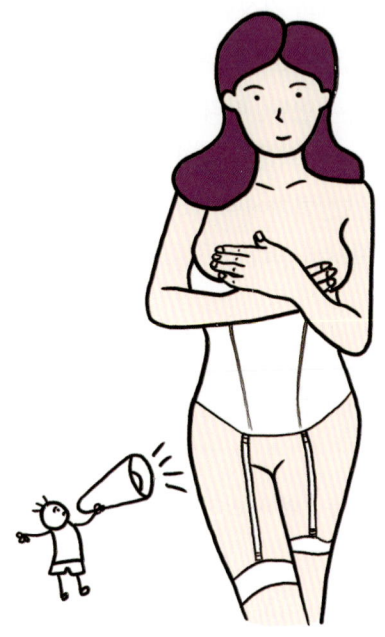

이 메카니즘을 한 번 잘 응용해 보라. 여자의 마음이 스스로 남성에게 기울어지지 않을 수 없다. 우선하여 여성이 이야기에 열중하기 쉽도록 유도를 한다. 그녀의 취미나 기호를 조사하여 흥미를 보일 것 같은 화제를 철저히 알아보고 미리 준비해 두는 것이다.

다만 이 경우 얼마간 자기 마음에 든다고 무조건 그 좋아하는 화제를 일방적으로 강요하면 안 된다. 그녀가 거기에 응하지 않을 때가 있기 때문이다. 반드시 유의해야 한다.

그녀와 자고 싶다면 이런 패션을

<u>여성은 청결한 이미지의 섹스라면 응한다.</u>

젊은 남성들 중에는 오래 계속하여 입어 온 청바지, 더러워진 신발, 목덜미가 새까만 셔츠 등의 모습으로 태연히 밖으로 나다니는 사람을 쉽게 찾아 볼 수 있다. 이러한 청결하지 못한 인상을 주는 사나이는 여성에게 섹스 대상이 되기 힘들다. 그 지저분함이 그녀에게 더러운 섹스로 연상하기 때문이다. 대개의 여성은 깔끔한 느낌의 남자와 함께 있으면 자신의 가치도 그만큼 높아진 것 같은 착각에 자존심이 세워지는 것이다.

그렇다면 그녀에게 자신의 청결함을 얼마나 어필할 수 있을지 스스로 옷차림이나 취미를 체크해 보기 바란다.

남자의 설득에는 절대적 혐오감을 느끼지 않는다

<u>비록 농담이라 해도 남자가 설득하는 말은 여성의 심리와 육체를 뒤흔든다.</u>

여성은 언제나 남성으로부터 사랑의 설득을 기다리고 있다. 물론 남성 혐오증이 있는 여성은 예외이다.

비록 마음에 들지 않는 상대가 사랑의 고백을 해왔다 하더라도 특별히 기분이 나쁘지 않다. 또한 그 상대방에게 나쁜 감정은 절대로 품지 않는다. 설득당하기 전에는 좋아했지만 그 이후에 싫어졌다는 경우는 드물다.

이와 같이 남성의 사랑 설득은 그대로 여성의 프라이버시와 허영심을 충족 시킨다. 자신의 매력을 평가하는가 하면 자신에게 그 어떤 가치를 부여해 주고 있구나 하는 생각을 갖게 된다.

이런 여성의 심리를 보아 데이트에서 헤어질 때 "다음에는 키스만으로는 만족할 것 같지 않은데?"식으로 슬쩍 농담을 한다. 그렇지 않고 직접적으로 하룻밤을 같이 보내자고 하면 그녀의 마음은 굳어질 것이다. 그렇지만 농담 삼아 돌려서 얘기를 하게 되면 웃어 버릴 수가 있다. 그만큼 심리적인 부담도 적다. 그러나 비록 농담이더라도 애정을 강요받으면 그녀의 마음에 파문이 인다. "역시 나를 좋아하나봐"하고 무의식 중에 강한 인상을 남게 된다.

자발적으로 허리를 사용하게 하려면

여성의 귀에 있는 성감대는 몸 중에서 가장 성감도가 높다.

섹스의 테크닉에 대한 책을 보면 반드시 나오는 내용이 있다. "여성의 귓가에서 사랑을 속삭이라", "귓불을 살며시 물어 주라"는 등등이다. 그러나 의학적으로 볼 때 귓불에 대한 항목에는 다소 의문이 남는다.

　왜냐하면 귓불은 신경 조직 자체가 적고 따라서 성감도 약하기 때문이다. 또한 여성의 액세서리 중 하나인 귀걸이도 귓불에 구멍을 뚫어 끼운다. 이로 미루어 보아도 귓불이 얼마나 둔감한가를 알 수 있다.
　그럼에도 불구하고 사랑을 속삭이는 방법으로서 참으로 효과적인 테크닉이라 할 수 있다. 예컨대 귓구멍과 가까운 부분은 솜털이 많고 모근도 많다. 따라서 신경 조직과 땀샘도 밀집되어 있다. 당연히 성감도 강하기 마련이다.
　그런 부분을 혀끝으로 자극하면 마음속에 품고 있는 섹스에 대한 욕망이 강렬하게 자극을 받는다. 그리하여 흥분이 고조되는 것이다. 외설적인 말로 하면 반드시 여성 쪽에서 스스로 허리를 움직이기 시작한다는 것이다.

그녀를 설득하는 데 적합한 장소는

<u>여성은 신체적으로 일단 비밀적인 공간에 들어가면 모든 것을 허락하곤 한다.</u>

예전 《엠마뉴엘 부인》이라는 영화에서 여객기 안에서의 섹스 장면이 나오는데 그 대담성으로 화제를 불러 일으켰다. 현실적으로도 비일상적인 장소에서의 섹스는 상당히 많다. 예컨대 공원의 숲이라든가 전혀 상상할 수 없는 남성에게 몸을 허락하는 여성이 의외로 많다. 또한 평소에는 들어갈 엄두도 나지 않는 호화로운 호텔이나 해외 여행지에서 그때까지 순진했던 여성이 쉽게 몸을 허락해 버리는 경우도 많다.

이러한 여행지나 격식있는 서비스업소 등 비일상적인 공간은 여성의 심리에 무의식적으로 가벼운 흥분을 일으킨다. 그리고 그 흥분이 생식기에 전달되어 신체적인 흥분을 유발시키기 때문이다.

이를 이용하면 평소에 절개가 굳었던 그녀의 육체도 쉽게 정복할 수 있다. 시험 삼아 그녀를 여행으로 유인해 보라. 만일 그녀가 OK하면 그는 섹스에도 응한 것이라고 볼 수 있다.

주위의 눈길을 의식하지 않아도 되기 때문에 여성들은 여행지에서 상상할 수도 없을 만큼 대담해지는 것이다. 또한 호화로운 호텔의 바 등 평소에 가지 않던 장소로 초대를 하는 것도 한 방법이다.

비밀을 털어 놓음으로써 그녀의 마음을 흔들어 본다

　직장 여성은 "이건 김 대리니까 부탁하는데"하면서 일을 시키면 매우 열심히 한다. 여성에게는 자기를 특별히 의식하고 보아 주는 사람을 위해 진심으로 도움이 되려는 심리가 작용하기 때문이다.

　역으로 그녀들은 언제나 자신 만만한 동료들 속에 파묻혀 개성이 없어져 버릴까 두려워하고 있다는 의미도 된다. 따라서 자기밖에 하지 못한다고 인정을 받으면 대단한 열성을 기울이게 된다.

　바로 그 방법을 이용해 사랑을 얻어보라. 예컨대 "이건 김 대리가 꼭 알아두어야겠다"며 비밀 이야기를 하는 것이다. 그 내용은 자신의 과거, 자라온 이야기라도 무방하고 장래의 꿈이라도 좋다. 비밀을 털어놓게 되면 여성은 상대방 남성의 신뢰를 받고 있다고 생각할 것이다. 그것은 곧 그녀를 인정해 준다는 증거이다. 여성은 자신을 이해해 주는 남성에 대해서는 안심하고 몸을 맡길 수가 있다. 그리고 스스로 자신의 모든 것을 드러내고 싶은 충동도 느낀다.

술에 취해 사랑을 고백하면 전혀 효과가 없다

　여성은 술에 만취한 남성에 대해서는 본능적으로 성적 매력을 느끼지 않는다. 여성에게 사랑을 고백할 때 술의 힘을 빈다는 말을 흔히 듣는다. 그러나 이것이 효과적일 때는 전화를 거는 경우 뿐이다. 그래서인지 술 냄새를 풍기며 사랑을 고백해도 성공률은 매우 희박하다. 왜냐 하면 여성은 술에 취한 남자를 사나이로 인정하지 않는 경향이 있기 때문이다. 일반적으로 마음이 약한 남성일수록 알콜에 대뇌피질을 마비시키고 용기를 얻은 다음 여자에게 접근하려 한다. 여성은 그런 메카니즘을 잘 알고 있으며 "술의 힘을 빌어 접근하려 하다니 남자답지 않다"고 무감정으로 대할 수가 있다.

남자는 이성적이어야 비로소 남성으로서의 매력을 발휘한다. 남성의 정신력, 즉 이성의 힘을 남성적인 것으로서 여성들은 요구하고 있는 것이다. 따라서 술의 힘으로 이성을 마비시킨 뒤 접근하는 따위의 남자를 여자는 본능적으로 거부하고 만다. 또한 지나친 알콜은 남자의 대뇌를 마비시키고 성적인 능력을 저하시킨다고 한다. 그렇다면 이런 남성은 안 되겠다고 가볍게 거절하는 것이 당연하지 않을까. 술은 남녀 모두 가볍게 취기를 느끼는 정도가 무난하다. 술을 많이 마시고 여성에게 접근하는 것은 위험천만이다.

세 번 요구해서 안 되면 후퇴한다

여성을 설득하려면 마구 밀고 나가야 한다고 박력만을 주장하는 사나이가 있다. 물론 가끔은 그것이 효과가 있기는 하다. 그러나 단조롭게 나가는 것만으로는 어렵다. 이 방법이 항상 같은 패턴이며 아무런 변화도 없는 경우 그 남자를 귀찮게 여기고 만다. 그것을 방지하려면 단조로운 공격 방법에 변화를 주어야 한다.

예컨대 그녀를 데이트로 유인하거나 동침을 요구하는 경우, 세 번 이상 요구해서 안 되면 그 때는 후퇴하는 것이다. 그 의외성에 여자는 마음이 동요한다. "그렇게 매일 귀찮게 굴었는데 어떻게 된 걸까"하고 반대로 남자가 밀고 나오게 되기를 기다리는 "반대 작용"이 일어나는 것이다.

또한 그토록 싫었던 남자의 마음을 반대로 끌어보려는 노력까지 한다. 바로 그 기회를 놓치지 말아야 한다. 단숨에 여성의 마음속으로 밀고 들어가야 한다. 대개는 그런 상황에 견디지 못하고 남자 앞에 마음을 열기 마련이다. 이와 같이 밀고 나가는 힘에 반발하는 마음의 반작용을 지렛대로 잘 이용하면 의외로 간단하게 여성의 마음을 휘어잡을 수가 있다.

키스는 그녀를 정복하는 첫 단계

여자에게 있어서 키스와 성교는 생리학상 동일한 것을 의미한다.

성에 대한 지식이 없는 10대 여성들 중에서는 "키스를 하면 임신하는 것이 아닐까" 걱정하는 사람도 있다. 우습다고 그냥 넘겨 버리면 간단하겠지만 사실 이 의문은 여성의 심리를 잘 나타낸다. 키스란 여성에게 있어서 섹스와 매우 가까운, 또는 같은 것으로 이미지 되어 있기 때문이다.

섹스란 물리적으로는 점막과 점막의 접촉이다. 그런 의미에서 키스는 바로 섹스라 할 수 있다. 여성의 점막 부분에는 성감대가 집중되어 있다. 그리고 그곳이 남성의 점막에 의해 자극되면 키스도 성교도 생리적으로는 같다고 할 수 있다.

따라서 일부 여성들에게는 남성에게 키스를 허락한다는 것은 곧 남성에게 몸을 허락하는 것과 같은 의미인 것이다. 반대로 말하면 키스를 하는 것은 즉 남성과의 섹스를 인정하는 것이라 할 수 있다.

더욱이 평소에 키스하는 습관이 없는 우리 나라 여성으로선 입술을 허락한다는 것은 상대방 남성에게 몸과 마음을 허락하는 것을 의미한다.

따라서 만일 키스를 허락했다면 동침도 OK.

팬티에 손을 대었을 때 싫다고 하면 키스로 입을 막아 버린다

<u>여성의 성감대는 성기, 입천장, 입술 등 몸의 점막 부분에 집중되어 있다.</u>

특히 입술은 감각이 매우 예민하다. 그리하여 키스를 당함으로써 신체적인 흥분을 일으킨다. 이 성감대를 잘 이용하면 여성의 거부를 순조롭게 물리칠 수가 있다. 예컨대 간신히 설득하여 속옷에 손을 대어 보라. 입에 있는 성감대에 자극이 집중되기 때문에 수치심이 일어날 틈이 없어진다.

남자로부터 애무를 받으며 남자를 받아들일 때의 자신의 모습에 신경을 쓰는 여자는 없다. 그와 마찬가지로 신경이 입술의 쾌감으로 집중되기 때문에 저항할 생각이 들지 않는 것이다.

또한 입으로 입을 막게 되면 싫다는 말을 할 수가 없다는 물리적인 효과도 있다. 따라서 수치심을 불러일으킬 틈을 주지 않고 연속적으로 성감대를 자극하며 밀고 나가야 한다. 특히 입술, 목덜미에는 대뇌로 가는 신경이 집중되어 있다. 그래서 가벼운 자극에도 민감하게 반응한다는 점을 기억해 두자.

그녀와 함께 1박 2일 여행을 가려면

여자는 여행 등 비일상적인 공간에서는 생리적으로 신체적인 면을 본능적으로 드러낸다.

여행이라는 일상생활을 떠난 공간이 여성의 마음을 미묘하게 자극하기 때문이다. 따라서 평소에 보아 오던 남성이 마치 다른 사람처럼 보이기도 한다. 또한 일상에서 벗어난 공간에서는 경계하는 마음이 무뎌진다. 그래서 자기 자신도 의외일만큼 대담하고 적극적인 행동을 취하게 된다.

이러한 워크 포인트로 인하여 남자로부터 1박 2일 여행의 권유를 받았을 때 잘못하면 강한 반발을 보일 수도 있다. 그 반발을 피하기 위해서는 여성의 생리 주기를 알아 둘 필요가 있다. 일반적으로 성 호르몬 분비가 왕성한 배란기 무렵이 남성의 유인을 받아들이기 쉬운 것이 그 이유이다.

남들 앞에서는 그녀를 설득해도 효과 무

여성은 남성과 1대 1의 관계가 되면 마음의 울타리를 거두어들인다.

이는 다른 누군가가 있는 곳에서는 설득을 해봐야 통하지 않기 때문이다. 여성에게 있어서 남성을 받아들인다는 자체는 자신의 가장 약한 부분을 드러내는 것을 의미한다. 얼마든 둘만의 다른 장소에서 설득하는 것도 하나의 방법이다.

이런 여성의 심리를 잘 알아 두어야 한다. 특히 여성이 동성 친구와 함께 있을 때 노골적으로 설득하려 들면 그 동성에 대한 의식 때문에 거절하는 태도를 취한다. 다른 사람이 있을 때에는 어떻게 해서든 둘만이 있을 수 있는 기회를 만드는 데 전력을 기울어야 한다. 1대 1이라면 마음의 울타리를 제거하고 스스로 마음을 열어 줄 가능성이 높기 때문이다.

제 2 장

생리학적 법칙을 이용한 설득의 묘수

여성을 설득할 때는 이 생리학적 법칙을

　여성이 성 행위에 응하느냐 아닌가의 여부는 성역치에 의해 쉽게 추측할 수 있다. 이 성역치에 대해 간단히 알아보자. 예컨대 사람에게 자극을 줄 때 그것이 너무 약하면 아무것도 느끼지 않는다. 그런데 그 자극이 일정 수준 이상이 되면 비로소 가렵다거나 아프다거나 하는 감각이 느껴진다. 다시 말해 경계의 레벨을 역치라 한다. 그리고 이 역치는 그때그때 상황에 따라 높아지기도 하고 낮아지기도 하는 것이 실험으로 확인되었다.
　이러한 관점에서 볼 때 여성은 일정한 성감을 느꼈을 때 비로서 섹스를 받아 들이게 된다. 이를 여성의 성역치라 하는데 성역치를 낮추면 단숨에 최후의 선을 넘을 수가 있다.
　성역치를 낮추기 위해서 손을 잡거나 어깨를 안아 주는 등의 육체적인 스킨십을 되풀이해야 한다. 따라서 키스를 한 뒤에는 여성의 역치가 매우 낮아진 상태이므로 그 설득이 서툴다 해도 효과가 높다.

그녀에게 그 생각이 들게 하는 가장 좋은 시간대는

　여성의 성적 감각은 저녁부터 밤 10시 사이에 최고에 이른다. 그래서 여자는 밤이 늦어지면 늦어질수록 설득하기 쉽다는 생각이 들것이다. 따라서 많이 남성들이 저녁 시간에는 영화나 식사를 함께 하고 밤이 깊어서는 술이라도 마셔 가면서 차분히 여자를 설득하려 한다. 그것으로 여성을 간단히 무너트릴 수 있다고 생각하면 큰 잘못이다.

독신남녀, 대학생을 대상으로 한 어느 조사에 따르면, 성적 욕구는 저녁 4,5시 무렵부터 높아진다고 한다. 특히 여성은 오후 4시에서 7시에 걸쳐 성적 욕구가 남성보다도 높아지며 어두운 곳에 있을수록 그런 경향이 현저해진다고 한다. 즉 다소 이른 시간대가 몸을 맡기기 쉬운 상태가 되는 것이다.

이로 미루어 그녀를 설득하기 위해서는 밤이 깊어지기 직전 저녁 7시 무렵부터 어두컴컴한 바로 그 때가 가장 좋다고 할 수 있겠다. 밤 12시가 지나서야 그녀를 호텔로 유인을 하려 한다면 아무리 필사적인 노력을 해도 그 성공률은 별로 없다고 보아야 한다. 그러나 앞서 말한 시간대로 여성을 유혹하면 쉽게 무너질 가능성이 많아진다.

이상적인 상대라면 모든 것을 허락한다

여성의 몸과 마음에는 항상 보다 강한 남자를 요구하는 본능적 욕망이 소용돌이치고 있다. 여성은 본능적으로 보다 강한 남자의 정자를 원한다. 보다 훌륭한 아이를 낳으려는 여성의 무의식적인 소망, 그것은 원시 시대에서부터 오늘날에 이르기까지 변함이 없다. 다만 강하다는 의미만은 옛날과 지금은 다르다.

자연 속에서 투쟁하면 살아남아야 했던 원시 시대에는 강인한 육체와 뛰어난 힘을 필요로 했다. 그러나 오늘날에는 스트레스 투성인 이 사회에서 굽히지 않고 살아갈 만한 정신력을 가진 남성이 여성들의 이상이라 해도 될 것이다. 즉 아무리 머리가 좋아도 마음이 약한 사람은 쓸모가 없는 것이다.

일부러 약한 척하는가 하면 변명인 양 자신의 무능을 들추기도 하며 잔재주를 피우는 사람들이 있다. 그런 남성에게는 결코 매력을 느끼지 못한다. 그녀의 비유를 맞추려고 웃기려고만 전념하는 사나이 또한 큰 매력이 없다.

이런 타입의 남성들은 모두 정신적인 마인드가 노출되는 경우들이다. 그런 남성을 여성은 결코 따라가지 않을 것이다. 여성은 실제로 강하거나 아니면 살짝 허세가 깃들여지더라도 강한 척하는 남성이 더 끌릴 것이다. 그런 이상적인 사나이가 밀고 나올 때 여성은 받아들이게 된다.

여성은 남성의 얼굴이 붉어지는 것을 보면 뭔가 해주고 싶어진다

여성은 남성의 가슴이 두근거리는 것을 보면 마음속으로부터 치미는 묘한 충동을 느낀다. 좋아하는 여성 앞에 가면 부끄러워 얼굴이 붉어지기도 하고 혹시 그녀가 우습게 보지 않을까 걱정하는 사람이 많다. 그러나 그런 걱정은 필요가 없다. 가끔은 더 부끄러워하고 더 얼굴이 붉어지는 것이 좋다. 서툰 연기를 하기보다 그쪽이 훨씬 효과적이다.

희노애락의 감정을 직설적으로 표현하는 남성은 여자의 눈에 매우 매력적으로 비친다. 여성 속에는 자신을 방어하는 감정이 항상 작용하고 있기 때문에 남성에 대해 자신을 겹겹으로 싸서 감추려 한다. 여성이 그럴듯한 말만 하고 좀처럼 본심을 드러내지 않는 것도 다 그런 이유에서이다. 그래서인지 여성은 그때그때의 감정을 자유롭게 나타내는 데에 강하게 풀린다.
젊은 남성이 얼굴을 붉히며 정색을 하고 자신의 의견을 피력하는 것이 귀엽다는 여성도 있다. 그러나 그것은 결코 남성을 우습게 보는 것이 아니다. 곧 자신의 마음에 솔직한 당신이 좋아하고 고백하는 것과 같다.
또한 그런 남성의 모습에서 강한 섹스 어필을 느끼기까지 한다. 따라서 적극적으로 요구하면 그만 마음과 몸을 그 남성에게 열고 만다. 이렇듯 남성의 성실함, 진지함이 뜻밖의 무기가 되어 준다.

술을 마신 뒤 여자를 설득할 때는

여성은 대뇌피질이 술로 마비되면 남성의 요구를 거부하지 못한다. 그래서인지 여성을 유혹하기 위해서는 술을 마시게 하는 것이 쉽다고 생각하는 남성이 적지 않다. 물론 알코올이 들어가면 대뇌피질이 마비된다. 때문에 경계심이 해이해지고 그만큼 남성의 요구에 응하기도 쉬워지는 것이 사실이다. 그러나 취하기만 하면 된다고 맥주와 와인을 무턱대고 권하는 것은 바람직하지 못하다. 맥주나 와인으로는 남성이 기대하는 것만큼 효과가 나타나지 않기 때문이다.

적은 양의 맥주를 마시면 사람은 배가 부르고 섹스에 대한 충동이 감소된다. 게다가 식사 양이 적은 여성이라면 더욱 그러하다. 인간은 생리적으로 배가 부르면 시상하부에 있는 섭식중추가 만족한다. 때문에 성욕이 감소하는 것이다. 그러나 위스키나 브랜디 등은 소량이라도 단숨에 대뇌피질을 점령하고 게다가 배도 부르지 않다. 따라서 술을 여성에게 권한다면 맥주나 와인보다는 위스키, 브랜디 등 강한 것이 좋다. 만일 여성이 위스키를 거절하면 칵테일 종류를 택한다. 칵테일류는 여성들이 마시기 쉬운 반면 알코올성이 강하다. 한 잔이면 맥주 한 병분에 해당되니까.

그녀에게 두 번째 키스를 요구하는 방법

여성은 첫 키스를 육체가 아니라 마음으로 받아들인다. 여자와 남자가 느끼는 키스는 그 이미지가 전혀 다르다. 남성에게 키스는 섹스의 전희에 불과하다. 그래서 입술에 겹치자마자 강인하게 혀를 삽입하여 상대방의 혀를 요구하기도 하고 난폭하게 더듬기도 한다. 이에 비해 여성의 키스란 사랑의 의식이다. 입술을 가볍고 따뜻하게 겹치는 소프트 터치를 원한다.

경험이 없는 남성들은 첫 키스를 할 때 남성과 여성과의 그 차이를 알지 못하기 때문에 실패한다. 즉 많은 여성들이 부드러운 키스를 기대하고 있는데 느닷없이 혀를 넣으려 하기 때문에 기분이 사그라 들고 만다. 강인한 키스는 여성에게 섹스적인 이미지를 강하게 풍긴다. 또한 마치 자신이 남성으로부터 정복당하고 있는 듯한 기분이 들기도 한다. 그 순간 여성은 상대방 남성에게 강한 거부감을 느낀다. 즉 섹스를 연상시키기 때문에 두려워지는 것이다. 따라서 그녀에게 키스를 할 때에는 처음에는 부드럽게 그리고 격렬한 키스는 두 번째 이후부터가 그 철칙이다.

첫 키스를 능숙하게 할 수 있는 상대라면 여성도 안심이 될 것이다. 그렇다면 두 번째부터는 아무리 뜨거운 키스라도 저항없이 받아들일 것이다.

그녀의 옷을 칭찬함으로써 그녀의 피부에 자극을 준다

여성은 자신의 옷차림과 피부 사이에 어떤 경계선이 없다.

여성의 패션은 여성 자아의 연장이다. 여성은 패션에 대해 칭찬을 받으면 그 칭찬에 도취되어 버린다. 그 이유는 여성들이 패션을 피부의 일부라 여기기 때문이다. 칭찬을 받음으로써 마치 피부를 애무받은 것과 같이 느끼는 것이다. 이렇듯 여성은 옷 위에도 피부 감각을 가지고 있다.

"이 옷은 감촉이 아주 좋겠는데", "색깔이 차분해"라고 은근히 칭찬을 하며 그녀 몸 전체에 고른 시선을 준다. 민감한 여성이라면 때론 간지러워 할 정도의 반응을 보일 것이다. 특히 색채라든가 그 형태 등 구체적인 점을 세밀히 칭찬하면 효과가 크다. 마치 온 몸을 애무당하는 것 같은 착각을 하게까지 된다. 그녀의 다리나 가슴에 쏟는 그 이상의 관심을 그녀의 옷에 보이며 말로서 애무를 계속해 보라. 그녀는 마침내 진짜 애무를 요구하게 될 것이 틀림없다.

눈은 입보다 많은 말을 한다

여성은 남성이 시각에 의해 흥분한다는 것을 본능적으로 알고 있다.

초대면에서 상대방의 어디를 맨 먼저 보는가 하는 질문에 대해 남성의 대답은 여성의 머리, 눈, 가슴, 다리의 순이다. 전체적인 비율을 보는 남성도 많다. 그러나 여성의 경우는 남성의 눈을 본다는 대답이 압도적이다. 이와 같이 여성이 남성의 눈에 주목하는 이유는 본능적으로 남성이 시각적인 동물임을 알고 있기 때문이다.

이제 여성을 설득할 그 시선의 사용이 얼마나 중요한가를 알았을 것이다. 그렇다면 항상 자신감에 넘치는 강력한 시선으로 여성의 눈을 응시할 일이다. 그럼으로써 그녀를 어쩔 수 없게 만드는 것이다.

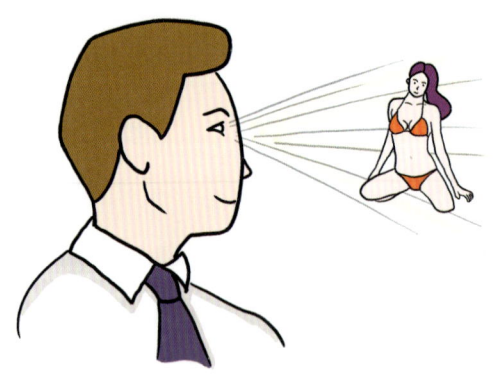

또한 약간 위를 보는 듯한 주저하는 듯한 시선에서는 상대방의 매력에 어쩔 줄 몰라 항상 자신감에 넘치는 강력한 시선으로 여성의 눈을 응시할 일이다. 그럼으로써 그녀를 어쩔 수 없게 만드는 것이다. 남성의 솔직한 태도가 느껴지면서 그 애처로움이 모성 본능을 자극한다.

이와 같이 여성을 설득할 때 눈은 입보다 더 많은 말을 한다. 이러한 시선 사용법으로 얼핏 보기에는 전혀 통하지 않을 것 같은 미인이라도 아주 간단하게 최고의 효과를 보는 경우가 적지 않다.

설득의 말은 한 번만으로는 효과가 없다

여성은 감정이 벅차면 눈물, 땀, 성액의 분비가 왕성해진다. 인간의 몸과 마음은 미묘하게 일체화되어 있다. 또한 마음의 움직임은 본인의 의사와는 관계없이 몸의 움직임에 반영된다. 좋아하는 남성이 그녀를 안으려 할 때 성액이 분비되는 것은 바로 그 때문이다.

이러한 여성의 신체적인 생리는 가끔 남성에게 뜻밖의 반대 작용을 야기시킨다. 예컨대 여러 차례 데이트를 거쳐서 비록 섹스 관계는 없더라도 그녀의 마음이 이쪽으로 기울어졌다고 하자. 어느 날 만나고 헤어질 무렵 다음에는 2, 3일 함께 지내자고 말했다가 거절을 당하는 수가 있다. 남자로서는 그녀가 승낙을 하리라 확신하고 있었는데 의외로 눈물마저 보이며 "그런 사람인 줄은 몰랐다"는 등의 대답이 나와 당황하고 만다.

그러나 절대 낙심할 일이 아니다.

여자란 사랑이 깊어지면 에스트로겐이라는 여성 호르몬의 분비가 비정상으로 높아져서 땀을 흘리는가 하면 눈물샘이 젖기도 한다. 그러므로 성액도 그 영향으로 분비되기 때문에 여성이 눈물을 흘리며 거절했다고 하여 실망할 것은 없다.

그녀의 몸짓을 통해 무언의 메시지를 알아챈다

어떤 여성이든 성적인 호기심을 느끼면 무의식중에 머리에 손을 댄다.

즉 보디랭귀지인데 동작이나 행동으로서 그 사람의 내면에 있는 생각을 알아내는 열쇠가 된다. 사람은 누구나 무의식중에 그런 동작이나 행동을 하게 되며, 섹스와 관계가 있는 내면 심리도 랭귀지로 나타난다.

예컨대 여자의 경우 빈번하게 머리카락을 만지는 경우가 있다. 이는 일상적인 성적 호기심이 왕성하고 성욕도 강하다는 신호이다. 즉 머리카락 역시 여성의 성감대 중 하나인데, 내재되어 있는 섹스에 대한 욕망이나 관심이 본인도 알지 못하는 사이에 머리카락을 만지는 동작으로 나타나는 것이다.

또한 성감대뿐 아니라 그 주변에 손이 간다는 것은 대개의 경우 비슷한 심리의 작용이라 할 수 있다. 스커트를 끌어당긴다든가 발을 자주 바꾸어 앉는 동작도 마찬가지다. 만약 그녀가 그런 동작을 보이면 넌지시 요구해 보라. 의외로 쉽게 요구에 응한다.

노랑, 붉은색 옷을 입은 날은 그녀를 안을 수 있는 절호의 기회

여성이 남성을 만날 때 입은 옷의 색깔로도 성적 욕망의 깊이를 알 수 있다.

대개의 남성은 일이라는 자기표현의 수단을 가진다. 하지만 여성의 경우 자기표현의 수단이 되는 것이 별로 없다. 물론 모든 여성이 그렇지는 않지만 그렇다고 그러한 일에 의해서만 여성이 평가되는가 하면 그렇지도 않다.

결국 여성은 어떤 화장법이나 패션에 의해 자기를 표현한다. 예컨대 어느 날 갑자기 머리 모양을 바꾸게 되면 "무슨 일이 있었니?", "헤어졌어?"라는 질문을 받는 이유도 그러한 여성의 특성을 남성들이 알고 있기 때문이다.

또한 지금까지 수수한 색깔이나 심플한 디자인을 즐겨 입던 여성이 갑자기 화려한 옷을 입었다고 하자 그 때는 마음속에 섹스에 대한 욕망이 싹트기 시작한 것이라 보아도 무방하다.

또한 분명한 징후는 없더라도 액세서리를 달거나 매니큐어의 색깔이 바뀌는 등 아주 작은 변화를 보이는 여성에게는 주의해야 한다. 이는 자기에 대한 관심도를 측정하려는 트릭일 수도 있고, 또 그것은 당신에게 대한 독점욕이 강화되었다는 증거이기도 하기 때문이다.

여성의 거짓말에 맞장구를 쳐 주면 반드시 넘어온다

<u>여성의 거짓말은 남성에 대해 성적 충동을 느끼고 있는 증거이다.</u>

여성의 거짓말은 귀여운 법이지만 그것이 지나치게 극단적으로 되면 오히려 어색해진다. 지금까지 그런 일이 없었는데 갑자기 두드러지게 거짓말을 하면 그녀의 마음속에 커다란 심경의 변화가 있다고 보아야 한다.

여성들이 하는 거짓말의 대개는 남들의 주목을 끌고 싶은 것이 그 원인이다. 즉 남보다 두드러지고 싶다는 나르시즘에서 시작된다. 다른 사람들이 모두 자신의 화제나 언변술에 박수를 보내 주기를 바라는 소망이 작용하고 있는 것이다. 심리학적으로 볼 때 이는 히스테리적인 성격이며 사실 미숙한 사람에게서 많이 볼 수 있다. 그렇다면 남성에 비해 사회 활동이 적은 여성이 그런 경향이 많은 것도 충분히 이해가 간다. 그런 관점에서 볼 때 여성에게 거짓말이 많아진다는 것은 곧 여성 자신의 나르시즘에 취하여 이미 몸과 마음을 드러내 놓고 있다는 뜻이 된다.

결국 여자의 거짓말은 안아도 좋다는 표현인 셈이다. 그런데 이 때 그 거짓말을 지적한다면 모처럼의 기회는 날아가 버린다. 상대방의 거짓말에 맞장구를 쳐주면 그녀는 급속하게 접근해 올 것이다.

손을잡고 어깨에 손을 얹고 허리를 안는 프로세스를 진행시키려면

여성은 생리학적으로 관계를 단숨에 발전시키지 못한다. 따라서 여성과 스킨십할 기회를 잡지 못하면 아무리 오랜 시일이 흘러도 그 이상으로 발전하지 못한다. 때문에 그 계기를 만들기 위해 고민하는 남성도 많을 것이다. 그러나 여성은 하나하나 납득이 갈 수 있는 프로세스를 거칠 수 없는 남녀관계란 연인사이로 오래가지 못할 것이라고 본능적으로 생각하고 있다.

결국 상대방이 흥미를 느끼며 공감할 수 있는 화제를 골라 이야기를 하며 자연스럽게 어깨에 손을 얹을 수 있는 스킨십부터 출발해야 한다.
아마 자연스럽게 받아들이는 방법일 것이다. 동료 의식이 강해져 남성이 접촉하고 있다는 의식이 별로 들지 않는다. 마치 노래 부를 때 옆에 있는 사람과 어깨동무를 하듯 자연스럽게 어깨에 접촉해도 당연한 것으로 느낀다. 이 기회만 잡으면 어깨에 손을 두르고 허리를 안는 프로세스로의 발전은 이제 시간문제이다.

여자는 이런 남성이라면 허락한다

생일에 꽃다발을 선물한다

컨디션이 나쁠때 조용히 신경을 써 준다

그녀를 술에 취하게 한 뒤 설득하려면

<u>여성은 만취했을 때보다도 적당히 취했을 때가 성적 흥분이 더 높다.</u>

여성과 함께 술을 마시려는 남자에게 상대방이 술에 취하면 자기 여자로 만들어 보려는 속셈이 전혀 없다고는 할 수 없다. 사실 그런 자리에서 호텔로 가게 되는 커플의 경우도 없지는 않다. 그래서인지 남성들은 여성이 술에 취하게 하려고 억지로 술을 권한다. 그러나 그렇게 하면 오히려 실패할 확률이 높다.

여성을 설득하는데 가장 효과적인 역할을 해 주는 술은 싱글로 두세 잔 정도이다. 약간 취기가 있을 정도를 말한다. 대뇌 생리학적으로 이 단계는 이성이나 정서를 콘트롤하는 대뇌의 새로운 피질이 가볍게 마비된다고 한다. 즉 상대방에 대한 경계심이나 일반적인 도덕의식 따위가 희박해지는 상태인 것이다. 그러면 인간의 잠재적인 성욕이나 식욕을 컨트롤하는 대뇌의 낡은 피질이 활발해지고 남자를 받아들이기가 쉬워진다.

그러나 만취하게 되면 이번에는 모처럼의 낡은 피질까지 마비되어 성욕도 사라진다. 술이 많이 취하면 섹스에 대해 불감증이 되는 것은 남성들도 흔히 경험하는 일이다. 술자리에서 결코 시간을 오래 끌지 말고 여성이 약간 취했을 때 단숨에 공격하는 것이 효과적이다.

그녀 스스로 속옷을 벗게 하는 방법

<u>여성의 성적인 수치심은 여성의 결벽감에서 생긴다.</u>

섹스 산업이 번창하고, 고전적인 스트립쇼, 즉 옷을 벗는 프로세스가 여전히 남아 있는 이유는 그것을 보고 싶어하는 남자가 있기 때문이다.

그러나 대개의 일반 여성은 옷을 벗는 장면을 누가 보면 부끄러워 한다. 아무리 아름다운 몸매를 갖고 있다 하더라도 여성 자신은 스스로의 몸에 콤플렉스를 느낀다. 또한 여성은 완전하기를 원하는 마음이 있다. 특히 자신의 몸에 대해서는 늘 그려 왔던 이상형과의 갭을 의식한다.

또한 여성은 침대에 들기 전 반드시 샤워하기를 원한다. 이는 자신의 몸에서 나는 냄새 등을 의식하고 있기 때문이다. 또한 여성은 자신의 몸에 대해 남성으로서는 상상할 수 없는 불결감을 지니고 있다. 이럴 때 강하게 안으면 역시 그 수치심으로 인해 섹스를 즐길 수 없을지도 모른다. 여성에게는 강인해야 하지만 이 역시 임기 응변으로 해야 비로써 효과가 발휘된다.

그녀의 하반신을 만지려면

여성의 성적 수치심은 흥분과 반비례한다.

남성은 여성을 만지고 싶어하고, 여성은 남성이 만져 주기를 바란다. 이는 매우 당연한 욕구이다. 그러나 역으로 여성은 바로 그러한 점을 남자가 절대로 알지 못하게 하기 위해 마음속에 울타리를 치고 있다. 그리하여 남자가 손을 뻗쳐도 차갑게 밀어낸다. 대개의 남성은 그 단계에서 필요 이상으로 겁을 먹고 두 번 다시 접촉하지 않으려 한다. 그러나 그대로 끝나버리면 사실 가장 실망하는 사람은 역시 손을 밀어낸 그녀 자신이다.

여성은 남성이 몸을 만질 때 처음에는 그것을 거절하더라도 신체적으로 흥분을 맛본다. 때문에 의식 밑바닥에서는 남자가 다시 시도해 주기를 원한다. 여성의 거부가 진실이 아님을 이해한다면 쉽게 알 수 있을 것이다.

즉 한 번 거절당하면 다시 얼마의 시간이 지난 뒤 다시 시도한다.

그러나 만약 겁을 내어 피하면 남성은 두 번 다시 그녀를 만질 수 없다. 주저하지 말고 두 번째 공격을 감행하면 여자는 의외로 쉽게 그 접촉을 받아들일 수 있다.

"당신만은 알고 있어야 한다고 생각해"라는 말의 효력

어떤 여자나 스스로의 가치를 다른 여자와 비교함으로써 인식하려는 습성을 가지고 있다. 때문에 "당신이니까 하는 말인데…", "당신만은 꼭 알고 있어야겠다고 생각해서인데…"하는 말을 듣고 마음이 움직이지 않는 여성은 없다. 여성은 "당신만"이라고 자신을 특별 취급해 주는 남자의 말을 잘 받아들일 준비가 되어있다. 이는 여성 특유의 타인 지향적인 사고방식 때문이다.

여성은 자신의 가치를 다른 여성과 비교한 형태가 아니면 이해하지 못한다. 즉 "당신이니까", "당신에게만"이라는 말을 들으면 다른 여성들과 비교하여 자신에게 최대의 가치가 있다고 생각하는 것이다.

이런 여성의 특성을 이용해 보라. 쉽게 여성의 마음을 열게 할 수 있을 것이다. 그녀를 특별히 인식하고 있다는 사실을 여성에게 은근히 전한다. "당신에게만 가르쳐 주겠는데…", "당신하고 밖에 의논할 수 없으니까…"라고 그녀가 특별한 여성이라는 점을 넌지시, 그리고 지속적으로 암시하는 것이다. 그녀는 자기 자신을 특별히 여겨 주는 남성을 마찬가지로 특별히 생각하기 시작한다. 그리고 그에게만은 알게 하고 싶다는 등 감정 이입을 시작하는 것이다.

추억을 만들기 위해서라면 여자는 무엇이든 한다

<u>어떤 여자의 마음에나 "메르헨 욕구"가 깊이 뿌리 내리고 있기 마련이다.</u>

"과거는 모두 아름답다"는 말이 있다. 이는 여성의 메르헨 욕구를 잘 나타낸 표현이라 하겠다. 즐거운 체험은 물론 괴로운 추억이라도 여성은 그것을 마음 속에서 남몰래 즐기는 특이한 재능을 지녔다.

그러한 여성들의 생리적인 소망은 때론 현재의 시점을 미래의 입장에서 바라보는 역전극을 벌이기도 한다. 자신이 현재 하고 있는 일을 장래에 후회하게 되지 않을까 하는 마음속의 동향이 그것이다. 설득할 때 이 여성 특유의 습성을 이용해 보자. "멋진 추억을 만들기 위해 둘이 여행을 가자"고 추억을 강조한다. 그러면 그 남성은 그다지 좋아하지 않더라도 아름다운 추억을 만들 수 있다는 예감으로 인해 그 권유에 따르는 심리가 발동을 한다. 그렇게 되면 여성은 보다 더 좋은 추억을 만들기 위해 적극적으로 두 사람의 관계를 발전시킬 수도 있다.

여자의 신뢰감을 이용하여

　여성은 남성과는 매우 달리 피동적으로 행동한다. 누군가 끌어 줄 사람이 필요한 것이다. 멋진 레스토랑이나 바에서만 데이트를 할 것이 아니라 때로는 여자 혼자는 가기 힘든 장소로 그녀를 리드하자. 지금까지 냉담했던 그녀가 그 단단한 마음의 문을 열어 줄지도 모른다.

　앞에서도 설명했듯이 여성은 피동적인 동물이다. 여성은 자신이 모르는 세계, 한번도 경험하지 않은 행위에 대해서는 공포와 비슷한 감정을 느낀다. 이로 인해 방어 본능을 작용시키고 좀처럼 그 벽을 넘지 못한다. 그런 때 직접 손을 잡고 새로운 체험을 시켜 주는 남성이 나타나면 그에게 깊은 신뢰감을 품게 된다. 또한 여성은 항상 자신을 지켜 주는 어떤 존재에게 의지하려 한다. 깡패에게 둘러싸인 여성이 무의식 중에 연인인 남성의 등 뒤로 몸을 숨기듯 남성의 보호를 본능적으로 찾는 것이다.

　이 보호를 원하는 여성의 마음을 효과적으로 이용하는 것이다. 새로운 세계로 여성을 리드함으로써 생긴 신뢰감을 통해, 미지의 체험으로 유인해 주기를 바라게 하는 것도 결코 불가능하지 않을 것이다.

여행지에서의 손편지로 그녀를 황홀하게

여성의 "신데렐라 소망"은 생리적인 요소와 밀접한 관계가 있다.

여성은 자궁으로 사물을 생각한다는 말이 있다. 그런 의미에서 어떤 여성을 막론하고 모두 생리학적인 틀에 묶여 있다고 할 수 있다. 그렇기에 여성은 항상 자신이 속해 있는 장소로부터 탈출하려는 욕구를 가지고 있다. 강력하게 자신을 데리고 가줄 남성을 마음속에 그리는 신데렐라 소망은 모든 여성의 잠재적 욕구인 것이다.

그런 심리를 이용하는 방법으로 먼 여행지에서 여성에게 편지나 엽서를 보내 주는 것이 있다. 자신이 한 번도 가보지 못한 곳으로부터 날아 온 한 장의 그림엽서, 그것은 그녀를 일상적인 공간으로부터 해방시켜 줄지도 모른다. 아니 어쩌면 백마를 탄 왕자님일지도 모른다고 생각하는 것이다. 그리하여 당신의 존재는 지금까지 사귀어 온 어떤 남성들보다도 큰 존재로 부각되는 것이다.

그리고 틀림없이 당신이 여행에서 돌아오기를 큰 꿈과 기대를 품으며 기다린다. 그런 상태라면 몸과 마음을 여는데 인색하지 않으리라.

자연스러운 보디 터치의 반복은 그녀의 마음을 변화시킨다

<u>여성의 약점은 육체의 잠재적인 욕망과 심리적인 결벽감 틈새에 생긴다.</u>

여성은 남자와 닿게 되면 생리적인 혐오감이 생긴다고 생각하는 남성이 적지 않다. 하지만 전혀 그렇지 않다. 여성은 남성이 자신의 몸에 접촉하는데 어떤 커다란 기대를 갖는다. 또한 몸을 접촉함으로써 성적인 쾌감을 느끼고 있음은 말할 나위도 없다. 그러나 여성들은 쾌감을 느낀다고 하여 노골적으로 남성의 터치를 요구하지는 못한다. 때문에 여성의 몸에 닿을 때에는 여성이 심리적으로 납득할 수 있는 구실을 주어야 한다.

예컨대 데이트에 늦는 경우 "늦어서 미안해"하면서 어깨를 가볍게 두드린다. 혹은 머리에 실밥이 묻었다고 하며 머리를 만져 보기도 하고 "거기 물이

고여 있어 조심해"하면서 손을 잡아 준다. 즉 그녀와 자연스럽게 접촉할 수 있게 유도 하는 것이다. 이렇게 자연스러운 터치에서부터 시작하면 그녀의 저항은 작아지고 점차 쉽게 받아들인다. 그것을 되풀이하는 동안에 그녀는 은근히 접촉해 주기를 원하게 된다.

그녀의 말없는 OK 사인을 어떻게 받아들일 것인가

여성의 감정은 말보다는 몸짓, 행동으로 나타날 때가 많다. 그녀에게 섹스를 요구했을 때 그녀가 말로 OK하지 않는다고 이내 포기하는 것은 잘못이다. 여성은 남성만큼 말을 믿지 않기 때문이다. 남성은 항상 이성적이고 논리적이다. 그러나 여성은 생리적, 육체적 세계에 살고 있다. 여자가 "자궁으로 사물을 생각한다"고 하는 것도 바로 그 때문이다.

여성은 자신의 마음을 육체적, 생리적으로 표현하려 한다. 그래서 말 이외의 방법으로 신호를 보낸다. 그리고 그 말 이외의 신호가 가끔 중대한 의미를 갖는 때가 있다. 여성의 마음을 이해하기 위해서는 신호를 충실하게 읽을 줄 알아야 한다.

예컨대 밤거리를 거닐다가 슬쩍 그녀의 허리를 안아도 거부하지 않는다든가 둘이 밤늦게까지 있어도 전혀 막차 시간을 걱정하지 않는다는 것은 곧 OK사인을 내고 있는 것과 같다. 그런 사인을 놓치지 않도록 주의를 기울일 줄 알아야 한다.

여성의 말없는 메시지를 남성이 놓쳤을 때 여자는 "이 남자는 정말 둔하네!"하고 체념해 버린다.

거부감없이 옷을 벗게 하는 테크닉

가까스로 그녀와 같은 침대에 누울 수가 있었다. 그런데 그녀의 옷을 벗기는 동작이 순조롭지 않아 실패해 버렸다는 경우가 의외로 많다. 어물거리는 사이에 여자의 흥분이 가라앉아 버렸던 것이다.

옷을 벗기려 할 때 흔히 여성은 싫다며 가볍게 저항한다. 마음이 약한 남성은 그 말을 그대로 받아들여 한 순간 움직임을 멈춘다. 그러면 그 순간에 여성은 냉정을 되찾는다. 나중에 "이 사람과 함께는 역시 어색해…"하고 마음이 변하게 된다.

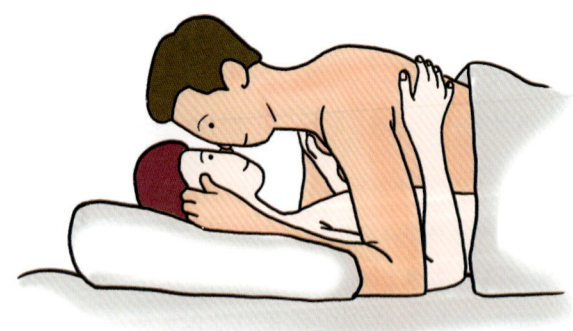

이런 때에는 그녀가 싫다는 말을 못하게 해야 한다. 별것도 아닌 테크닉이지만 키스로 그녀의 입을 막고 차례로 벗겨 가는 것도 한 방법이다. 그렇게 하면 그녀는 자기가 한 말의 암시에 걸리지도 않고 저항없이 몸을 허락한다. 또한 목덜미를 애무하는 것도 한 방법이다. 동물이 먹이를 노릴 때 맨 먼저 목덜미를 무는 것처럼 목덜미나 입을 입으로 애무를 받으면 신체적으로 무력해진다. 이 방법이라면 그녀도 어쩔 수가 없을 것이다.

그녀에게 연인이 있다 하더라도 체념은 이르다

여성의 몸에는 항상 강한 수컷을 선택하려는 동물적 본능이 숨어 있다.

요즘 어떤 여자들은 동시에 몇 사람의 남성과 육체관계를 가지는 이들도 있다. 비록 특정한 상대가 있더라도 다른 남성으로부터 구애를 받는 것을 자랑스럽게 생각한다. 그 쾌감을 정면으로 부정할 만큼 현대 여성은 도덕적이지도 않다.

여성은 본능적으로 항상 강한 남성을 선택하려는 충동을 받는다. 생리학자 에리스는 처녀막이 왜 동물에게는 없고 인간에게만 있는가를 연구한 끝에 자연도태설을 주장했다. 즉 처녀막이란 그것을 뚫을 수 있는 강한 수컷을 선택하기 위해 있는 것이며, 약한 수컷의 씨앗을 후세에 남기지 않으려는 것이다. 이와 같이 여성은 남성을 끝없이 선택하려고 한다. 따라서 자신이 호의를 품고 있는 여성에게 특정한 상대가 있다고 하여 깨끗이 단념해 버리는 것은 금물이다. 어쨌든 그녀를 사로잡을 수 있도록 박력있고, 진취적인 모습이 호감을 살 수 있을 것이다.

여성을 기쁘게 하는 가장 효과적인 말

<u>여성들은 "여자의 가장 큰 매력은 젊음"이라고 믿는다.</u>

동서양을 막론하고 "젊게 보인다, 동안이다"는 말을 듣고 기뻐하지 않는 여성은 없다. 분명히 젊은 여성들은 남자로부터 젊다는 이유 하나만으로 대접을 받는다. 또 그런 속에서 살아 온 여성들이 그렇게 믿는 것도 무리는 아니다.

지금은 20대도 되기 전에 젊음을 구걸하는 시대이다. 많은 여성들이 무의식 중에 자신의 연령에 초조감을 느끼고 있다. 따라서 20대 후반이 되면서 젊게 보인다는 말에 결정적으로 약해진다. 따라서 상대방이 28~29세 여성이라면 "네에? 정말입니까? 실례했습니다. 아직 갓 스물인줄 알았습니다"라고 말하는 것이다.

여성은 자신을 기쁘게 하는 남성에게 조건 없이 마음과 몸을 드러낸다. "당신은 젊다, 동안이라고 하는 남성에게 신경이 쓰이게 마련이다. 다만 정말 너무 어린 여성에게 그런 말은 아무런 의미가 없다.

실연한 여성일수록 넘어오기 쉽다

여성의 허영심은 여성의 본연에 그 뿌리를 깊이 박고 있다. 여성은 허영심이 강한 동물이다. 남성처럼 실력으로만 살아갈 자신이 없는 만큼 아무래도 허영이나 프라이드에 매달리려 한다. 개중에는 삶의 보람이 허영심을 채우는 것이 아닌가 생각될 정도의 여성도 있다. 그 여성의 삶의 의미는 겉치레에 있는 것이다. 그런 여성이기에 연애조차 이 허영심이 좌우되는 것도 무리가 아니다.

특히 실연을 했을 경우 그 허영심은 큰 상처를 받는다. 다른 여성에 대해 그녀의 체면은 도무지 말이 아니다. 그럴 때 여성은 조급히 새로운 연인이 있었으면 하는 바람을 갖는다. 떠들썩하게 연애를 한 뒤 실연했구나 했더니 그 사랑의 상처가 아물기도 전에 결혼하여 주위를 놀라게 하는 여성이 많은 것도 그런 이유에서이다.

그런 기회를 이용하는 것도 하나의 방법이다. 그런 여자의 마음을 뒤흔들면 그녀는 의외로 쉽게 몸과 마음을 연다. 그녀가 과거의 남자를 잊을 수 없는 것이 아닐까 불안해지기도 하겠지만 여성은 현실적이다. 새로운 애인이 생기면 "이번 남성이 더 멋져"라고 스스로를 납득시키려 노력하고 나중에는 참으로 그렇다고 생각하게 된다.

사랑이라는 원칙만 성립되면 여성의 성적인 결벽감은 해소된다

남성은 섹스에 아무런 장식도 하지 않는다. 그저 쾌락의 진실이 있을 뿐이다. 이에 비해 여성의 섹스에는 원칙이 있다. 즉 여성은 섹스가 어디까지나 두 사람의 사랑의 결과이며 운명적인 만남이라 생각하는 것이다. 이유가 분명하지 않으면 여성은 남성 앞에 몸을 열 수가 없다. 즉 여성은 섹스를 하는 이유를 원한다. 다만 기분이 좋기 때문에 한다고 해서는 안 되는 것이다.

여성은 섹스에 응한다 하더라도 "나는 쾌락을 위해서만 하는 것은 아니다. 남자가 요구하기 때문에 어쩔 수 없이 응하는 것이다. 두 사람의 사랑을 확인하기 위해"라고 항상 자기 자신에게 강조한다. 만일 남성이 그것을 인정해 주지 않고 섹스만을 원할 때 그 남성을 거부하고 만다.

여성으로 하여금 스스로 몸을 열게 하기 위해서는 이러한 원칙을 인정해 주어야 한다. 그 원칙만 성립되면 그녀는 안심하고 섹스에 몰두할 수가 있다. 남성이 "사랑한다. 좋아해"하고 항상 암시하는 경우 여성은 놀랍도록 섹스에 대담해진다.

제3장

여자의 경계심을 푼다

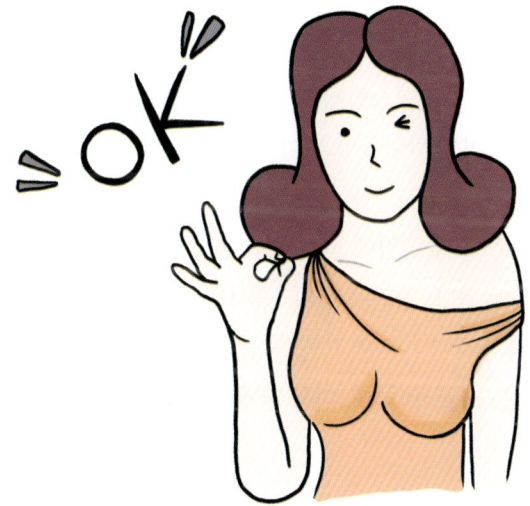

그녀의 허점을 찔러 키스를

　남성이 접근을 하면 얼굴을 돌리며 거부하는 여자가 있다. 접근하는 남성의 얼굴이 여성에게 심리적으로 저항감을 느끼게 하기 때문이다.
　이는 남자끼리도 마찬가지이다. 친구와 마주앉아 있을 때 그 친구가 얼굴을 접근시키면 어쩔 수 없이 얼굴을 돌리게 될 것이다. 인간의 얼굴에는 그 사람의 개성이나 존재감 등 여러가지의 의미가 상징된다. 그러므로 그것과 마주하게 되면 심리적으로 커다란 저항감을 불러일으키는 것이다.

　절대로 여자와는 얼굴을 마주보지 않아야 한다. 즉 그녀 옆에 앉아 접근하거나 그녀의 등 뒤에서 자연스럽게 안으며 목덜미에 키스를 하는 등의 방법이라면 그녀도 저항없이 받아들일 것이다.

　또한 생리학적으로 볼 때 시각에 의해 느끼는 남성과는 달리 여성은 청각에 의해 성적으로 흥분이 된다. 정면에서 키스를 요구하면 남성의 모습이 시각으로 들어오기 때문에 청각이 시각의 방해를 받아 성적으로 한 순간 멈춰진다. 그러면 비록 키스에는 성공하더라도 다음 단계에 이르기가 힘들어진다.

그녀의 경계심을 효과적으로 풀려면

여성은 정신적으로 아늑함을 느끼면 본능적으로 마음과 몸이 무방비 상태에 이른다. 젊은 여성이 흔히 하는 말에 "나를 잘 이해해 주는 사람"이 있다. 그러나 이 경우 그 말을 그대로 받아들여 진심으로 그녀의 모든 것을 이해하려 해서는 안 된다. 참으로 자신을 이해해 주는 따위는 조금도 바라지 않기 때문이다. 여기서 그녀가 말하는 "나를 이해해 준다"는 정신적인 면만을 가리키는 것이 아니다. 무슨 일이든 "내가 하는 것을 모두 받아들여 주고, 적극적으로 나를 지지해 주기를 바라는" 남성에 대한 의존인 것이다.

앞에서도 설명했지만 여성에게는 항상 남성으로부터 보호를 받으려는 본능적인 욕구가 있다. 그리하여 남성이 모든 것을 받아들여 준다는 안도감은 무엇보다도 중요한 것이다. 무슨 말을 해도 이 사람이라면 받아들여 준다. 이 사람에게는 아무리 응석을 부려도 문제없다는 아늑함을 주는 남성과 만났을 때 여성은 마음과 몸을 열게 된다.

남성이 여성에게 "무슨 일이든 내게 맡겨라, 얼마든지 하고 싶은 만큼 응석을 부려도 돼"하고 안심을 시키는 것이 효과적인 이유는 바로 거기에 있다.

이 점에 능통하면 어떤 여성이든 마음대로

이상하리만큼 강한 여성의 방어본능은 생리적인 약점에서 생긴다.

본래 여성은 섹스를 원하고 있기는 해도 행위에 대해서는 매우 신중하다. 이것은 여성 특유의 방어본능에서 비롯된다. 자연에서 여성이 임신, 출산하고 그리고 아이를 키우는 동안 어떤 위협에 대해 완전한 무방비 상태에 놓인다. 따라서 임신한 뒤에는 의지하는 남성의 보호를 원한다. 그러나 아니러니하게도 남성은 일반적으로 섹스만을 원하며 사정을 끝내면 재빨리 달아나 버리는 경향이 있다. 때문에 남성을 선택하는데 신중해지지 않을 수 없다. 남성의 마음을 끌려고 하면서도 결코 그 남성에게 마음을 허락하지 않는 이유는 바로 거기에 있다.

말하자면 여성은 무너뜨릴 수 없는 성과 같다. 하지만 그 성에는 한 가지 비밀이 있다. 다름이 아니라 누군가에게 함락되었으면 하고 은밀하게 원하고 있다는 사실이다.

어느 성에도 한 가지의 약점은 있다. 마찬가지로 여성도 수많은 위크 포인트를 가지고 있다. 이 위크 포인트를 정확하게 파악하고 요소요소를 계속하여 공격하라. 아무리 난공불락인 그녀라도 스스로 성문을 열어 당신을 받아들이게 될 것이다.

그저 막연한 교제로는 사이가 가까워지지 않는다

여자는 일단 남자에게 신뢰가 쌓이면 반사적으로 모든 것을 허락한다. 여성은 남자의 본심을 그 행동을 통해 읽으려 한다. 예컨대 반드시 데이트 약속 10분 전에 약속 장소에 나와 있다든가, 차를 탈 때는 언제나 그녀를 다른 사람들로부터 지켜 주는 등의 행동을 통해 "이 사람은 나를 소중히 여기고 있다"고 느끼게 된다.

즉 여성에게 입으로만 하는 "사랑한다"는 말은 불충분하다. 행동에 의해 나타나기를 바라는 것이다. 남자가 여성에게 청혼할 때 형식을 갖추어 반지를 준비하는 것도 그 때문이다.

이러한 성의 있는 행동이 계속되면 비로소 그녀는 이 사람이라면 믿을 만하다고 생각하여 그 남성에게 마음의 문을 연다. 그리고 이렇게 한 번 신뢰하게 되면 나중에는 주동적인 남자의 행동에 잘 수긍하는 여성이 많다. 특히 남성에 대해 방어심리가 강력하게 작용하는 사람이나 인텔리 여성의 경우에 그런 경향이 의외로 강하다. 바로 이러한 여성의 위크 포인트를 교묘하게 포착하여 그녀들을 자기 마음대로 조정하는 결혼 사기꾼을 보라.

여성은 동일 공간에 있으면 경계심이 희박해진다

일반적으로 남성은 호텔에 들어서면 이미 그 여자는 내 것이라고 생각하기 쉽다. 그러나 실제로 여성은 호텔방에 들어섰을 때 심리적으로 가장 민감해진다. "이 남자 정말 나를 사랑하고 있는 걸일까", "내 육체만이 목적이 아닐까"하고 의심스러워지는 것이다. 그리하여 남자의 마음속을 미묘하게 추정해 보기도 한다.

여성이란 생리적으로 새로운 환경에 익숙해지는데 남자보다 다소 긴 시간이 걸린다. 따라서 호텔 안에 들어선 뒤 얼마 동안은 혼란을 일으킨다.
또한 경험이 적은 젊은 남자들은 이럴 때 느닷없이 그녀에게 달려들곤 하는데 그렇게 되면 여성은 거부감으로 그냥 나가버릴 수도 있다. 가령 목적을 이루었다 해도 그러한 무신경한 방법으로는 "이 남자는 결국 내 육체가 목적이었군"하는 생각밖에 주지 못한다.
두 번째의 도전은 생각조차 해볼 수 없다.

그런 미숙한 남성일수록 "승낙했으면서 이제 와서 거부하는 건가"하고 화를 낸다. 참으로 어리석다고 할 수 있다.

그녀에게 효과적으로 구애하는 비공개 기술

대개의 여성은 자기의 가치를 타인과의 관계로 판단한다. 가령 "나는 커피 심부름 밖에 못하는 ○○보다는 회사에 더 도움이 되고 있다", "나를 센스있다고 하는 사람이 많아" 등등 자신의 판단보다는 남의 인식 가운데에서 보다 큰 가치를 찾아 내려 한다.

이런 여성의 특징을 이용하면 그녀를 설득하기가 아주 간단해진다. 다시 말해 그녀의 여자 친구들이 있는 앞에서 설득하는 것이다.

여성에게 있어서 모든 여성은 라이벌이다. 그 라이벌 앞에서 한 순간이나마 우위에 서는 일은 여성에게 있어서 큰 기쁨인 것이다. 물론 그 자리에서 OK할 리는 없다. 오히려 마음과는 정 반대 태도를 취할 것이다. 다른 여성을 라이벌로 삼는 것이 싫다기보다 자신이 가벼운 여성이라 생각되지 않게 하려는 허영심이 작용하기 때문이다. 따라서 그 뒤 여성과 단 둘이 되었을 때 차분히 설득을 한다. 그녀는 당신을 결코 거부하지 못할 것이다.

처음 데이트에는 어디로 데리고 갈 것인가

여성은 장소에 따라 남성에 대한 경계심의 정도를 본능적으로 변화시킨다.

데이트할 때 대개의 남성은 우선 분위기가 좋은 조용한 장소를 고르려 신경을 쓴다. 시작의 커플이 아닌 별탈없이 교재해온 사이라면 그러한 배려는 매우 효과적일 수 있다. 또한 그로써 그 때까지의 어정쩡하던 관계가 단숨에 깊은 관계로 진전될지도 모른다.

그러나 첫 데이트라면 이야기가 또 달라진다. 왜냐 하면 처음 데이트에서 여성의 긴장감은 상당하다. 게다가 좋은 분위기의 조용한 장소는 긴장감이 높아지기는 해도 절대로 낮아지지는 않기 때문이다. 그리하여 자신의 결점을 노출시켜서는 안 되겠다는 생각이 더욱 굳어진다.

처음 데이트에는 다소 긴장감이 생기는 고급스러운 장소보다는 사람들이 일반적으로 즐기는 번화가의 평범한 장소가 훨씬 좋다. 그런 장소라면 기분도 편해지고 깊은 관계가 될 발판이기도 하다.

데이트 전에 그녀의 취향을 알아낸다

여성은 본능적으로 남성의 우회적인 태도보다 단도직입적인 요청을 좋아한다. 그러면서도 여성은 자신을 우회시켜 표현하고, 남성의 우회적인 표현에 답답함을 느끼는 야릇한 성향을 지고 있다.

따라서 그녀와 데이트하고 싶을 때에는 "나와 데이트하지 않겠어?"하고 직접 말하는 쪽이 성공률이 높다. 우회하여 넌지시 요구하여 오히려 실패한다. 정면에서 당당하게 부탁을 하는 것이다. 상대방이 호의를 가지고 내민 손을 차갑게 뿌리친다는 것은 여성에게 상당한 부담을 준다. 때문에 쉽게 거절하지 못한다.

또한 여성은 남성에게 자신에게는 없는 남성적인 면을 찾는다. 이 단도직입적인 데이트 요청은 그 남성적인 상징 중 하나인 강력함을 보여준다. 때문에 데이트 요청을 위한 통화는 되도록 짧게 3분 이내에 끝내야 한다. 어물어물 이야기를 끌고 가면 거절할 구실을 주게 된다. 순간에 끝내야 한다는 점을 기억해 두자.

선물 공략은 심리적 파급을 생각하며

여성은 선물의 배후에 감춰진 속셈을 발견한 순간 오버하여 방어하게 된다. 그러나 어쨌든 여성의 마음을 잡는데는 선물이 효과적이다. 그래서 겨우 두세 번 정도 데이트 했을 뿐인 여성에게 반지나 핸드백 등 비싼 선물을 하는 남성이 많다. 이는 큰 잘못이다. 선물을 받는 순간 그 남성이 침대 위에서 자신을 정복하고 있는 모습을 상상하기 때문이다. 선물을 받은 부담으로 인해 남성에게 몸을 허락하는 것까지 여자는 상상을 한다. 결과적으로 "저 남자는 내 육체를 노리고 있다"고 생각하며 그 남성에 대해 거부감을 가질 수도 있다.

이는 여성의 두려움으로 인해 생긴 과잉방어가 그 원인이다. 모처럼 순수한 생각으로 한 선물이라도 무슨 효과가 나겠는가. 아직은 잘 알지 못하는 상대방에게서 값비싼 선물을 받고 기뻐한다면 이는 남자를 다루는데 익숙한 호스테스 정도일 것이다. 대개의 여성들은 오히려 부담스럽게 생각한다. 그래도 무엇인가 선물을 해야 할 경우에는 상대방 여성이 부담을 느끼지 않는 정도가 좋다. 예컨대 예쁜 액세서리, 소품 정도로 "어쩌다 눈에 띄어서"하면서 자연스럽게 건네주면 된다. 선물은 두 사람의 친밀도를 갖게 한다.

통화 시 주의해야 할 것은

여성은 상식의 테두리 안에 남성이 있게 되면 한없는 안심과 함께 신뢰감을 느낀다. 통화를 하는 것은 그녀와 친밀해지는 한 방법으로 꼽힌다. 그러나 상대방을 고려하지 않고 일방적인 통화나 예의가 없는 것은 곤란하다.
긴 통화는 주변사람 가족으로 부터도 좋은 느낌을 갖게 하지 않을 것이다. 그렇다면 남성이 아무리 성과 열의를 다해도 여성의 관심도는 떨어진다.
여성은 남성과는 달리 상식을 벗어나는 것을 매우 싫어한다. 상대방 입장을 생각하지 못하는 비상식적인 남성은 여성의 눈으로 볼 때 마마보이인가 하는 생각을 하게 된다. 그래서 이성적인 관계 발전에서는 멀어질 수도 있으며, 기본적인 매너를 중요시하는 여성에게 있어서 매력 어필은 못한다고 보아야 한다. 그런 남성에게 어떻게 여성이 마음 놓고 자신을 맡길 수가 있을 것인가.

아직 친밀하지 않은 여성에게 전화를 걸 때에는 반드시 상대방의 입장을 먼저 고려해야 한다. 통화가 되었을때 "지금 통화가능해?"라든가 아니면 먼저 메시지로 묻고 통화를 하는 편이 좋다.

무리한 칭찬은 역효과

여성은 남성에게 어떤 평가를 받는가에 따라 본능적으로 그 남성의 성실도를 확인한다. 여성의 마음을 사로잡으려면 칭찬이 가장 효과적이다. 하지만 무턱대고 칭찬만 해서는 오히려 가벼운 느낌만 준다. 따라서 여성을 칭찬하는 경우 그녀가 어느 점을 칭찬받고 싶어 하는가를 미리 알고 난 뒤 그것을 집중적으로 해야 효과가 있다.

예컨대 그녀가 새 옷을 입었다면 지체없이 "코디 잘했네", "그 옷 잘 어울려"하고 칭찬한다. 혹은 "오늘 화장이 블링블링 한데?"라고 말한다. 만일 상대방이 인텔리인 척 한다면 넌지시 그녀의 지성과 교양을 인정해 주는 것도 한 방법이다. 예술에 취미가 있는 여성이라면 그 미적 감각에 대해 칭찬을 한다.

즉 당사자가 무엇을 가장 소중하게 여기고 있는가를 알아내어 그것을 칭찬하는 것이다. 당신은 "아주 미인이야"식의 일반적인 칭찬으로는 사실성이 없다. 어색하게 들릴 뿐이다. 모습을 칭찬한다면 "당신은 머리결이 너무 좋아"라든가 "예쁜 눈썹이야"라고 평가하는 쪽이 그 진실성이 돋보인다.

똑똑한 여성에게는 겉모습보다 내면을 칭찬하라

본인의 내면을 높이 평가 받았을 때의 기쁨은 남성에 비해 훨씬 크다.

어느 결혼 사기군의 고백에 따르면 대기업 종사하거나 전문직업을 가진 사회적 지위와 교양이 있는 여성은, 얼굴보다도 그 능력을 칭찬하는 쪽이 훨씬 효과가 있다.

모든 여성이 그렇다고 할 수는 없다. 하지만 일리는 있다. 여성의 사회적 지위가 향상된 현대라고는 하지만 아직까지도 여성이 능력을 발휘하기 쉬운 사회라고만은 할 수 없다. 그래서 나름대로 교육을 받아 온 여성일수록 무력감에 빠지기가 쉽다.

또한 그런 여성은, 사람은 내면의 세계나 능력이 무엇보다 중요하다는 생각을 한다. 때문에 자신의 내면세계나 능력을 칭찬해 주는 사람을 만나면 금방 신뢰한다. 여성은 스스로 칭찬에 약하다는 것을 본능적으로 알고 있다. 그리하여 머리가 좋은 여자일수록 남성으로부터 외모의 칭찬을 들으면 반대로 "이 얼마나 속 보이는 칭찬인가"하며 반발을 한다. 이런 여성에게는 주로 내면적 지성이나 교양을 칭찬해야 더욱 친근해 질 수 있는 방법이다.

여성에게 좋은 인상을 주는 노하우

여성은 남성이 쉽게 의식하지 못하는 부분까지 그 몸짓, 표정에 의해 알아내는 능력을 가지고 있다. 그러나 자신이 여성과 이야기할 때 어떤 표정이나 몸짓을 하는가를 정확하게 알고 있는 사람은 의외로 적다. 그런데 이 몸짓이란 사람의 감정을 무의식중에 표현하는 것이다. 그러므로 상대방 여성이 권태를 느끼게 하는 표정과 몸짓을 하고 있지 않은가 주의해야 한다.

이를 방지하기 위해서는 평소 자신이 어떤 표정이나 몸짓으로 이야기하는지 알아 둘 필요가 있다. 그러기 위해서는 배우처럼 거울 앞에서 이야기를 해 본다. 만일 자신이 보기에도 불쾌하게 생각되는 몸짓이나 표정이 있으면 즉시 고치도록 한다. 이는 말하는 방법에서도 마찬가지이다. 자신의 목소리, 말을 녹음한 뒤 한 번 들어 보라.

아무리 여성을 설득할 수 있는 재주가 있다 하더라도 그것을 사용하기 위해서는 표현력을 쌓아 두어야 할 것이다.

공원 벤치, 칵테일 바는 분위기를 북돋아 준다

여성의 남성에 대한 경계심은 심리적인 수수께끼를 알면 풀린다. 카페에 들어갔을 때 여성은 남성과 마주앉으면 의외로 긴장한다. 일상적인 이야기도 어색해진다. 이는 앞에서도 말했듯이 남성과 정면으로 마주하면 상대방을 온 몸으로 받아들이고 있는 것 같은 느낌이 들어 심리적으로 불안해지는 것이다. 마치 동물이 상대방이 더 이상 들어오게 하고 싶지 않은 심리적인 방위망을 자신의 주위에 둘러치는 것과 같다.

남성은 이 긴장감을 여성에게 주지 않도록 해야 한다. 그래서 여성에게 다가갈 때는 옆에서부터 한다. 즉 중요한 이야기를 하거나 키스를 요구할 때 그녀의 옆에서 시도하는 것이다. 아마 그녀는 순순히 받아들일 것이다. 점점 친밀감을 느끼면서 그 다음 단계는 그리 어렵지 않을 것이다.

그녀와의 데이트에 무슨 옷을 입을까

여성은 자신의 옷차림에 신경을 쓰는 남성은 대개 몸에 대해서도 신경을 쓸 것이라 생각한다. 데이트 할 때 옷차림은 평소보다는 더 신경을 쓰게 된다. 이는 상대방에게 조금이라도 좋은 인상을 주기 위함이다. 그래서 본인의 취향보다는 여성이 좋아하는 스타일로 입어주는 것도 좋은 방법이다. 상대 여성이 함께 다니면서 부끄러워하지 않을 것을 생각하는 것이다. 또한 센스있게 그녀가 캐쥬얼 스타일로 나온다면 비슷한 분위기의 스타일링을 하는 것도 멋스러워 보인다. 때와 장소에 맞춰 의상을 코디하는 것은 남자의 매력을 표출하데 큰 도움이 될 것이다.

여성과의 대화에서 이 말만은 No

여성은 자신이 비밀이 밝혀지면 무언가 벌거벗은 느낌을 받는다.

그럼에도 불구하고 남성은 좋아하는 여성에게 이것저것 캐묻기를 좋아한다. "어디 갔었어?", "친구를 만났다고…남자야, 여자야?"식으로 집요하게 물고 늘어진다.
그러나 그렇게 무엇이든 알고싶어 하는 집요함은 여성을 권태롭게 할 뿐이다. 여성은 본능적으로 남성의 눈으로부터 자신의 마음과 몸을 숨기려 한다. 그러면서 그것을 남성이 상상하게 한다. 즉 자신을 숨기는 것이 매우 에

로틱하며 상대방을 자극한다는 것을 알고 있는 것이다.

여성은 자신이 숨기고 있는 것을 필요 이상 밝혀지면 마치 자신을 누가 들여다보는 것 같은 느낌을 갖게 된다. 자신만의 비밀의 방에 어떤 남자가 신발신고 들어왔을 때 느끼는 것과 같은 느낌이다. 비밀의 베일은 마지막 단계까지 남겨 두자, 그 때가 되면 여성 스스로 자신의 모든 것을 남자 앞에 드러내기를 주저하지 않는다.

레스토랑에서의 심각한 이야기는 No

여성은 남성의 교양을 엿보게 되면 무의식 중에 그에게 존경을 느낀다.

허영심은 여자만 있는 것이 아니다. 남성은 자신이 얼마나 많은 지식을 가지고 있으며 어떤 분야에 얼마나 조예가 깊은지에 대해 이야기하고 싶어 한다. 일종의 허세다. "이 정도쯤이야 뭐 별거 아니지, 나는 이만큼 많이 알고 있어"하며 자신의 지식을 상대방에게 드러내 보이는 것이다.

여성의 허영심에 비하면 귀여운 부분이 없는 것도 아니지만 여성의 눈에는 이러한 면이 한심해 보이기도 한다. 물론 남자끼리의 대화라면 그 자리를 서로 편안한 자리이니 그럴 수도 있지만, 여성에게 잘난척하는 것밖에 들리지 않는다. 여성에게 인기가 있는 남성은 필요이상의 잘난척하는 것 보다는 살짝살짝 드러나는 지식이나 교양이 느껴짐으로 그 남성에게 매료되기 쉽다.

다시 한 번 데이트를 할 수 있는 테크닉

여성은 데이트를 끝내고 헤어지는 방식에 따라 남성을 평가하기도 한다.

데이트는 헤어질 때가 가장 중요하다. 어떤 식사든 배가 너무 부르지 않는 것이 바람직하듯이 남녀 관계도 마찬가지이다. "조금 더"라는 생각을 여성이 느끼도록 하는 것이 좋다.

그리고 집까지 바래다 준 후 깔끔하게 돌아온다. 어물어물 늘어지는 것은 불필요하다. 여성은 키스나 애무 따위는 더 해주기를 바라지만 그 이상의 진행은 두려워한다. 따라서 "다소 부족하지 않을까"하는 정도에서 그친다. "다음번에는 어떻게 될까?"하고 다음 데이트를 상상하게 만드는 것이다.

특히 데이트에서 헤어질 때 그녀에게 어떤 기대감을 갖도록 하는 말을 남기면 그 효과는 더 크다. 예컨대 "다음번에는 틀림없이 좋은 일이 있을 거야"라거나 "다음에 기대해 줘"등 궁금함의 여지를 두면 그 효과는 상상 이상이다. 여성은 그 말을 듣고 "좋은 일이란 도대체 어떤 의미일까?", "이번에는 무슨 일을 하려는 것일까?"라는 생각으로 다음 데이트까지의 기다림으로 설레이게 된다.

이렇게 하면 야하게 보이지 않는다

여성은 남성의 남발되는 칭찬에 다른 이면을 생각해본다. 레스토랑에서 매너있게 의자를 당겨 주기도 하고, 부탁하지도 않는데 여자의 손을 잡아 주는 남성들이 많다. 본인은 세련된 에스코트라 생각할지 모르지만, 사람에 따라 부담스러움과 오글거림을 느끼게 할 수도 있다.

또한 그런 태도는 "이 남자는 여자를 많이 다뤄 본 것 같아."라고 바람기 많은 선수처럼 생각할 수도 있다.

페미니즘이란 겉치레가 아니라 정신이다. 마음속으로 부터 여성을 소중히 여기는 생각이 있으면 무슨 일을 해도 이상하게 보이지 않는다.

무거운 것을 들어 준다든가 춥다고 생각되면 코트를 입혀 주는 등 극히 일상적인 걱정을 해 주면 된다. 공연한 겉치레로 여자에게 오해사지 않도록 조심할 일이다.

프라이드가 높은 남성은 때로는 시시한 남자

자존심이 센 남성은 여성의 마음을 사로잡기가 힘들다. 자존심이 상할까 여성에게 다가가기가 쉽지 않기 때문이다. 오히려 데이트신청을 했다가 거절당하면 상처를 받고, 섹스에 응하지 않는다고 화를 낸다. 여성으로서 이처럼 다루기 힘든 상대는 없다.

허영심이나 높은 프라이드는 여성에게만 허용된 특권이라고 생각하라. 그리고 상처를 받는 것은 남성의 의무이다. 그러나 자존심이 강한 남성은 그런 것을 알지 못한다. 요컨대 자기중심으로 밖에 생각하지 못하는 것이다.

여성은 남성에게 항상 보다 강한 남성적인 것을 요구한다. 게다가 연애할 때는 남성이 여성을 위해 프라이드를 버려주기를 바란다. 따라서 자존심이 강한 남성은 여성의 눈에는 아무것도 해 주지 않는 시시한 남성으로밖에 비치지 않는다.

여성을 설득하려는 남성에게 필요한 것은 자존심이 아니라 자신감이다. 여성이 남성에게 본능적으로 요구하고 있는 것도 자신감에 넘치는 남성의 태도임을 잊어서는 절대 안 된다.

그녀의 마음과 몸의 나사를 풀려면 조금씩

　남성의 입장에서 데이트가 끝날 때 여성을 바래다주는 것은 하나의 매너이다. 그리고 그 이면에는 "기회가 있으면…"하는 심리가 작용하고 있음도 부정할 수 없을 것이다.
　여성은 남성의 그러한 미묘한 심리를 민감하게 느낀다. 그것은 "이 남자는 택시 안에서 무슨 짓을 할지 모른다."는 여성의 직감으로 나타난다. 따라서 손을 잡는 것이나 혹은 싫은 남성이 바래다주는 것을 거절함은 지극히 당연한 일이다.

　그러나 호감을 가지고 있는 남성이 바래다주는 것조차 원하지 않는 경우가 있다. 호감은 가지고 있지만 아직 진행 중인 경우, 우연하게 하룻밤을 함께 지내게 되어 가벼운 여성이라 여겨질지도 모른다는 생각에서이다.

그런 마음의 변화에는 여성 자기 방어본능이 작용한다. 그래서 강인하게 요구하면 스스로를 지킬 수 없다는 위기감이 있기 때문에 사전에 피하려 한다. 즉 싫지 않은 남성이기에 더욱 자신의 약점이 드러나는 것을 두려워하는 것이다. 그러나 그것을 여성의 단순한 사양이라고 오해하고 집요하게 요구하면 역효과가 난다. 모처럼 헐거워지기 시작하던 마음의 나사를 억지로 열려 하면 그 나사는 두 번 다시 풀리지 않는 것이다.

데이트할 때마다 그녀를 부르는 호칭을 바꾸라

여성은 남성이 나를 어떻게 부르는가에 따라 무의식중에 남성과의 심리적 거리를 확인한다. 여러 차례 데이트를 했음에도 어째서인지 그 이상 발전되지 않을 때가 있다. 이때 여성을 부르는 호칭을 바꾸어 보는 게 좋다. 그것만으로도 그녀의 마음이 열리는 경우는 의외로 많다.

남자가 나의 이름을 불러줄 때 여자는 그에게 소유된 것 같은 친근함을 느낀다. 그리고 더 가까워지고 싶다, 친밀해지고 싶다고 원할 때에는 상대방도 그 이름을 부르려 한다. 따라서 여성이 스스로 이름을 불러 달라고 할 때에는 자신의 일부에 이미 남성을 불러들이고 있는 것이다. 이런 심리적 내면을 알면 순조롭게 여성을 끌어들일 수가 있다.
여성은 자신의 이름이 어떻게 불리는가에 따라 상대방 남성과의 심리적인 거리를 측정한다. 평상시 거리를 두고 있다가도 이름이 불리 우면 그 거리가 훨씬 줄어든다. 최근에는 서로의 애칭으로 사랑스런 달달함으로 좋은 관계도 많이 유지하고 있다.

따라서 사귀는 여성과 더 가까운 관계에 한 발짝 다가가고 싶다면, 친근감을 느낄 수 있게 이름과 애칭으로 다가가 보자. 여성은 자신도 모르는 사이에 마음이 열리며 손을 잡거나 어깨를 안아도 무리가 되지 않을 것 이다.

그녀와 성공하기 위한 하이레벨의 노하우

여성은 질투심이 나면 이성적이지 못하고 냉정한 판단력을 잃는다. 여성은 무의식적으로 주위의 동성과 자신을 비교한다. 그것이 극단적인 상황까지 간다면 타인에 대해 이유 없는 질투심으로 경쟁심이 생긴다.

이 여성 특유의 심리를 효과적으로 이용하면 당신 애인으로 만들 수가 있다. 예컨대 여성 앞에서 자주 다른 여자 이야기를 한다고 하자. 더욱이 상대방이 알고 있는 여자를 들먹이면 더욱 좋다. "ㅇㅇ씨는 참 단아해!", "당신 친구 ㅇㅇ 예뻐졌더라"라는 식으로 자연스럽게 말해 본다. 그러면 여성의 마음속에서 질투심이 생긴다. 그리고 그 친구들보다 자신이 더 괜찮다는 점을 어필하고자 부단히 노력을 할 것이다.

질투심은 여성 삶의 에너지라고도 할 수 있다. 여성은 큰 관심이 없는 남성이라도 그가 다른 여성을 칭찬하면 그에 대한 질투로 의외로 쉽게 하룻밤을 보낼 수 도 있다. 다만 그 정도가 지나치면 오히려 마음의 문을 닫아버리는 수도 있으니, 약간의 정도에서 그친다.

그녀를 내 마음대로 움직이려면

여성의 방어본능은 때로 지극히 모순적인 방향으로 작용한다. 남자로부터 집요하게 요구를 받으면 방어본능으로 인해 남성을 거부하게 된다. 여성의 마음은 보기보다 복잡하며 청개구리 같다. 거부하고도 그 남성이 가버리고 아무런 메세지가 없으면 허한 느낌을 갖는다. 싫다고 한만큼 오히려 그 마음이 있었을 수도 있다.

그런 여성의 심리를 잘 이용해 보자. 좀처럼 쉽지 않은 여성이라도 오히려 간단히 남성 앞에 그 모든 것을 허락할 수도 있다. 아무리 노력해도 마음을 주지 않는다면 어느 날 완전히 모든 연락을 중단해 버리는 것이다. 그런 뒤 한 달 쯤 있다가 갑자기 그녀에게 연락을 해 보라. 그 1개월이라는 공백 기간 동안 그녀는 자신도 모르게 "무슨 일일까, 왜 연락이 없을까"하고 당신을 기다린다. 그러다가 갑자기 허를 찌르듯 다시 접근을 한다. 지금까지 그렇게 단단하던 여성의 방어는 봄눈 녹듯이 녹아 버릴 것이다.

매니저가 미모의 여배우를 사귈 수 있는 이유

여성은 남성의 친절에 본인도 모르게 경계심을 푼다.

여배우와 엔터테인먼트 매너저의 스캔들은 매우 흔히 볼 수 있다. 그 여배우는 경제적으로나 미모도 월등한데 비해 남성 쪽은 일개 월급쟁이에 불과하다. 참 어느 한쪽이 아깝다고 생각하는 사람도 많을 것이다. 그러나 거기에는 일반적인 계산 따위를 넘어서는 여성의 욕구가 있다.

매니저로서는 자신의 여배우를 소중하게 다루어야 할 고가의 상품이다. 스캐즐을 조절하고 스캔들로부터 지켜 주며 모든 잡다한 일을 맡아서 해결해 준다. 그러나 여자의 눈에는 자신을 지켜주는 의지할 수 있는 사람으로 비추인다. 따라서 어느새 비지니스 관계를 떠나 개인적인 신뢰로 바뀌게 된다.

여배우 뿐 만아니라 여성은 친절하고 배려심이 있는 남자에 대해서는 다른 사람이 보기에 어이없을 정도로 쉽게 빠진다. 마음뿐 아니라 몸을 허락하는 데에도 주저하지 않는다. 이는 그 남성에 대한 신뢰가 깊으면 깊을수록 더하다. 여성에게 한결같은 친절함은 보다 한 발짝 다가갈 수 있는 한 방법인 것이다.

그녀에게 인정받으려면 남성들 사이에서도 잘 지내자

남자들끼리 있을 때 그 본 모습을 볼 수 있다고들 한다.
이런 모습에 여자들의 감정도 많이 달라진다.

두 가지 부류의 남성이 있다. 여성에게 인기가 있는 남성과 남성에게 인기가 있는 남성 두 타입. 여자들은 의외로 남자들 사이에 인기가 있는 남성에게 호감과 안도감을 느낀다. 즉 믿고 의지할 수 있고, 대화가 잘 될 것 같은 느낌인 것이다.

여성은 이러한 남성에 대해 성적으로 열려있다. 리더십, 배려심이 있어 보이는 그런 남성과 하룻밤을 보내는 것도 나쁠 것이 없다고 생각하는 것이다. 이와 반대로 친구 앞에서 허세를 부리기도 하고 냉정하며 무시하려는 남성은 여성의 눈 밖이다. 여성 특유의 경계심을 자극하여 "앞으로 나에게는 어떤 태도를 보일까? 나는 그에게 있어서 어떤 존재일까"하는 생각이 들것이다. 남성들 사이에서 인정 못 받고 어울리지 못하는 사람은 여성에게도 불편한 존재가 된다. 남성들 사이에서 인정이 되고, 잘 어우러지는 남성을 여성들도 좋아한다는 사실을 기억해 두자.

그녀와의 데이트 분위기를 북돋우려면

　여성은 상대와 얼마나 대화가 잘 되는지 남성의 마음을 측정하려는 습관을 가지고 있다. 여성과의 관계를 진행하는 과정에서 가장 장애가 되는 것이 화제가 끊기는 경우다. 서로 분위기가 어색해지고 이야기가 중단된다. 서로 무언가를 얘기해야 한다고 생각은하지만 머쓱해지는 감정으로 불편할 것이다. 그런 자리가 반복된다면 두 사람의 관계에 밝은 날은 없을 것이다.

　남성은 여성과의 대화가 끊기지 않도록 자연스러운 대화의 주제를 미리 준비해야 할 것이다. 그런 지루한 남자에게 여자가 무엇을 바라겠는가. 무미건조한 시간을 보내는 것이 더욱 힘들 것이다. 여성과 남성 사이에 대화가 재미있느냐 아니면 시시한가는 남성에게 책임이 있다고 생각하라. 오히려 여성이 리드하여 끌려만 가는 남성은 그냥 여성의 친구 상대이지 이성 상대는 아니다. 여성의 마음을 차지하고 싶다면 준비하라. 준비된 남성만이 여성의 정신적 육체적 사랑을 받을 권리가 있다.

여성은 자신의 말을 잘 듣는 남성에 대해 경계심을 푼다

　흔히 말을 잘하기보다 듣기를 잘하라고 한다. 여성과 대화할 때에는 특히 이 원칙을 지켜야 한다. 여성이 남성에게 거는 무의식중의 기대감은 남성이 어떻게 자신을 받아들이는가 하는 점이다. 즉 여성은 항상 스스로 말하고 그것을 상대방에게 수용시킴으로써 만족한다.

남성들 중에 이 여성의 수다를 참지 못하는 사람이 많다. 그렇지만 이런 여성의 수다를 들어 줄 의무가 있다고 생각하라. 여성은 자신의 이야기를 차분히 들어 주는 남성에게는 스스로 마음을 열기 때문이다.

그러나 자기 자랑만 하고 여성이 듣는 역할만 하는 수다스러운 남자도 있다. 남성의 수다는 여성에게 불신감 내지는 가볍다는 생각만 들게 할 뿐이다. 남자는 대화가 끊겼을 때만 이야기한다. 물론 이런 듣는 역할만 의식적으로 하는 것도 좀처럼 쉽지는 않다. 그러나 그것이 순조로워야 비로소 여성의 마음을 사로잡을 수 있다. 평소 상대방의 말을 잘 듣고 이해하는 트레이닝을 쌓아 두어야 할 것이다.

이런 방법이라면 절대로 거부하지 않는다

<u>여성은 거절할 구실이 없는 요구는 본능적으로 받아들이다.</u>

따라서 여성에게 데이트 신청을 할 때는 구체적인 이미지를 주어야 한다. 막연하게 "나와 데이트하지 않겠는가"라는 말을 해봐야 여성은 그 데이트에 아무런 이미지도 갖지 못한다. 반대로 부정적인 인상만을 키우게 된다.

특히 중요한 것은 시간이다. 여성은 그다지 친하지도 않은 상대방과 언제 끝날지도 모르는 데이트를 하려 하지 않는다. 귀가 시간이 늦어진다, 어디로 갈지 모른다는 불안을 갖게 되는 것이다. 따라서 아직 그다지 친하지 않는 여성에게 데이트 신청을 할 때에는 "30분 정도 함께 차를 마시지 않겠는가"라고 구체적으로 분명하게 신청을 해야 한다. 비록 마음에 없는 남성이라도 여성은 거절할 이유가 별로 없다. 구체적인 데이트 이미지가 있기 때문에 불안하지 않은 것이다. 어느 정도 데이트 시간을 연장시킬 수 있을까 걱정이 되는 남성도 있겠지만 이 경우 대개의 여성은 30분이 지나 그냥 가버리는 경우는 드물다. 심리적으로 익숙해지면서 불안감이 해소되기 때문이다.

제4장

여자의 욕망을 드러나게 한다

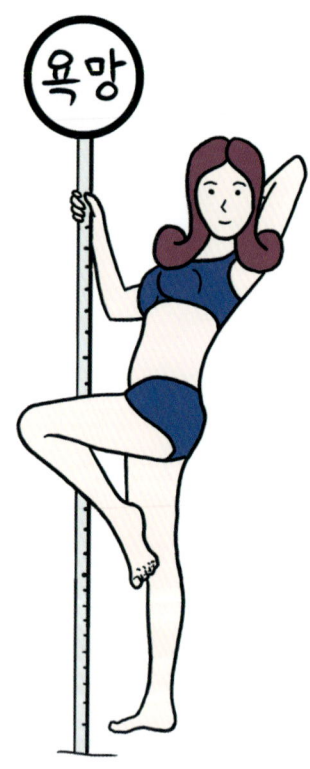

그녀의 입술을 빼앗는 마지막 방법

폐쇄된 공간에 들어서면 성적으로 흥분한다. 흔히 백화점이나 빌딩의 엘리베이터에서 서로 모르는 사이의 남녀가 함께 있게 되었을 때 양쪽 모두 매우 답답한 느낌이 들면 엘리베이터 문이 열린 순간에야 마음의 평정을 되찾는 것도 그 때문이다.

즉 엘리베이터가 폐쇄된 공간이기 때문이다. 심리학 이론에 따르면, 폐쇄된 공간에 오래 있으면 있을수록 인간은 마음의 균형을 잃게 되고 극단적인 경우 정신 이상마저 일으킨다고 한다. 특히 여성의 경우에는 그러한 균형을 잃으면 성적으로 자극이 된다. 게다가 답답한 가운데 일종의 음란한 마음이 싹트기도 한다는 것이다. 즉 연인 관계의 남녀 두 사람만이 엘리베이터를 탔다고 하자. 이는 입술을 빼앗을 수 있는 절호의 기회인 것이다.

또한 어느 정도 진전에 자신감을 가진 경우는 히프를 가볍게 만지던가 하며 농담 삼아 바스트에 손을 대 보기도 한다. 귓가에 음란한 말을 속삭이면서 마음의 균형을 더욱 무너지게 하는 방법도 있다. 밀폐된 공간에서는 그만 남성의 유인에 응하는 경우가 흔하다.

당신의 방법 여하에 따라 그녀도 안길 것을 정한다

여성은 생일날 밤 1년 중 가장 성적 충동이 높아진다. 옛날부터 생일이란 어린이에게 있어서 최대의 날이다. 그 날이 가까워짐에 따라 어린이들의 심장은 두근거린다. 이윽고 그 날이 되면 엄숙한 기분으로 생일을 맞이한다.

남성의 경우 그러한 기분은 고등학교 다닐 무렵부터 점차 옅어지지만 여성은 다르다. 그것은 여성이 지니고 있는 유아성에도 기인한다. 하지만 생일이란 여성에게 또 다른 의미가 있다. 여성에게 있어서는 생일이란 부모들의 사랑의 행위를 재확인하는 의미를 지닌다. 그리고 이것은 여성의 마음속에 일종의 성적인 흥분을 불러일으킨다고 한다.

때문에 여성의 생일은 1년 중 가장 성적으로 흥분되는 날이라 볼 수 있다. 사람에 따라서는 그 흥분으로 인하여 "생일 기념으로"나 "이제 나도 진짜 어른이 되고 싶다"는 말로 어떤 결의를 표현하기도 한다. 이런 기회를 놓치지 말고 그 여성의 기호에 맞는 선물을 하거나 식사를 함께 해 본다. 잘하면 원하는 대답을 듣게 될지도 모른다.

식사 뒤에 산책을 하면서 호텔로 유인하는 평범한 방법

여성의 성욕은 식욕과 깊은 관계를 유지한다. 유럽 수도원의 수도사들은 날마다 대량의 우유를 먹는다고 한다. 그 이유는 많이 마시면 항상 배가 불러서 성욕이 사라져 엉뚱한 행위를 하지 않아도 되기 때문이다.

인간의 2대 욕구인 성욕과 식욕은 결코 그 본질에 있어서 일치되지 않는다. 오히려 서로를 보충하는 관계에 있다. 식욕이 충족되지 않으면 종족 보족 행위 즉 섹스에 대한 욕망이 강해지고 반대로 성욕이 충족되지 않으면 이상하리만큼 식욕이 높아지기도 한다.

이런 원리를 볼 때 여성을 유인하려면 배가 고픈 여자를 선택함이 마땅하다. 그러나 그렇다고 식사도 하지 않고 호텔에 갈 수는 없다. 따라서 식사를 끝내고 소화가 되기 시작할 무렵 그녀를 유인하는 것이 바람직하다. 배가 한껏 부르고 복부에 혈액이 다량 공급되어 대뇌피질의 감각 중추가 둔해졌을 때야말로 여성을 정복할 수 있는 가장 적절한 기회인 것이다.

운동을 하고 돌아오는 길에

여성의 성적 흥분은 스포츠 등 발한 작용으로도 촉진된다. 섹스를 일종의 스포츠라고 생각하는 남성이 있다. 분명히 최근에는 예전처럼 섹스에 대한 축축한 이미지는 별로 없다. 물론 섹스도 몸을 움직인다는 점에서는 스포츠라고 간단하게 생각할 수도 있다. 그러나 우리의 경우는 아직 거리가 멀다.

전희라는 섹스 초기 단계의 육체와 가벼운 스포츠를 끝낸 뒤의 육체와의 체온 상승, 발한 등 거의 상태가 같다는 데이터가 있다. 결국 스포츠를 끝낸 시점에서는 본인이 의식하느냐 하지 못하느냐에 관계없이 성적으로 흥분 상태에 있다고 할 수 있다.

이런 타이밍을 놓치지 말고 섹스로 유인하라. 비록 그 자리에서는 OK하지 않더라도 의식 밑바닥에 그 말은 남게 된다. 그리고 후일 그 말이 머리속에 떠올라 예스라는 대답을 들을 수가 있다. 열 번 찍어 안 넘어가는 나무 없다지만 그런 테크닉도 알아 두면 공연한 수고를 줄일 수 있다.

그녀에게 섹스를 요구할 때 최소한의 에티켓

여성의 흥분은 피임 기구 없이는 결코 상승되지 않는다. 임신 걱정이 없는 남성으로서는 영원히 알 수 없는 심리이지만, 여성은 임신에 대해 강한 공포심을 품고 있다. 여성이 섹스에 대해 품는 불안은 대개 "임신하지 않을까"하는 잠재적인 공포에서 유래한다. 남성은 섹스가 끝나면 그것으로 그만이다. 마음도 편하다. 그러나 여성은 그럴 수가 없다. 아이를 수태하며 낳아 키우는 과정이 기다리고 있는 것이다. 즉 남성으로서는 섹스는 하나의 결론이라 할 수 있지만 여성에게는 큰 시작인 것이다.

여성으로 하여금 몸을 열게 하기 위해서는 그 공포심을 제거해 주어야 한다. 가장 좋은 방법은 생리가 시작되기 직전의 안전일을 미리 알아 두는 것이다. 이 기간일이면 그녀도 불안함을 갖지 않아도 된다. 생리 직전이기 때문에 심신이 모두 불안정하고 욕망이 고조된 상태이기도 한다. 그러나 어떻게 그녀의 안전한 주기를 알 것인가. 차선의 방책으로서 그녀와 함께 할 때는 반드시 콘돔을 준비한다. 아무런 준비도 없이 시작하면 그녀는 공포감에 사로잡혀 섹스를 거부할지도 모른다. 여성을 안심시킬 줄도 알아야 한다.

그녀도 참지 못하고 허리를 움직이기 시작한다

여성은 사랑이 충족되어야 비로소 신체적으로 윤택해진다. 남성이 섹스에서 찾으려는 것은 사정할 때의 쾌감뿐이다. 하지만 여성이 섹스에서 원하는 것은 신체적인 절정만이 아니다.

여성은 섹스를 통해 남성으로부터 사랑받고 있다는 정신적인 충족감을 원한다. 자신을 아껴 주고 살펴 주는 사람이 필요한 것이다. 섹스를 할 때에도 이 원칙은 중요하다. 난폭하게 자신만 만족하고는 끝내 버리는 섹스라면 여성은 그 사랑을 느낄 수가 없다. 마음도 몸도 모두 달아 버린다. 특히 첫날밤, 전희도 없이 무턱대고 서두르기만 해서는 그녀에게 결정적인 불신감만을 줄지도 모른다.

여성과의 섹스에서는 어디까지나 상대방을 기쁘게 하는 것이 우선이다. 자신은 그 다음이다. 그녀가 원한다면 신체 어디든 입으로 애무해 줄 수 있을 정도의 각오가 중요하다. 어디까지나 여성 본위로 그녀가 좋아하도록 애써야 한다. 그렇게 되면 특별한 테크닉을 사용하지 않아도 그녀 스스로 적극적인 자세가 될 것이다.

꽃다발 이상으로 효과적인 선물은 없다

여성은 꽃 냄새를 맡으면 성적 충동이 높아진다고 한다. 여성의 생일에 호화로운 꽃다발을 선물하는 남성이 줄고 있다. 이는 꽃다발의 선물을 경제적 관념에서 아깝다고 생각하는 여성이 많아서이다. 하지만, 여자들은 막상 받으면 매우 기뻐한다. 그렇다면 좀 더 자주 꽃을 선사할만도 한데 특히 우리나라 남성은 그런 점에서 인색하다.

"과하다고 생각하지 않을까", "남들이 보면 어떻게 생각할까"하는 우려가 아마도 그 원인일 것이다. 꽃을 선사하는데 부끄럽다니 말도 안 된다. 그런 생각은 하루 빨리 버려야 한다. 왜냐 하면 여성이 꽃다발을 받고 기뻐하는 그 뚜렷한 이유가 있기 때문이다.

하나는 여성 특유의 메르헨 소망이 충족된다는 점이다. 그리고 또 하나 이것이 정말 중요하다. 그 꽃냄새가 여성의 성 의식을 강하게 자극하는 것이다. 의학적으로 볼 때 후각의 자극은 신경의 흥분으로 이어지고 이어서 성적 충동을 낳는다고 한다. 더욱이 그 후각의 자극 원인이 꽃이라면, 눈으로 보아 아름답기 때문에 그 성욕이 의식적으로 미화된다는 효과도 있다.

한 통화의 전화가 그녀를 열중하게 만든다

여성의 성감은 변화에 넘치기보다 단조로운 반복으로 상승한다.

여성의 몸은 남성과는 달리 규칙적이고 단조로운 진동에 약하다. 베테랑 플레이보이들은 그런 점을 잘 알고 있다. 그리하여 섹스에서도 그 점을 이용하는 것이다.

그 원칙은 또한 여성의 마음에도 작용한다. 즉 심리적으로 볼 때 어떤 일의 되풀이나 단조로움 같은 것이 여성에게는 의외로 쉽게 받아들여지는 것이다. 예컨대 매일 밤 같은 시간에 전화를 걸어 준다. 그리고 1주일에 한 번 정해진 날에 반드시 섹스를 하는 등 습관에 젖게 해 두면 그것이 이루어지지 않으면 오히려 불안해진다.

따라서 데이트를 한 이튿날 아침 일정 시간에 반드시 전화를 거는 습관을 만들어 두고 어쩌다 한 번 일부러 그 전화를 걸지 않는다고 하자. 그러면 그녀는 "어떻게 된 것일까"하는 의혹에 사로잡힌다. 바로 그 타이밍을 놓치지 않고 전화를 건다. 그러면 그녀는 그 불안감이 해소되는 이상의 안도감을 느끼게 되고 남성을 성실하다고 느끼게 된다.

그녀가 섹스에 권태감을 느끼지 않게 하려면

여성의 성적인 욕망은 생식 본능에 뿌리를 내린 형태로밖에 발생되지 않는다. 일단은 동의를 해 놓고 도중에 갑자기 마음이 달라져 돌아가겠다는 여성들도 있다. 남성의 입장에서 이 말도 안 되는 태도는 단순히 변덕이 아니다. 여성의 생리적인 면에 그 원인이 있는 것이다.

이런 때에는 자신의 행동이나 주위를 점검해 본다. 다시 말하면 더러운 침대, 깨끗하지 못한 여관, 외설적인 언어, 익숙하지 못한 남성의 에스코트, 너무나 노골적인 남성의 눈빛이나 동작 등등 상대방에게 불결한 느낌을 주는 것이 없었는가를 살펴 보아야 한다. 여성은 불결한 것을 보면 태도가 굳어지기 때문이다. 이는 여성의 생리적인 충동이다.

여성은 항상 순수하며 깨끗한 것을 동경한다. 그리고 가끔은 남성은 지저분한 것을 남성의 상징으로 받아들인다. 여성으로서는 도저히 그러한 점을 이해하지 못한다. 더러운 샤쓰에서 남자다운 늠름함을 발견하는 경우는 있어도 더러운 시트 위에서 섹스할 생각은 절대로 들지 않는다. 생리적으로 섹스를 더럽다고 느끼기 때문이다.

여성은 불결한 것으로부터 본능적으로 자기 자신을 지키려 한다. 더러워진 것을 몸 안으로 받아들이지 않으려는 본능적인 행위이다.

여성을 설득하는 말 없는 수법

여성의 마음에는 모두 남성의 외설적인 시선을 받아 보고 싶다는 선정적 욕망이 있다. 여성은 항상 남의 시선을 의식한다. 거리를 걷다가도, 전철 안에서도 남성의 시선이 자기를 향하고 있는가에 대해 항상 신경을 쓴다.

그리하여 지나가던 사나이가 흘끔 뒤라도 돌아보면 그것만으로도 몸이 뜨거워진다. 최근의 젊은 여성들은 여름철이면 매우 대담한 복장을 한다.

어깨나 허벅지를 노출시키는 디자인의 옷을 패션으로 입는다. 요즘 다른 사람을 의식하지 않고 개성 있는 연출이라고 표현하는 사람도 있지만, 한편으로는 남의 시선을 아예 무시하고는 100% 말할 수 없다. 보여지는 대로 또는 시선을 받으며 즐기는 선정적인 욕망도 한편으로 존재한다.

특히 좋아하는 남성 앞에서는 그런 욕구가 더 강하며 자신만을 언제까지나 응시해 주기를 바란다. 따라서 남성이 더 접근해 주기를 바란다는 증거이다. 그리고 그것은 데이트에서 헤어질 때 갑자기 나타나는 때가 많다.

만일 여성이 문득 뒤돌아보면서 남성이 있는가를 확인하면 그 마음은 이미 남성에게 쏠린 것이라 볼 수 있다. 이는 곧 남성에 대한 미련인 것이다.

그녀로 하여금 음란한 착각을 일으키게 하는 선물 작전

여성의 성감은 상대방 남성을 하루에 몇 번 의식하는가에 비례하여 높아진다. 자신을 의식시키기에 가장 좋은 것이 선물이다. 선물에는 여러 가지가 있다. 그렇지만 될 수 있으면 그녀의 피부에 직접 닿는 종류를 선택한다. 때문에 속옷을 선물하는 남성도 있겠지만 그런 노골적인 관계에까지 이르지 못했다면 반지나 귀걸이, 시계 등이 무방하다.

그런 종류의 선물은 피부에 직접 닿기에, 선물한 남성의 존재를 어쩔 수 없이 의식하게 되기 때문이다. 그것도 간접적인 의식이 아니라 직접적인 의식이다. 즉 매우 여성다운 연상이기는 하지만, 직접 몸에 닿는다는 것은 상대방 남성과 살을 맞댄다는 이미지를 연상케 하는 메카니즘이 성립되는 것이다.

물론 그러한 의식은 하루 중 아주 짧은 순간에 불과할지 모른다. 예컨대 귀걸이라면 그것을 벗길 때, 시계라면 문득 시간을 볼 때 등등. 하지만 그런 순간이 반복되어 쌓이면 여성은 자신도 모르는 사이에 상대방 남성과 섹스를 경험한 듯 한 착각에 빠지게 된다.

그녀를 흥분시키려면

여성의 성감은 자극받아야 비로소 흥분된다. 펠라티오는 섹스의 갖가지 테크닉 중 자극을 일으키는 행위이다. 그것은 성기는 하반신에 있고 상대방 하반신에 의해 인서트되어야 하는데 반대로 상반신은 더욱이 입으로 애무하는 데에서 기인한다. 혹은 배설 기관과 가깝다는 데에도 그 원인이 있을 것이다. 그러나 그렇기 때문에 그렇게 해준 남성에게 묘한 감정을 느낀다. 그 점은 남성도 마찬가지이다. "나를 위해 그렇게까지 해 주었다"는 감동이 "그렇다면 나도 해 주자"는 마음을 들게 한다. 어딘가 교환 조건 같은 느낌이 들지만 이는 필연적인 결과라고 하겠다.

남성이 여성에게 그런 서비스를 할 때에는 모든 테크닉을 구사하여 철저하게 서비스해야 한다. 때로는 성기 안에까지 혀를 넣는 것이 바람직하다. 여성의 감동은 더욱 더 높아질 것이 틀림없다.

이런 방법으로 그녀의 상상을 확대시킨다

여성은 남성으로부터 미지의 세계에 대한 이야기를 들으면 모르는 사이에 흥분된다. 그리고 여성은 남성의 세계에 대해 무조건의 동경을 품고 있다. 여성에게 타고난 페니스 콤플렉스가 있지만 이뿐 아니라 남성적인 모든 것을 여성들은 바란다. 그런 점을 잘 이해하고 여성의 욕구를 채워 줄 때 소기의 성과를 거둘 수 있다. 예컨대 여성 앞에서 자신의 인생을 건 사업에 대해 뜨겁고도 열정적으로 이야기한다. 아마 여성은 지금까지 몰랐던 남성들의 세계로 힘차게 끌려 들어가리라. 그리고 여자로는 알 수 없었던 미지의 세계에 대한 매력과 남성에 대한 동경을 겹쳐서 생각하게 된다. 마침내 마음을 열지 않을 수가 없는 것이다.

이렇듯 남성의 말 한 마디 한 마디는 여성의 관능을 마치 상쾌한 음악이 그녀를 감싸듯이 흥분시킨다. 그리고 여성은 이런 남자에게 안기고 싶다는 상상을 하게 된다. 여성의 욕망은 진정 남성적인 남성만이 높여 줄 수가 있는 것이다.

여성의 육체적인 욕망은 심리적으로도 큰 영향을 받는다

젊은 남성들이 실패하게 되는 가장 큰 이유는 호텔에 들어갈 때 상대방 동의를 얻으려 한다는 점이다. 여성은 속으로는 거기에 동의하더라도 차마 그것을 얘기하지는 못한다. 남성의 요구에 즉각 응하는 가벼운 여자로 생각되고 싶지 않기 때문이다. 때문에 그 때에는 항상 여성이 스스로에게 할 변명 거리를 제공한다. 그러면 저항없이 호텔로 함께 들어갈 수가 있다.
"팔을 잡고 마구 끌고가 반은 강제였어."
"술에 취해 어디론가 가고 있는데 알고 보니 호텔이었어요."
"막차도 끊기도 졸립기도 하여 쉬고 갈 생각이었어요."
이처럼 "어쩔 수 없이"라는 자신에게 납득 시킬 수 있는 무엇인가를 여성에게 주는 것이다. 몸은 예스하지만 머리로는 주저하는 여성에게는 이러한 배려로서 리드할 일이다.

사정한 뒤 이내 돌아눕지 않는다

여성은 성 행위가 끝난 뒤 성감이 가라앉는데 남성보다 시간이 걸린다. 여성의 말에 따르면 섹스가 끝난 뒤 코를 골며 자버리는 남성의 모습처럼 보기 싫은 것이 없다고 한다. 그래서 남성에게 몸을 맡긴 것이 후회스럽기까지 한다. 섹스의 과정은 흥탄기, 평탄기, 절정기, 후퇴기로서 나뉜다. 그러나 세부적으로 살펴보면 남녀의 경우 몇 가지 점에서 다르다. 우선 대체로 여성은 절정기가 남성보다 늦다. 더욱이 남성만 계속할 수 있다면 몇 번이 그것을 되풀이한다. 반면 쾌감이 사라지는 후퇴기의 경우 남성은 급속한데 비해 여성은 흥분이 가라앉는데 꽤 긴 시간이 소요된다. 그 지속력에 있어서는 어느 정도 정력의 차이에 따라 다르겠지만 문제는 섹스가 끝난 뒤의 후퇴기이다.

완만한 여성들의 쾌락의 하강 곡선에 남성이 동조하면, 여성은 상대방 남성과 정신적인 일체감을 느끼고 그래서 상대방이 더없이 자랑스러워진다.
즉 사정을 한 뒤에도 그대로 여성의 몸 안에 머물라는 뜻이다. 시간의 경과와 함께 여성의 쾌감도 줄어든다. 이것이 곧 후퇴기의 가장 효과적인 방법이다.

여성의 몸 중 성감대가 아닌 곳은 생리학적으로 절대 없다

 동물의 털이나 수염은 모두 촉각을 지닌다. 고양이가 그 수염의 촉각에 의지하여 좁은 곳을 뛰어다니는 사실은 이미 잘 아는 바와 같다. 인간도 동물이라는 시점에서 볼 때 인간의 촉각 역시 그 털이 있는 부분이 가장 민감하다고 하겠다. 물론 털 그 자체는 신경이 없다. 하지만 그 밑뿌리, 모근 부분은 외부로부터의 자극을 느낀다. 이를 염두에 두면 여성에 대한 애무를 효과적으로 할 수 있다. 예컨대 여성의 머리를 쓰다듬으며 그 뿌리 부분을 자극하는 것이다. 또한 겨드랑이, 성기 주위의 음모를 혀로 자극함으로써 여성의 성감을 높인다. 그리고 인간의 몸에는 눈에 보이지 않는 무수한 솜털이 있다. 말하자면 이 솜털 하나하나의 뿌리가 촉각이 되므로 여성의 온 몸은 성감대라 할 수 있다.
 특히 목덜미, 배꼽 주위, 귓밥 귀 등 솜털이 나 있는 부분은 손가락으로 간지르거나 뜨거운 입김을 불어 넣는다. 여성은 평소 자신이 알지 못했던 감촉의 의외성에 놀라게 된다.

여성의 가슴은 몸 안에서 숨 쉬는 바로미터

 여성의 성기 및 가슴 부분은 가장 민감하게 반응한다. 특히 가슴 주위에는 성감대가 집중적으로 모여 있기 때문에 이 부분을 만지면 여성은 격렬한 반응을 일으킨다. 즉 그 부분에 적절한 자극을 줌으로써 여성의 반응도를 알 수 있다. 데이트할 때 여자를 안는 듯하며 가슴 옆에 손을 대고 걷는다. 보행의 진동으로 인해 흔들리기 때문에 자연히 여성의 가슴을 마사지하게 된다. 만일 그 자세를 여성이 거부하지 않는다면 가슴에 대한 애무를 받아들이고 있다고 볼 수 있다. 그렇다면 그대로 베드인에 성공할 수 있지 않을까.

반대로 여성이 싫어하는 것 같으면 억지로 계속하지 말고 잠시 중단했다가 다시 시도를 해 본다. 정신적으로 거부하고 있어도 물리적인 접촉이 가해지므로 여성의 성감은 상승한다. 일단 중지했다가 마음의 긴장이 풀렸을 때 다시 대면 스스로 받아들일 가능성이 크다. 가슴은 여성의 욕망의 바로미터라 알아 두면 된다.

원하는 자세를 그녀가 취하게 하려면

<u>여성은 끊임없이 체위를 바꾸게 하면 어떤 노골적인 자세도 거부하지 않는다.</u>

여성은 연속적인 애무를 당하면 처음에는 부끄러워하다가도 나중에는 어떤 자세라도 응하게 된다. 이는 여성의 의식이 자극의 연속에 약하기 때문이다. 반대로 말하면 섹스를 하는 도중, 콘돔을 끼우기 위해서나 혹은 다른 일로 중단하게 되면 여성은 순간적으로 이성을 되찾는다. 그리고 중단의 어색함 때문에 모처럼의 기회를 놓쳐 버리는 경우도 많다.

　이를 방지하기 위해서라도 행위 도중의 중단은 삼가해야 한다. 즉 애무, 키스, 인서트로 이어지는 각 행위 중간에 끊임없이 순조롭게 이어지도록 해야 한다. 특히 섹스 중의 체위를 변화시킬 때, 이는 대단히 중요하다.

　정상적인 자세에서 체위를 변화시킬 때 그 흐름이 단절되지 않도록 주의한다. 이것이 순조롭게 진행되어야만 처음에는 얌전한 체위밖에 응하지 않던 여성도 그 연속 행위의 마지막 단계에서는 생각지도 못했던 격렬한 자세에 열중하게 된다.

때로는 그녀의 아누스에 혀를 보낸다

여성은 성 행위 중 의외성이 높아지면 격렬하게 흥분된다. 섹스란 말하자면 의외성이다. 이 의외성이 결여된 섹스란 남성도 여성도 큰 기쁨을 느끼지 못한다. 예컨대 남성으로서 섹스란, 잘 차려 입은 여성의 표피를 한 장 한 장 벗겨 가며 여성의 육체에 도달하는 과정이다. 이 때 여성의 표피를 벗기기 전의 그 청순한 모습과 벗긴 뒤의 섹스 그 자체인 여성과의 차이가 크면 클수록 남성은 큰 기쁨을 느낀다.

즉 의외성이 많기 때문에 남성은 흥분하는 것이다.

그 메카니즘은 여성도 마찬가지이다. 예컨대 남성이 자신의 발가락 등 평소에는 생각지도 못했던 부분에 혀가 와 닿으면 여성은 그 의외성으로 인해 자신도 모르게 노골적인 흥분을 나타내게 된다. 이 때 여자가 하는 "그런 더러운 것을"이라는 말은 그 의외성에 흥분하고 있다는 증거일 뿐이다. 그렇다면 용기를 내어 생리 중인 그녀에게 서비스를 해 보는 것도 매우 효과적이지 않겠는가.

거의 모든 여성은 그렇게까지 해 주는 남성에 대해 미치듯이 흥분 상태를 보이며 평소에는 생각할 수도 없었던 적극적인 태도를 취한다. 그것이 불가능하다면 눈, 발바닥, 손바닥, 겨드랑이 등 여성이 깜짝 놀랄 부위를 교묘하게 공격해 보라.

여성은 심리적인 구실이 생기면 얼마든지

"김군이 병원에 입원했다는데 문병하러 함께 안 가겠어?"라든가 "친구가 자선 바자를 연다는데 응원하러 가지"라고 그 어떤 이유를 달아 신청하면 여성은 의외로 쉽게 응한다. "문병은 가겠지만 당신하고는 싫다"고 차갑게 튕기는 여성은 별로 없다.

여성은 데이트요청을 받을 때, 그저 "나와 데이트하지 않겠는가"고 하는 말만으로는 응하지 않는다. 데이트 이유가 그 상대방 남성에 한정되기 때문이다. 그리하여 어쩐지 자신이 가벼워 보일까봐 그녀는 망설이게 된다.

다시 말한다면 어떤 여성이든, 남성으로부터 데이트 요청을 받는다는 자체는 기쁘지만 그녀들의 원칙으로는 쉽게 응할 수가 없는 것이다. 그러나 친구 문병이라는 정당한 이유가 준비되면 "그렇다면 안 가겠다고 할 수도 없지 않아요"라고 자신의 프라이드를 살릴 수가 있게 된다.

그녀가 데이트에 응하기 쉽도록 항상 여성을 위한 심리적인 구실을 준비해 주도록 하자. 아마 대개의 여성은 요청에 따르지 않을 수 없으리라.

두 사람 사이가 급속하게 가까워지려면

여성은 남성의 의외성에 기대를 가지면 흥분을 느낀다.

데이트를 아무리 여러 번 거듭해도 언제나 똑같은 데이트 코스-영화를 보고 카페에 가고, 수다를 떨고- 그런 남성을 상대하는 경우 "이 사람은 왜 이렇게 지루할까"하고 생각하지 않을까. 그리고 한 번 남성에게 싫증이 나기 시작하면 태도가 딱딱해지고 나중에는 "우린 서로 맞지 않는다"며 헤어지는 불상사가 생긴다.

아무리 교제가 계속된들 진전이 없기 때문이다.

따라서 항상 신선한 인상을 주도록 노력해야 한다. 그러나 여성을 지루하게 만들지 않기 위해 언제나 새로운 이야기를 준비한다든가 데이트 코스를 매번 연구한다는 그런 종류가 아니다. 만날 때마다 새로운 행동으로써 두 사람 사이를 친밀하게 하는데 그 중점을 두어야 한다. 지금까지 손만 잡고 다녔다면 그 다음에는 어깨를 안고 그 다음에는 키스를 요구하는 등 거듭될 때마다 새로운 단계로 그녀를 이끌어야 한다.

그런 남성과 교제하는 여성이라면 "오늘은 키스뿐이었지만 다음에는…" 하고 기대감을 갖게 된다. 이윽고 그녀는 당신 앞에 마음의 문을 열 준비가 되어있다.

농담이라는 베일에 쌓인 말이라면 아무리 음란한 것이라도

여성과 남성의 교제를 쇼핑에 한 번 비유해 보자. 아마 욕구 불만으로 충동구매를 할 수도 있고 장래를 생각하여 차분히 물건을 고르는 경우도 있을 것이다. 그러나 어디까지나 사는 쪽인 여성이 주도권을 쥐고 있음을 잊어서는 안 된다. 그렇다면 남성은 세일즈맨에 비유가 될 것이다. 우수한 세일즈맨은 상품을 파는 것이 아니라 자기 자신을 판다고 한다.

바로 그 요령이 필요한 것이다. 어쨌든 세일은 적어도 세 번쯤 되풀이 도전하는데 그 비결이 있다. 즉 첫 번째는 상대방의 주의를 끌기 위해, 두 번째는 상대방이 생각하기 위해, 그리고 살 생각이 들게 한 다음, 세 번째는 그것을 행동으로 옮기는 것이다.

　여성을 공격함에 있어서도 이 패턴은 매우 효과적이다. 여성을 설득할 때는 세 번 되풀이할 필요가 있는 것이다. 그렇다고 처음부터 침대로 유인한다면 오히려 경계심이 높아지므로 농담처럼 은근히 그 분위기를 조성해 둔다. 다음에는 상당히 진지한 태도로 요구하며 결코 농담이 아님을 알게 한다. 그리고 마지막에는 직접 데이트를 하자고 요청한다. 이렇게 의중을 교묘하게 전달해 가노라면 끝내는 성공할 것이리라 믿는다.

그녀를 안고 싶다면 철저히 친절하게

　여성의 성적인 욕망은 상대방 남성에 대해 안심하는 순간부터 생긴다. 데이트할 때 대개의 남성은 여성의 기분을 무시하고 모든 것을 자신의 의사대로 진행하려는 때가 많다. 영화를 볼 예정인데 비록 그 영화를 상영하고 있는 영화관이 멀고 불편하더라도 어떻게든 가려고 한다. 레스토랑에서 식사를 하는 경우에도 돈이 얼마 없는데도 굳이 자기가 정한 레스토랑에 가려고 한다. 이에 비해 여성은 남성보다 감정적이며 논리적인 일관성이 없기 때문에 기분이 자주 변한다.

　남성은 그 변덕을 책망하지 말고 자주 변하는 그 여성의 마음을 알아채어 임기응변으로 거기에 대응해야 한다. 예컨대 처음에는 영화를 보러 갈 예정이었지만 그녀가 갑자기 바다를 보고 싶다면 그 영화에 아무리 미련이 있더라도 재빨리 항구로 가도록 해야 한다. 또한 예정했던 레스토랑 앞에까지 왔지만 그녀가 갑자기 들어가고 싶지 않은 기색을 보이면 다른 음식점으로 변경하는 등 그녀의 기분을 우선으로 해야 한다.

이와 같이 그녀의 비위를 맞춰 가노라면 여성은 "이 사람은 내 마음을 알아주니까 함께 있어도 안심할 수 있다"고 생각하게 된다. 이 안도감이 이윽고 그녀의 마음과 몸을 열게 한다.

귓가에서 입김을 불듯이 속삭이다

여성에게 있어서 사랑의 언어는 때로 애무 이상으로 성감을 자극한다. 남성이 하는 칭찬의 말은 일종의 상쾌한 음악과 같다. 그 말의 사실 여부는 문제가 되지 않는다. 그저 기분 좋은 말이 쉴 새 없이 그녀의 귀를 통해 온몸을 감 쌀때 황홀한 그 음악에 도취되고 만다. 여성들이 거짓말이라도 좋으니 달콤한 말을 원하는 것은 이 때문이다.

그 음악이 되풀이되는 가운데 그녀의 대뇌피질은 확실하게 반응하며, 그 반응은 어느덧 간접적인 자극이 되어 그녀의 생식기로 전해진다. 특히 귓가에 입을 대고 입김을 불어 넣듯 속삭이면 그녀는 자신도 모르는 사이에 자극되어 흥분하게 된다. 흔히 귓가에 속삭이면 간지러워하는 여성이 있다. 이 역시 같은 이유이다. 말이 일종의 애무 역할을 하는 것이다.

그녀와 함께 침대에 있을 때에는 더욱 효과가 있다. 그녀의 귓가에 "아름다워, 사랑해"등등 아주 집요할 만큼 반복하라. 여성은 그 공격에 견디지 못하고 놀랍도록 적극적인 행동을 취한다.

그녀의 독점욕

남성의 비밀을 엿보면 여성의 마음에는 그 남성에 대한 독점욕이 생긴다. 여성은 무엇이든 알고 싶어 하는 마치 호기심 덩어리와 같다. 특히 남에게 알리고 싶어하지 않는 일에 더욱 이상하리만큼 집착한다. 개인적인 비밀, 약점, 고민, 부끄러운 일 등 일종의 비밀을 알고 싶은 마음을 누르지 못한다. 그러한 개인적인 비밀을 알면 그 인간을 지배한 것 같은 기분이 들 수 있고 또한 그것을 본능적으로 좋아하기 때문이다.

특히 마음에 드는 남성의 비밀, 어떤 이면을 알면 그 남성에 대해 친밀감을 품는다. "이 사람은 내꺼야"라는 기분이 들기 쉽다. 따라서 그러한 여성의 마음에 응답하여 스스로 자신의 비밀을 가르쳐 줄 필요가 있다.

물론 알려준다고 하여 하나에서 열까지 모두를 알게 할 필요는 없다. 아주 약간만으로 만족하라. 그것만으로도 그녀는 그 남성의 알려지지 않는 일면을 자기만이 알고 있다는 착각을 한다. 그리고는 남성에 대해 강한 독점욕을 갖게 된다. 또한 그에 대해 더 알고자 갈망하게 된다. 최후에까지 알고 싶어지는 것이다. 결국은 남성의 모든 것을 알려고 할 것임에 틀림없다.

그녀에게 손수 요리를 만들 기회를 주라

여성은 남성에게 자신이 손수 만든 요리를 해 줌으로써 욕망의 불길에 불을 붙인다. 다소 철학적일지 모르지만 여성은 호감을 가진 남성에게는 직접 음식을 만들어 주고 싶은 욕망을 느낀다.

그 음식을 남성이 먹는 순간, 여성은 그 남성을 위해 자신이 존재한다고 생각하며 높은 충족감을 느낀다. 따라서 요리가 아무리 맛이 없다 해도 맛있다고 말하며 먹어야 한다. 자신의 음식을 그토록 맛있게 먹는 남성을 위해서라면 무슨 일이든 해 주고 싶어진다.

또한 자신이 만든 음식을 남성이 먹는 것을 보며 여자는 곧 자기 자신의 육체가 먹히고 있다는 착각을 하게 된다. 이것은 여성으로서 은밀한 쾌감이다. 민감한 여성은 남성이 음식을 먹고 있는 동안에 흥분하는 수도 있다고 한다. 여성이 음식을 만드는 기회를 가지게 되면 그녀를 내 것으로 만드는 기회가 왔다고 생각해도 된다.

그녀의 사소한 말도 기억해 둔다

여성이 남성에 대해 품는 존경하는 마음은 성감에 큰 영향을 준다. 세상에는 이상하리만큼 기억력이 뛰어난 사람이 있다. 정말 "어떻게 그런 것 까지 기억했는지"머리 속을 한 번 보고 싶을 정도이다. 더욱이 그 내용이 여성과 관계가 있을 경우 그 놀라움은 존경의 마음으로 변한다.

남성과 여성의 경우에도 마찬가지이다. 여성의 생일과 혈액형, 띠 정도는 기억해 두는 것이 당연하다. 자신으로서도 그 이야기를 언제 했는지조차 모르는 세밀한 것까지 남성이 기억하고 있다면 그 남성을 굉장하게 생각한다. 존경심까지 생긴다. 그런 존경하는 마음은 여성에게 있어서 애정의 한 요소이다. 때문에 그것이 바탕이 되어 두 사람 사이가 빠르게 진전되는 수단도 된다.

"그런 것까지 기억해 주다니"란 곧 "그토록 나를 걱정해 주니"와 같은 의미이다. 그녀가 초등학교에 다니던 시절의 친구 이야기, 그녀 부친이 근무하는 회사, 그녀가 다니는 학교에서의 일 등 무엇이든 무방하다. 그녀가 말한 것은 모두 기억 속에 새겨 둘 정도의 긴장감을 유지하라. 이것은 여성과 교제할 때의 철칙이다.

반대로 속임을 당하라

여성은 스스로 놓은 덫에 남성이 걸리면 성적으로 흥분한다. 지금까지는 정확하던 여성이 데이트 약속에 지각이라도 하게 되면 혹시 마음이 변한 것이 아닐까 걱정이 된다. 그러나 이는 남성들의 잘못된 생각이다. 즉 마음이 변한 것이 아니라 그 남성을 한 번 떠보기 위함일 때도 있다.

여성에게는 남성을 독점하려는 욕구가 있다. 자신이 좋아하기 시작한 남성에 대해서는 특히 그런 욕망이 강하게 작용한다. 여성은 자신이 상대방을 생각하는 이상으로 상대방 남성이 자신에 대해 생각해 주기를 바라는 참으로 이기적인 존재이다.

따라서 남성으로 하여금 자신을 의식하게 하기 위해 모든 수단을 사용한다. 그 가장 초보적인 방법이 기다리게 하는 수법이다. 기다리며 초조해지고 그렇게 됨으로써 여성을 기다리는 마음이 더 깊어지게 하려는 것이다.

그녀가 데이트에 늦을 경우 그 이유를 캐묻는 촌스러운 짓은 하지 말고 적극적으로 애정 공격을 하라.

여성은 자신이 놓은 덫에 남성이 걸려들었다는 사실이 기쁘고 동시에 자신도 그 달콤한 덫에 걸릴 준비를 하는 것이다. 그런 날은 어디로 유인하듯 적극적으로 따라 올 것이다.

그녀가 자발적으로 전화를 걸어 오는 날

여성의 성적인 상상력은 시각이 아니라 청각에 의해 북돋아진다. 언제가 이쪽에서만 전화를 걸지 말고 여성 쪽에서도 전화를 걸도록 만들라. 그녀는 사랑이라는 게임에 적극적으로 참여하게 된다. 여성에게 있어서 남성과 전화로 수다를 떠는 것은 일종의 사랑의 응석이다. 시간적으로 성적 흥분을 느끼기 쉬운 남성과는 반대로 청각에 의해 성적인 상상을 하는 여성은 전화로 남성의 목소리를 들음으로써 성적인 욕망이 자극되고 그것으로 만족하기도 한다. 남성과 전화를 한 뒤 흥분하여 남성의 목소리를 상기하며 그 여운 속에서 자신도 모르게 자기 몸을 더듬는다. 이는 생리적인 면으로 보아 결코 드문 일이 아니다. 여성이 속삭임에 약하다는 것도 말하자면 귀에서 그것을 느끼기 때문이다.

그녀에게 처음부터 내 쪽의 전화번호를 알린다. 그리고 자주 전화해 달라고 부탁한다. 전화를 걸게 함으로써 성적인 욕망에 불을 지르면 어느덧 상대방 남성을 원하게 되는 것이다.

제5장

여자를 포로로 만든다

그녀를 절대로 빼앗기지 않는 방법

여성은 생리 기간 중 관계를 가진 남성과는 쉽게 헤어지지 못한다. 여성은 섹스란 사랑의 결과이며 아름다운 것이라는 이미지를 갖고 싶어 한다. 포르노 사진을 보면 불결하다며 거부하는 것도 그 때문이다. 그러나 여성 의식의 깊은 안쪽에는 반대로 섹스에 대해 매우 강렬한 이미지가 자리하고 있으며 그것이 강하면 강할수록 쾌감을 느낀다. 특히 생리 중의 섹스는 더욱 그런 경향이 강하다.

생리 중에 하는 호르몬이 가장 많이 나오며 욕망이 강해진다. 생리 중에는 그 레벨이 낮아지지만 심리적으로 생리 중에는 임신하지 않는다는 안도감이 따른다. 그리하여 정신적으로 릴랙스한 상태가 된다. 즉 임신하지 않는다는 안도감이 여성을 성적으로 해방시켜 주는 것이다. 또한 여성은 자신이 그런 생리 중일 때에 안아 주는 남성에게 보다 깊은 애정을 느끼게 되며 섹스에도 적극적인 태도를 보인다.

왜 사랑을 하면 아름다워지는가

여성으로서 질을 정복당하는 것은 정신의 절대적인 피지배를 의미한다. 사귀는 남자가 있으면 여성은 아름다워진다고 한다. 이것은 생리적인 면과 심리적인 면의 작용 때문이다. 남성의 정액 중에는 코린이라는 물질이 포함되어 있는데 섹스를 하면 이것이 여성의 질을 통해 흡수되어 자율 신경을 자극한다. 그러면 피부에 생기가 돌고 모세 혈관이 팽창되어 혈색이 좋아진다. 갓 결혼한 여자가 고운 것은 그러한 생리적 메카니즘이 작용하기 때문이다. 그러나 애석하게도 섹스를 계속하다 보면 질로부터 흡수율이 낮아지기 때문에 언제나 그런 싱싱한 피부가 유지되지는 않는다.

어쨌든 여성의 몸은 남성에 의해 크게 영향을 받는다. 그래서인지 여성은 섹스를 통해 남성에게 질을 정복당하면 정신적으로도 남성의 지배를 받는 약점이 있다. 동물 세계에서도 약한 암컷이 강한 수컷에게 꼬리를 치며 섹스를 받아들일 자세 취한다.
이는 정신적인 복종을 나타내는 것이라 할 수 있다.
인간도 이와 마찬가지이다. 여성이 남성을 받아들일 때에는 절대적인 피지배 상태에 놓인다. 그렇다면 어떤 말이든 여성은 마음 속 깊이 받아들이게 된다.

여성은 사랑의 설득을 계속 들으면 마음과 몸이 흥분한다

　여성이 남성에게 쉽게 굴복하는 데에는 생리학적 이유가 있다. 러시아의 생리학자 메치니코프 학설에 따르면 여성의 처녀막은 인류의 멸망을 방지하기 위한 것이라 한다. 처녀막은 질에 주입된 정액을 밖으로 흘리지 않고 착실하게 받아들이기 위해 존재한다. 즉 아무리 빈약한 페니스로부터 힘없이 방출된 정액이라도 어떻게 해서든 받아들이려 한다는 것이다. 이토록 여성은 생식 행위를 중요시한다.

　또한 역으로 말하면 여성이 얼마나 강한 남성을 요구하는가를 알 수 있다. 강하다는 것은 페니스뿐 아니라 완력, 지식, 기력 등 그 모든 것을 말한다. 따라서 여성을 상대할 때 자신없이 어물거리면 결코 매력적으로 보이지 못한다. 반대로 여성에게 나와 교제해달라고 강력하게 단정적으로 선언할 수 있는 남성에게는 어떤 여성이건 마음이 움직이게 된다. 남성과 여성의 대화에는 유감스럽게도 처녀막은 없다. 힘없이 던져진 말은 정액처럼 받아들여지지는 않는다. 처음부터 여성의 마음속에 정신의 정액을 주입하는 셈으로 힘차게 발사해야 한다. 여성의 마음에 깊이 꽂히는 남성의 말은 여성의 마음과 몸을 어쩔 수 없이 흥분시키기 마련이다.

왜 짐승남에게 흔들릴까

여성의 마음에는 남성의 힘에 의존하고 싶어 하는 욕망이 숨어 있다. 여성은 어딘가 강인하며 짐승적인 면이 있는 남성에게 성적 욕구를 느낀다. 예컨대 호텔에 갈 때에도 말로서 상대방을 설득하려는 친절한 남성보다 여성의 손을 잡고 무조건 들어가는 타입에게 여성은 매력을 느낀다.

이것은 앞에서 설명한 이유 이외에 힘이 전부였던 원시 사회 이후 계속하여 여성이 남성의 강건함에 의지하며 살아왔기 때문이다. 아무튼 여성은 남성에 대해 정신적, 육체적으로 피동적이다. 특히 섹스를 하는 경우 그런 경향이 현저하다.

최근에는 이해심이 많으며, 무슨 일을 하던 그녀와 함께, 납득할 수 있는 대화를 통해 실천하려는 친절한 남성들이 많아졌다. 그러나 친절하기만 한 남성은 그저 친구일 뿐 몸과 마음을 맡길 수 있는 상대가 되지는 못한다. 여성은 강인하게, 저돌적으로 침범해 오는 남성을 요구한다. 동침의 기회가 생긴다면 항상 그 점을 염두에 두고 의식적으로 강인하게 행동을 하는 것도 한 방법일 것이다.

여성의 성감대 분포

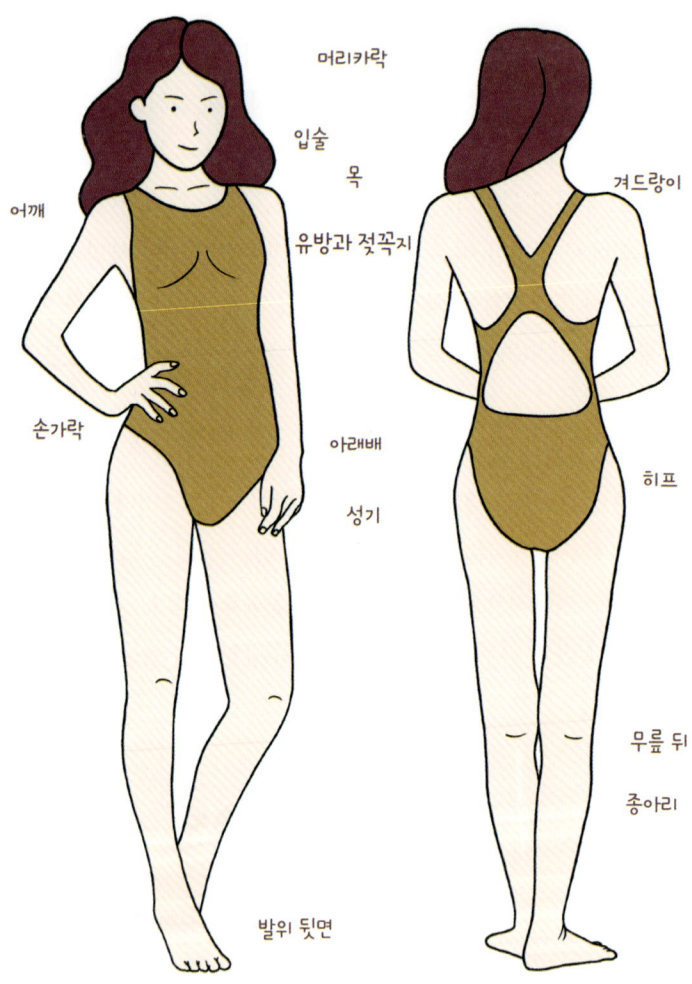

성적 흥분이 높아지면 독점욕이 저절로 솟아난다

　사랑은 정작 그것을 잃었을 때에야 그 크기를 알 수 있다던가. 특히 여성의 경우는 그런 경향이 강하다. 이는 여성 특유의 독점욕 때문이다. 여성은 생리학적으로 남성을 영원히 독점하려 한다. 그 극단적인 예로서 오래전에 외국에서 크게 화제가 되었던 한 여성이 있었다. 그녀는 남성의 성기를 잘라 항상 지니고 다니는 이상 심리의 소유자였던 것이다. 그러나 그런 본능을 어떤 여성이든 조금은 마음속에 숨기고 있다고 한다.
　그러한 여성의 생리를 잘 이용하여 보라. 좀처럼 마음을 열려 하지 않는 여성도 단숨에 끌어당길 수가 있다. 예컨대 두 사람 관계가 아무 진전이 없는 경우에는 그런 방법이 크게 효과를 발휘한다. 그 때까지 빈번하게 걸던 전화를 갑자기 중지하고 한 달 정도 모습을 나타내지 않다가 그때를 노려 재회하면 여성은 대담하게 당신 쪽으로 접근해 올 것이 틀림없다.

처녀막의 속설

　아마 라마르크의 용불용설(用不用設)을 잘 알 것이다. 인간의 몸에서 사용하지 않는 부분은 서서히 퇴화하며 나중에는 없어진다는 생물학상의 학설이다. 원숭이의 꼬리가 그 좋은 예이며 인간의 엉덩이에는 꼬리 자국이 있을 뿐 실제로는 꼬리가 없다. 그렇다면 여성의 처녀막도 생각해 보면 특별히 소용이 있는 것은 아니다. 그리하여 이제 차츰 퇴화되어 그 모습을 감출만한데 아직 남아 있다. 이에 대해 한 심리학자는 언제 없어져도 당연하지만 심리적으로는 충분히 존재의 이유가 있다고 말한다. 여성은 세상이 아무리 바뀌어도 처녀막을 뚫어 줄 수 있는 강력한 남성을 원하기 때문이라는 것이다.

과연 일리가 있는 말이다. 여성은 항상 자신보다 강한 남자에게 안기고 싶고 보호받고 싶어 한다. 그럼에도 불구하고 여성 앞에서 불평이나 하고 약한 소리나 늘어 놓는다면 그것만으로도 여성은 "이 사람은 믿을 수 없다"고 판단해 버린다. 그런 남성이 자신을 지켜 주리라고는 결코 생각하지 못하는 것이다.

편지에는 어떤 말을

여성의 약점은 편지를 받기만 해도 드러나는 수가 있다. 여성을 설득하는 데는 전화보다 편지 쪽이 효과적이다. 특히 멀리 떨어져 있는 경우, 어색한 느낌으로 헤어져 전화하기 힘든 경우에 더욱 그렇다. 그러나 고생고생해서 썼는데도 아무런 회답이 오지 않는 경우도 적지 않다. 이런 경우는 대개가 편지 내용에 문제가 있다고 보아야 한다.

본래 여성은 직감적이다. 남성을 보는 경우에도 첫눈에 좋고 싫음을 판단할 뿐 깊이 생각하지는 않는다. 남성으로부터의 편지에 대해서도 한 번 읽고 그것으로 남성의 마음을 마음대로 해석하고 만다. 즉 글 속에 담긴 깊은 의미를 헤아려 보거나 여러 번 읽어 보고 그 진의를 이해하려 하지 않는 것이다. 그런 여성에게는 까다로운 글을 전해 봤자 전달되지 않는다. 또한 지나

친 칭찬도 직감적으로 거짓임을 알아챈다. 여성으로부터 편지를 받아 본 사람은 알겠지만 그녀들의 문장은 매우 단순 명쾌하다. 따라서 여성에게 보내는 편지는 그 수준에서 멈춰야 한다.

무엇보다도 편지는 보낸다는 행위 그 자체에 의미가 있으며 서툰 말은 그 효과를 오히려 감소시킨다. 미묘한 편지에 의해 여성의 마음이 움직인다는 것은 어제 오늘의 진리가 아니다.

여성의 육체가 뜨거워지면

"내가 이 남자와 자게 되는 것이 아닐까." 여성은 남성으로부터 설득을 당하면 마치 남의 일처럼 자신이 무너지게 될 것인가 아닌가를 예감한다고 한다. 사실 여성은 자신의 머리로는 이해 할 수 없는 생리적인 면의 충동으로 인해 남성과 함께 지낸다. 여성을 잘 설득하는 남성은 그 요령을 잘 알고 있다고 하겠다.

그러나 이대로 가면 설득당하리라는 예감을 하면서도 상대방 남성이 자신이 좋아하는 유형이 아닌 경우 여성은 참으로 복잡한 심정에 놓이게 된다. 생리적으로는 이미 남자 쪽으로 향하고 있지만 이성은 그것을 멈추게 함으로써 분명 상태가 야기되는 것이다.

여성이 한없이 매서운 것이 바로 그런 때이다. 남성에 비해 약하고 피동적인 여성은 자신을 지키려 할 때 막을 수 없을 만큼 냉혹한 태도를 취한다.

따라서 여성으로부터 차가운 대접을 받았다고 하여 결코 낙심할 필요는 없다. 결정적인 실패가 아닌 것이다. 오히려 몸은 이미 남자 쪽을 향하고 있기 때문에 몸과 마음이 균형을 잃어 그렇게 되는 것이다. 조금 더 시간을 들여 설득하면 스스로 몸을 열게 될 것이다.

자동차 데이트에서 여성이 녹아내리기 쉬운 이유는

여성이 남성의 다정함과 강력함을 원하는 것은 유아 체험에 근거한다. 남성의 마더 콤플렉스만큼 문제가 되지는 않지만 여성에게는 파더 콤플렉스, 즉 부친에 대한 또 다른 애정이 마음속에 숨어 있다.

유아기 여자 어린이에게 있어서 부친은 강력하며 또한 다정한 존재이고 자신을 보호해 주는 절대적인 존재이다. 어른이 됨에 따라 실제 부친에 대한 견해는 변화하지만 원초적인 체험을 통해 마음속에 인식되는 부친상은 이상적인 남성상으로 남아 있다. 그리하여 나이가 들어 이성을 찾게 되면 그 부친상과 유사한 상대방을 고르는 경향이 강해진다. 이런 점으로 미루어 생각할 때 일반적으로 여성의 인기를 얻으려면 남성은 강력함과 다정함 그 양쪽을 겸비해야 한다.

이 다정함과 강력함을 적절하게 표현하는데 자동차를 이용한 데이트가 적합하다. 남성으로부터 보호받고 싶어 하는 여성의 기분을 충분히 채워 줄 수가 있기 때문이다. 또한 여성은 단조로운 리듬이 되풀이되면 자극을 받다. 자동차의 단조로운 진동, 카 스테레오의 상쾌한 리듬은 여성의 그런 습성에 아주 알맞다. 따라서 자동차 데이트는 자연스럽게 섹스로 연결되기가 쉬운 것이다.

무의식 중에 구애를 받아들이게 하려면

연극 무대에 선 기분으로 간신히 용기를 내어 여성에게 사랑을 고백했는데 아무런 반응이 없다고 하자. 그 심정이야말로 비참하기 그지없을 것이다. 그러나 진짜 승부는 그 때부터 시작된다고 생각해야 한다. 여성의 특징 중 하나는 그 보수성에 있다. 여성은 일반적으로 남성에 비해 새로운 것보다 익숙한 것에 애착을 품는 경향이 강하다. 이는 아이를 안아 키우는 여성의 성적 특징으로부터 발생되는 여성의 본능이라 하겠다. 그렇기 때문에 특히 남성의 애정 고백을 갑자기 들었을 때 그것을 즉석에서 받아들일 수가 없는 것이다.

그러나 한 번 거절당했다고 하여 체념한다면 그 또한 너무 이르다. 몇 번이고 반복하여 사랑을 고백해야 한다. 여성은 천천히 그 말을 몸과 마음속에 받아들여가기 때문이다. 사랑 고백뿐 아니라 섹스를 암시하는 말도 만날 때마다 되풀이해 보라. 어느 순간 그것을 저항없이 받아들일 때가 온다. 그 때 요구하면 말없이 응해 올 것이다.

이러한 키스 자세에 여성은 약하다

선 자세, 앉은 자세, 누운 자세 등 키스 체위에도 여러가지가 있다

부드럽게 행동하는 남성을 그녀는 원한다

어떤 여성의 마음에 중년 남성에게 속아 넘어가는 심리적인 빈틈이 있다. 파더 콤플렉스, 다른 이름으로 엘렉트라 콤플렉스라는 말이 있듯이 일반적으로 여성은 이상으로 삼는 남성상에 부친을 오버랩 시킨다. 더구나 파더 콤플렉스의 정도가 클 때는 젊은 남성은 눈에 들어오지 않을 때도 있다. 얼굴이 잘 생겼건 또한 체격이 좋든 나쁘든, 젊은 남성은 이 파더 콤플렉스가 강한 여성으로부터 거절을 당한다. 이런 때는 어쩔 수가 없다.

따라서 상대방 여성이 파더 콤플렉스일 것 같으면 되도록 어른스러운 언행을 함으로써 행동 패턴을 어필시키도록 노력해야 한다. 특히 데이트할 때 마음속으로 아무리 욕망이 강하다 해도 그런 분위기를 털끝만큼도 보이지 말아야 한다. 부친과 거의 같은 연대의 사람이라면 이미 중년이기 마련이다. 대개 이런 중년 남성은 노골적인 욕망을 드러내지 않는다. 바로 그 점을 젊은 남성들은 답습해야 하는 것이다.

그녀의 마음을 끄는 성공률 97%의 방법

여성은 일단 궁지에 빠지면 무의식중에 남성의 도움을 기대한다. 그 상대방이 누구이든 자신을 궁지에서부터 구해 주는 남성이라면 믿음직스럽게 보이기 마련이다. 결국 마음도 열리게 될 것이다. 여성은 자신이 약한 존재임을 잘 알고 있다. 그 약점을 남에게 보이지 않으려고 한 사람 몫 이상의 일을 해내며 강한 듯 행동을 하기도 한다. 그러나 사소한 일에서 본래의 약한 면이 드러나고 스스로 슬럼프에 빠지는 수가 있다.

그 때 손을 뻗쳐 구혼하는 남성에게 여성은 말할 수 없는 감정을 느낀다. 때문에 자신도 모르게 모든 것을 맡겨 버린다. 물론 그러한 여성의 약점을 노리기만 하는 나쁜 남자들도 적지 않다. 이는 곧 여성이 자신을 구해 준 남성에게 약하다는 증거일 것이다. 예컨대 여성이 일을 잘못하면 상사로부터 싫은 소리를 들었을 때 감정이입을 하여 위로해줘 보자. 여성은 속상함도 쉽게 떨쳐버릴 수가 있고, 그 남성의 믿음직스러움에 가슴이 뜨거워진다. 그 타이밍을 놓치지 말고 자연스러운 만남을 이어가는 것이다.

여성은 성감이 높아지면 말의 의미가 아니라 소리로 쓴다

남성이 여성의 섹스에 대해 가장 많이 오해를 하고 있는 부분이 여성도 남성과 마찬가지로 쿨한 기분으로 섹스를 하고 있다는 인식이다. 즉 남성은 섹스 중에 일이나 취미에 대해 다른 생각을 할 수 있지만 여성은 섹스 중에는 다른 아무것도 생각하지 못한다. 따라서 이쪽 애무를 받으며 "싫다", "그만해라"고 여성이 말하면 이내 동작을 중지한다. 그리고 "왜, 아파?"하고 이유를 물어 보기도 한다. 그러나 이는 여성의 흥분에 끼얹는 찬물일 뿐이다.

여성이 섹스를 하는 동안 머리가 텅 비어 있다는 것은, 즉 그 때 하는 말은 아무런 의미가 없다는 것을 뜻한다. 객관적으로는 의미가 있는 말일지 모르지만 실질적으로는 단순한 음성 즉 "아"나 "어"와 전혀 다를 바가 없다.

오히려 반대로 소리 쾌감을 느끼고 있다는 증거이므로 애무를 더욱 짙게 해야 한다.

처녀성을 요구하는 것은 시대 착오

여성은 처녀성을 바친 남성보다도 성감을 개발해 준 남성에게 더 강한 인상을 남긴다. 그런데도 여성은 처음에 몸을 허락한 남성을 평생 잊지 않는다고들 말한다. 분명히 그렇기는 할 것이다. 그래서인지 많은 남성들이 그녀와 처음 섹스를 할 때 처녀성 여부를 놓고 씨름을 한다. 물론 별로 신경을 쓰지 않는 남성도 있지만 그래도 그녀가 처녀가 아님을 알았을 때는 일말의 아쉬움을 느낀다.

그러나 사실 처음으로 몸을 허락한 남성보다 강한 인상을 남기는 것은 자신의 성감대를 개발해 준 남자 쪽이다. 성감대란 섹스를 하지 않고는 절대로 알 수가 없다. 그리고 그것을 느끼게 되면 자신이 몰랐던 부분을 일깨워줬다는 의미에서 여성은 더욱 감동한다.

처녀성을 허락 했을 때 그것은 단지 막이 있는가 없는가라는 문제일 뿐이다. 따라서 평생 잊지는 못한다 해도 그렇게 인상에 남는 내용은 별로 없다. 그러나 여성은 남성으로부터 느끼게 된 성감대를 하나의 기준으로 삼아 그 뒤 자기와 관계하는 남성을 측정하려 한다. 따라서 그것을 일종의 기준이 되므로 그것을 바꾸기란 쉽지 않은 것이다.

섹스 후 여자의 심리는

여성은 성 행위에 응한 남성에 대해 반드시 애정을 느낀다. 가벼운 만남 원나잇의 남자와 그 뒤 계속하여 관계를 유지하는 경우도 종종 있다. 자기의 사와 상관없이 성관계를 하게 되어 처녀성을 빼앗겼을 때는 심한 경우 타락하는 경우도 있다.

그만큼 여성에게 있어서 섹스란 중요한 것이다.

섹스는 남성의 경우 단순한 성기의 결합에 불과할 수도 있다. 하지만 여성으로서는 단순하게 치부할 수 없는 문제가 있다. 즉 여성은 남성의 그것을 받아들이게 되면 그 남성에게 애정을 느끼게 되는 것이다. 이는 여성 성기의 형태에서 오는 본능적인 현상이다. 즉 몸 안에 남성을 받아들인다는 것은 그 남성을 자신의 일부라 인식함을 의미한다.

이것은 여성의 행동 패턴을 보면 쉽게 이해할 수 있다. 가까워지기 전에는 약간 몸이 접촉만 되어도 민감하던 여성이 한 번 섹스를 한 뒤 스스로 손을 잡기도 하고 남들이 있는 데에서도 태연하게 어깨를 기대기도 한다. 이렇게 여성은 남성을 받아들임으로써 애정을 확인하고 그것이 자신감을 형성하여 대담해진다. 좋아하는 여자라면 억지로라도 차지하려는 것은 혹 지나친 폭력일지도 모른다. 그러나 이는 진실이기도 하다.

둘만의 이야기거리로 진전되는 관계

여성은 남성과 함께 가지는 시간에 의해 본능적으로 사랑을 확인하려 한다. 두 사람 사이에 공동의 시간을 필요로 한다. 함께 영화를 보고 함께 감동하며, 여행하면서 같이 하루를 보내고 함께 식사를 하는 등 나중에 "그 때는 이러이러 했어"하고 이야기할 수 있는 그들만의 추억을 원한다.

여성의 자아는 남성에 의해 지탱되기를 원하고 있다. 따라서 여성은 자기만의 남자와 시간을 함께 함으로써 비로소 자기 자신의 마음이 채워지고 유지되는 만족을 느끼게 된다. 이 두 사람만의 공간에는 당연히 다른 사람이 끼어들 수 없다. 자신만의 공간에 타인이 신발신고 들어오는 것이나 같기 때문이다.

이와 같이 두 사람만의 체험, 두 사람만의 시간이 쌓이게 되면 여성은 남성에게 자신의 모든 것을 드러내기를 꺼리지 않는다. 즉 여성의 자아가 남성을 향해 가고 있는 것이다. 남성에게 전면적으로 의존함으로써 자신의 부족한 점을 충족시키는 것이다. 당연히 섹스도 그 법칙에 따른다. 남성과의 이야기 스토리가 싶어지면 깊어질수록 여성은 모두 것을 남성 앞에 드러내고 놀랍도록 적극적이 된다.

그녀의 성감을 자극 하려면

여자의 애정도는 섹스 회수에 비례한다. 남자는 교제가 길어지면 어째서인지 그녀의 마음이 점차 멀어지는 것 같은 느낌이 드는 시기가 있다. 그러나 실제로 여자는 일단 깊은 관계의 연인이 되면 남자에 비해 좀처럼 변하지 않는다. 이런 기복이 없는 패턴을 좋아하기도 한다.

여성이 이러한 단조로운 생활에 싫증을 내지 않는 이유는 거기에 안정이 있기 때문이다. 섹스든 무엇이든 자신의 몸이 안정될 수 있는 장소를 찾는다. 반면 남자는 섹스를 최종 목표로 삼고 일단 잠자리를 같이 한 여자에게 그 이상 흥미를 나타내지 않는데 비해 여자는 섹스로서 더욱 그 남자와의 관계를 지속시키려 한다. 더구나 여자는 안길 때마다 기쁨이 더 커지면서 성감이 올라가지만, 남자는 새로움, 신선함에 의해 성감이 높아진다.

물론 완전히 단조로우면 싫증이 날 수도 있다. 안정 속에서의 약간의 자극은 필요하다. 가끔은 색다른 공간에서 다른 연출도 자극적이다. 뜻밖의 전개에 이상하게 정열적이며 생각지도 않았던 교태를 부리기도 할 것이다.

"영원"이라는 말에 안정감을 가진다

연애소설이나 영화가 여자들에게 인기가 있는 것은 한 가지 패턴이다. 거기에서 등장하는 연인은 낭만적으로 만나고 영원한 사랑을 맹세하지만 갑자기 두 사람을 갈라놓는 장애에 의해 헤어지고 만다. 그러다가 최후에는 해피

앤딩으로 마무리 되는 이야기들이 많다. 간혹 다시 만나더라도 이미 돌아갈 수 없는 비극적인 마무리로 되는 영화도 있다. 하지만 이들 연애 이야기에 여자들이 끌리는 이유는 영원한 사랑의 모습을 찾아 볼 수 있기 때문이다. 즉 영원한 것에 강한 로망이 있다.

결혼 생활에서 보면 남자와 긴 시간에 사랑을 하고 성감을 높여 간다. 만약 상대방이 바뀌면 성감이 저하되는 때가 적지 않다. 일부일처제는 한 사람을 영원히 사랑하고 싶어 하는 여자의 강한 욕망이라고 할 수 있다. 그래서 여자에게 이 "영원"이라는 말은 강한 매력을 지닌다. "언제까지나 당신만을 사랑한다", "내 마음은 변하지 않는다"고 하면 거기에 모든 것을 걸어도 안심할 수 있다고 생각한다.

유행에 무던한 남자도 매력적으로 보일 수 있다

여자는 남자보다 유행에 민감하다. 좀 더 쉽게 말하면 다른 사람이 나를 어떻게 보는가, 내가 다른 사람에게 어떻게 보이는가에 상당한 가치를 부여한다. 유행을 따르는 것은 본인을 잘 드러내기 쉬운 방법 중 하나이다. 이에 비해 남자는 자기 자신의 가치 기준에 따라 행동한다. 남이 뭐라고 하도 나는 나이다. 남성적이란 바로 이런 면을 의미하기도 한다. 그래서 여자들은 유행에 개의치 않는 남자를 매력적으로 보는 경우도 있다. 유행에 무관심한 태도 속에서 남성다움을 느낄 수 있기 때문이다.

물론 패션에는 전혀 관심이 없을 뿐 아니라 이상한 냄새가 날 정도로 불결하다면 아예 접근할 수도 없다. 그러나 유달리 유행에만 신경을 쓰는 남자는 가벼워 보이기도 하고, 섹스어필에 약한 것이 사실이다. 여자는 자기 자신에게 없는 또 다른 무던함에 다른 매력을 느낀다.

그녀와 잘 맞는 사람이 되려면

여자들은 마음을 표출하는 것보다 겉으로 보여주는 행동으로 남자에게 어필한다. 보통 남자친구를 자랑할 때 흔히 그와 나는 느낌이 잘 맞는다는 말을 한다. 그러나 약간의 요령만으로 이 느낌을 맞추는 일은 어렵지 않다. 대개 여자는 말보다는 옷차림이나 행동으로 자기 자신을 잘 나타낸다. 이는 남자로부터 선택 받는 입장이기 때문이다. 수많은 여자들 중에서 선택을 받으려면 우선은 보여주는 외적인 모습에 주목을 끌어야 한다는 것을 알고 있는 것이다.

예컨대 상대방에게 자신을 어필하기 위해 머리를 쓸어 올리거나, 눈웃음을 보낸다거나, 다리를 바꾸어 얹는다. 이런 말없는 메시지를 알아차리고 대처하는 남자는 그 여자와 느낌이 잘 맞는 상대로 가까워 질 수 있는 것이다.

그녀의 속마음을 알고 싶으면 질투심을 자극해 보라

여자들은 스스로 질투심을 컨트롤할 수 없다.

따라서 만일 그녀의 속마음을 알고 싶다면 그녀의 질투심을 자극해 보는 것도 하나의 방법이다. 여자는 본능적으로 질투심이 강하며 한 남자와 관계를 맺으면 영원히 소유하려 한다. 때문에 아무리 겉으로 티를 안 내려는 여자도 좀처럼 그것을 숨기지는 못한다.

예컨대 그녀와의 대화 중 "당신 친구인 A양은 센스가 상당히 좋은 것 같던데"라며 화제를 돌려 보라. 그러면 "그래, 나는 그렇게 생각하지 않는데" 또는 "그래, A양은 말대로 취미가 고상해요"식으로 그녀는 부정하거나 긍정할 것이다. 그러나 그 반응이 어느 쪽이든 간에 자세히 살펴보면 그녀에게 질투가 있다는 것이 느껴질 것이다. 대놓고 질투를 하지 않더라도 지나치게 수긍하거나 또는 자연스럽지 못하게 무시하려 하는 등 어색한 태도가 조금이라도 보인다면 질투를 일으키는 것이다. 그런 질투심을 교묘하게 이용하면 그녀의 마음을 쥐락펴락 할 수도 있는 것이다.

여자를 사로잡는 스킬을 알려면

"나는 저런 둔한 여자는 싫다"거나 "저 여자는 머리가 나쁘다"는 등 사귀는 조건에 대해 주문이 많은 남자가 있다. 이는 연애 경험이 적은 남자의 특징이다. 현실적으로 여성을 상대한 적이 없기 때문에 극단적인 이상주의로만 흐르고 있는 것이다.

이것저것 조건을 따지는 것이 많으면 만남이 이어지지 않고, 따라서 여자를 설득할 기회조차 없다. 그럴수록 여성에 대해 더욱 관념적인 상태가 된다. 인기가 없는 남자들이 흔히 빠지는 악순환 상태인 것이다.

실현성이 없는 이상적인 무엇인가로 뜬 구름 잡지 말고, 우선 많은 여자들과 사귐으로써 여자를 어떻게 다루는가를 익히는 것이 먼저이다. 여자를 알기 위해서는 한두 사람으로는 부족하다. 많은 여자들과 교제함으로써 스킬이 생기는 것이다.

도끼로 열 번 찍어 안 넘어 가는 나무 없다

여자는 짐승처럼 다가오는 사람에게 무너지기도 한다. 어떤 남자는 한두 번 다가가다가 거절당하면 깨끗이 단념해 버린다. 이럴 때 여자는 안심과 동시에 은근히 실망을 느낀다. "한 번 더 강하게 밀고 나올 것이지"하는 기분이 드는 것이다. 적극적으로 다가오는 남자에게 저돌적인 남성미를 느끼며, 수컷의 강인함과 짐승 같은 분위기를 섹시하게 받아들이는 여자들도 꽤 있다.

섹스란 이성도 부끄러움도 모두 던져 버리고 동물적인 본능이 나오는 것이다. 때문에 여자는 자신을 거침없이 몰아치는 야수와 같은 이미지의 남자에게 매력을 느낀다. 언제나 담백하게 이해력이 있고 이성적인 사람을 좋아하는 여자들도 있지만, 그래도 한 번 쯤은 그 틀에서 벗어나 야수 같은 본능으로 섹시하게 다가가는 것도 좋다. 집요하게 데이트 신청하는 사람이 싫을 때도 있지만, 세 번, 네 번 강력하게 다가온다면 한번 만나볼까 하는 마음도 생긴다.

여성의 약점을 알기 전에 본인의 약점도 항상 새겨두자

여성들이 볼 때 남자들의 잘난척은 비호감이다. 남자들은 자랑을 잘 하는 편이다. 평소에는 표현이 없지만, 술자리가 되어 알코올이 들어가면 이내 "요번 프로젝트에 부장이 의견을 제출하라고 해서 말이야"라든가 "업무가 많아 시간이 안 되지만, 이럭저럭 해결하고 있어"하는 등 은근 자신의 능력을 내세우려 한다.

이러한 자랑은 여성으로서는 꼴불견이다. 그런데 의례 자랑이 습관화된 사람들은 상대방의 동의를 구한다. 여성에게 나를 칭찬하라고 강요하고 있는 것과 같다. 여성은 심리적, 육체적으로 매우 피동적이라고 누차에 걸쳐 말해 왔다. 그래서인지 스스로 적극적으로 칭찬한다는 것이 쉬운 것은 아니다. 때로는 고통스럽기까지 하다.

기분좋아하며 자기 자랑에 열중하고 있는 남성을 바라보고 있노라면 "이 남자 한심해"라고 생각하게 된다. 이런 성향의 남성들은 본인도 모르게 어느 순간 자연스럽게 하는 것이므로 본인이 조심하려고 노력해야 한다. 여성 아닌 남성의 위크 포인트이다.

여성은 누구나 남자의 주목을 받고 싶다

여자는 항상 남성에게 무엇을 요구하는 신호를 보낸다. 예컨대 화장을 하고 예쁜 옷을 입었을 때 애교있는 말로 남자를 유혹하려 한다. 남자가 주목해 주기를 바라는 말없는 어필인 것이다. 가까운 사이라도 그것은 마찬가지이다. 예컨대 춥다고 하면 손을 잡아주거나 안아달라는 뜻이며, 술 마시다 졸립다는 것은 오늘밤 함께 있어도 된다는 말이 되기도 한다. 공원 벤치 등에서 그녀가 어깨에 머리를 기대올 경우 키스의 의사 표시로 보아야 한다. 기회를 놓치지 말자.

의외로 여자도 또한 남자와 마찬가지로 두 사람 사이가 더 깊어졌으면 하고 바란다. 안기고 싶어도 스스로 말하기는 쉽지 않다. 여자는 자신의 요구를 말로 나타내지 않는다. 나의 요구가 거절당해도 상처받지 않기 위한 자세를 항상 취하고 있다. 이와 같은 여자의 말 이외의 요구를 재빨리 알아차려야 한다. 여성이 그리는 사랑의 이미지에 정확하게 응해줄 때 요구하지 않아도 스스로의 마음을 연다.

그녀와의 관계를 망치고 싶지 않으면

여자의 과거에 집착을 보이면 거부감을 갖는다. 사랑하는 상대방에 대해 모든 것을 알고 싶어 하는 것은 당연한 일임에 틀림없다. 그러나 그 경우에도 남자와 여자 사이에는 미묘한 차이가 있다. 예컨대 여자는 남자의 현재를 쟁취하였다면 큰 문제가 없지만, 남자는 여자의 현재뿐 아니라 과거나 미래에 대해서도 모두 알고 싶어 한다.

특히 과거에 대한 집착은 상당히 깊다. 무슨 말을 한들 소용이 없음에도 불구하고 이것저것 과거에 대해 따지고 물어 본다. 이런 남자 대책 없다. 도대체 어디까지 말해야 하고 앞으로도 이래야 하나 생각해보면 남자와의 관계가 순탄하지 않을 것 같은 느낌을 갖는다. 설사 그렇지 않더라도 자신의 과거를 굳이 이야기 하고 싶지 않기에 방어심리가 생기며, 상대에 대한 마음의 문이 닫혀질 수도 있다. 여자는 과거를 아름답게 포장하려 한다. 그리고 그 아름다움을 스스로 말할 수도 있다. 너무 집착스럽게 알려고 하지 말자.

그녀에게 자기 어머니 이야기는 수위조절이 필요하다

다른 여자 이야기를 들으면 불쾌감을 느낀다.

여성에게 있어서 가장 큰 적은 사실 동성이다. 남자 앞에서 오직 하나뿐인 주인공이기를 원한다. 그런 그녀의 마음을 알지 못하고 데이트 중 다른 여자 이야기를 하는 것은 결코 현명한 방법이 아니다. 연예인의 평을 하기만 해도 신경이 예민해진다. 그들과 비교당하면서 자신의 존재감에 대한 기대치가 떨어진다는 생각에 유쾌하지는 않다.

또한 어머니나 누나들에 대한 이야기이다. 평상시에 자꾸 비교하는 습관을 가지며 "우리 어머니가…"하고 한 마디 나오게 되면 이미 그녀의 표정은 굳는다. 항상 남자에게 완벽한 여자로 보이고 싶은 심리로 볼 때 아주 위험한 일이다. 어머니나 누나는 도저히 초월할 수 없는 관계이다. 때문에 그녀의 라이벌 의식은 더욱 강해진다. 큰 다툼이 될 수도 있고, 마음의 문을 닫게 되는 상황이 생길 수도 있다.